過去問 上・中級公務員試験

ダイレクトナビ

地理

JN058796

資格試験研究会◎編
実務教育出版

「過去問ダイレクトナビ」
刊行に当たって

　実務教育出版に寄せられる公務員試験受験者からの感想や要望の中には
「問題と解説が離れていると勉強しづらい！」
「書き込みできるスペースがほしい！」
「どこが誤りなのかをもっとわかりやすく示してほしい！」
というものが数多くあった。

　そこで，これらの意見を可能な限り取り込み，
「問題にダイレクトに書き込みを加えて，
解答のポイントを明示する」
というコンセプトのもとに企画されたのが，この「過去問ダイレクトナビ」
シリーズである。

「過去問ダイレクトナビ」のメリット

★ 問題の誤っている箇所を直接確認できるうえ、過去問からダイレクトに知
　識をインプットできる。

★ すでに正文化（＝問題文中の誤った記述を修正して正しい文にすること）
　してあるので、自ら手を加えなくてもそのまま読み込める。

★ 完全な見開き展開で問題と解説の参照もしやすく、余白も多いので書き
　込みがしやすい。

★ 付属の赤いセルシートを使うと赤色部分が見えなくなるので、問題演習
　にも使える。

……このように、さまざまな勉強法に対応できるところが，本シリーズの特
長となっている。

　ぜひ本書を活用して，あなたなりのベストな勉強法を確立してほしい！

資格試験研究会

試験名の表記について

- 国家総合職・国家Ⅰ種 ……… 国家公務員採用総合職試験，旧国家公務員採用Ⅰ種試験
- 国家一般職・国家Ⅱ種 ……… 国家公務員採用一般職試験［大卒程度試験］，
  旧国家公務員採用Ⅱ種試験
- 国家専門職・国税専門官 …… 国家公務員採用専門職試験［大卒程度試験］，
  旧国税専門官採用試験
- 裁判所 ………………………… 裁判所職員採用総合職試験，
  裁判所職員採用一般職試験［大卒程度試験］
  （旧裁判所事務官採用Ⅰ・Ⅱ種試験，
  旧家庭裁判所調査官補採用Ⅰ種試験を含む）
- 地方上級 …………………… 地方公務員採用上級試験（都道府県・政令指定都市・特別区）
- 市役所 ……………………… 市役所職員採用上級試験（政令指定都市以外の市役所）
- 警察官 ……………………… 大学卒業程度の警察官採用試験
- 消防官 ……………………… 大学卒業程度の消防官・消防士採用試験

本書に収録されている「過去問」について

❶ 平成9年度以降の国家公務員試験の問題は，人事院等により公表された問題を掲載している。地方公務員試験の一部（東京都，特別区，警視庁，東京消防庁）についても自治体により公表された問題を掲載している。それ以外の問題は，受験生から得た情報をもとに実務教育出版が独自に編集し，復元したものである。

❷ 問題の論点を保ちつつ問い方を変えた，年度の経過により変化した実状に適合させた，などの理由で，問題を一部改題している場合がある。また，人事院などにより公表された問題も，用字用語の統一を行っている。

❸ 本シリーズは，「問題にダイレクトに書き込みを加えて，解答のポイントを明示する」というコンセプトに合わせて問題をセレクトしている。そのため，計算問題や空欄に入る語句を選ぶ形式の問題などは，ほとんど収録されていない。

知識分野で捨て科目を作る前に要チェック！

平成24年度に国家公務員の試験制度が変更され，「国家Ⅰ種」は「国家総合職」に「国家Ⅱ種」は「国家一般職」のように試験名の表記が変更された。その際，教養試験は**「基礎能力試験」**という名称に変更され，知識分野の出題数がそれまでより減っている。

しかし，これは選択解答から**必須解答に変更**されたもので，知識分野のウエートが下がったとはいえない。捨て科目を作ると他の受験生に差をつけられてしまう可能性がある。**いたずらに捨て科目を作らず**に各科目のよく出るポイントを絞って，集中的に押さえることで得点効率をアップさせよう。

本書の構成と使い方

本書の構成

　過去に上・中級の公務員試験に出題された問題を分析し、重要なテーマから順に、セレクトして掲載した。それぞれの問題は見開きで構成されており、左のページには問題の本文とそのポイントなどを示し、右のページには解説とメモ欄を配置している。
巻頭には最新の問題を掲載！

試験名と出題年度

この問題が出題された試験名と、出題された年度。ページ下部には試験名インデックスもついている。
試験の名称表記については3ページを参照。

問題タイトル

問題の内容を端的に表している。

科目名と問題番号

カコモンキー

本シリーズのナビゲーター。
難易度によって顔が変わる!?

問題文中の赤色部分について

要チェック箇所

正誤判断のために重要な部分。

誤り部分

正しい記述は、その下に赤字で示している。

重要語句・キーワード

絶対に覚えておきたい用語。

補足説明
➡
正文化できない箇所の誤りの理由や、正しい記述への注釈など。

妥当な内容の選択肢

基本的には正答を示しているが、混乱を避けるため「妥当でないものを選べ」というタイプの問題では、妥当な選択肢4つに印がついている。

地理015

世界の農業（1）

世界の農業に関する記述として、妥当なのはどれか。

平成20年度
地方上級

1 オアシス農業は、乾燥地域で湧水などの水を利用して行う農業であり、~~乾燥のため小麦などの穀物は栽培できず~~、ナツメヤシなどの樹木作物が栽培されている。
➡乾燥してはいるが小麦の栽培は行われている

過去問ナビゲートページ

2 ~~　　　　　　　　　　　　　　　　　　　　　　　　　　　　　　　　　　　　　　~~が、
土地生産性および労働生産性は~~低く~~、南アメリカに特有の農業の形態である。
高い
のパンパのほかに、北アメリカのプレーリー、ウクライナでも行われている

3 混合農業は、穀物の栽培と家畜の飼育とを組み合わせた農業で、三圃式農業から発展した農業の形態であり、ヨーロッパで見られる。

4 地中海式農業は、地中海沿岸に特有の農業の形態であり、降雨量が少ない~~ため~~
地中海性気候の地域
~~大麦などの穀物は栽培されておらず~~、乾燥に強いぶどうなどの樹木作物が栽培されている。
➡降水量が少なくても大麦や小麦は栽培されている

5 プランテーション農業は、熱帯地域で茶などの作物を栽培する農業であり、農園の規模が~~小さい~~ため生産された作物の輸出は行われておらず、アフリカに特
大きい
~~有~~の農業の形態である。

40

付属の赤シート

赤シートをかぶせると、赤字で記されている部分が見えなくなるので、実際に問題を解いてみることも可能。
自分なりの書き込みを加える際も、赤色やピンク色のペンを使えば、同様の使い方ができる。

使い方のヒント

　選択肢はすでに正文化してあるので，過去問を読み込んでいくだけで試験に出たピンポイントの知識をダイレクトに習得できる。問題演習をしたい場合は，赤色部分が見えなくなる付属の赤シートを使えばよい。わざわざ解説を見るまでもなく，赤シートを外すだけで答え合わせができる。

　さらに，問題に自分なりの書き込みを加えたり，右ページのメモ欄を使って重要事項をまとめたりしてみてほしい。それだけで密度の濃い学習ができると同時に，試験前までには本書が最強の参考書となっているだろう。

　また，使っていくうちに，問題のつくられ方・ヒッカケ方など「公務員試験のクセ」もだんだんわかってくるはずだ。本書を使うことで，あらゆる方向から骨の髄まで過去問をしゃぶりつくせるのだ。

解説

世界の農林水産業

難易度 ★★★　重要度 ★★★

1 オアシス農業は，サハラ砂漠などのオアシスのほか，外来河川や地下水路から水を引いて行う乾燥地帯の農業である。ナツメヤシ，小麦，米，[**A**　　　　] などを栽培している。オアシス農業を行っている地域としては，エジプトやイラクなどがある。

2 企業的穀物農業は，アルゼンチンのパンパ，アメリカ合衆国中部（プレーリー），ウクライナ，オーストラリア南東部などで行われ，主に [**B**　　　] が栽培される。

3 正しい。ヨーロッパでは，古代，冬の [**C**　　　　] 栽培と休閑を繰り返す二圃（にほ）式農業だった。夏，雨の少ない地中海沿岸では，この二圃式農業のままであったが，西岸海洋性気候のヨーロッパ中部では，やがて，冬作物の次に夏作物（[**D**　　　]，エン麦）を作り，夏作物が終わると冬作物までの間を休閑とする三圃（さんぽ）式農業になった。近世に入ると，休閑の時期に根菜類を収穫したり，牧草（クローバー）地にして，肉牛や豚を多く飼育するようになった。これが混合農業である。
　なお，ヨーロッパでは，食料自給率が高く，特に，[**E**　　　　] では約130%（2011年）ある。

4 地中海式農業は，地中海性気候の地域で行われている農法であり，地中海沿岸だけで行われているわけではない。夏には乾燥に強いぶどう，[**F**　　　] などが栽培される。地中海式農業でも家畜の

解説・書き込みページ

術を投入し，植民地の安い労働力を使って大量に収穫を行い本国に生産物を送ったという歴史がある。現在はブラジルのさとうきびと [**H**　　　]，アメリカの綿花，エクアドルの [**I**　　　]，ガーナのカカオなどが有名である。

Point

☐ 農業形態はこのほかに，移動式農業（焼畑農業），アジア式稲作農業，アジア式畑作農業，酪農，園芸農業，企業的牧畜業などがある。

☐ 企業的牧畜としては，アメリカグレートプレーンズ西部の肉牛，オーストラリアのグレートアーテジアン盆地の羊，アルゼンチンの牛，羊が有名である。

Ⓐ：綿花，Ⓑ：小麦，Ⓒ：小麦，Ⓓ：大麦，Ⓔ：フランス，Ⓕ：オリーブ，Ⓖ：ヤギ，Ⓗ：コーヒー，Ⓘ：バナナ

テーマ名

テーマは出る順＆効率的に学べる順に並んでいる。

難易度と重要度

この問題の難しさと，内容の重要度を★で表示。

難易度	★	比較的易しい
	★★	標準レベル
	★★★	難しい

重要度	★	たまに出る
	★★	よく出る
	★★★	最頻出問題

解説

さらなる理解を促すべく，選択肢ごとに内容を補足して説明している。
※解説中の空欄
解説中の重要語句を中心に空欄をつくってあるので，穴埋め式の学習もできるようになっている。答えはPointの下に記してある。

メモ欄

使い方は自由。穴埋めの答えを右側に記して使いやすくするもよし（キーワードが際立つ効果がある），自分なりに補足知識を書き記してみてもいいだろう。

Point

この問題のポイントとなる知識を短くまとめたもの。「出る選択肢」として覚えよう。

上・中級公務員試験
過去問ダイレクトナビ 地理 目次

地 理

地理の出題の特徴

出題の状況

地理は，ほとんどすべての試験で出題されている。令和元年度の国家総合職・一般職・専門職では各1問の出題であった。地方上級・市役所・警察官では1～2問出題されている。

出題される内容

地理の出題は「人間と環境」「生活と産業」「世界の諸地域」「日本の地理」に大別される。気候や農業，資源・エネルギーなどの問題が頻出で，そのほかに各国の地理や日本国内の地理を問う問題がある。

問題文に統計データの数字が含まれることがあるが，細かい数値の正誤を問うような問題はほとんどなく，大まかな流れや主要国の順位を知っていれば正答できる問題がほとんどである。したがって，数値自体についてそれほど神経質になる必要はない。出題当時からの情勢変化を「正文化」したうえで過去問による学習が有効だ。

問題の形式

文章の正誤を問うオーソドックスな形式が中心で，本書で行っているような「正文化」が有効である。記述の対応関係を問う問題，地図を示してその中の国について尋ねる問題，統計資料の数表やグラフを提示した問題，文中の空欄に適語を挿入させる問題など，形式のバリエーションはあるが，それらの多くは「記述または対応関係が正しいかどうか」を問うものなので「正文化」が有効である。

試験別に見た特徴

国家総合職・一般職・専門職では出題数が減ったことから，明確な出題傾向は予測しにくいが，世界の複数の地域にまたがった問題が増えている。時事的なテーマや科目横断的な問題にも注意したい。

地方上級では世界の気候をテーマとする出題が多い。土壌や農牧業・林業との関係も重要である。

科目レーダー

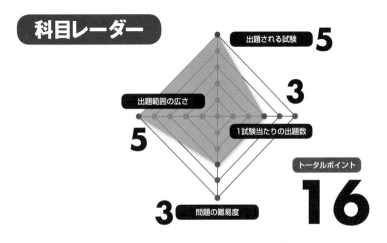

出題される試験 **5**

3

出題範囲の広さ **5**

1試験当たりの出題数

問題の難易度 **3**

トータルポイント **16**

地理

001 → 100

世界の気候

世界の気候に関する次のA〜Dの記述のうち，妥当なもののみを全て挙げているものはどれか。

令和2年度
裁判所

A 熱帯雨林気候区は，雨季には激しい雨が降るが，乾季はほとんど降水がないため，乾燥に強い樹木がまばらにはえている。
→毎日　対流性降雨（スコール）
年中高温であるため多種類の常緑
広葉樹が熱帯雨林を形成する

B ステップ気候区は，乾燥帯のうち，雨季にやや降水が多くなる地域であるため，雨季には草丈の低い草原が広がる。
→ステップという

C 地中海性気候区は，冬は温暖だが，夏は降水量が少なく乾燥が激しいため，乾燥に強い常緑樹が育つ。
→耐寒性のあるオリーブ・コルクがしなどの硬葉樹

D 冷帯湿潤気候区は，おもにヨーロッパ中央部から北西部にかけて分布しており，落葉針葉樹林のタイガが広がっている。
→カラマツ（落葉樹）やエゾマツ・トドマツ（常緑樹）など

1 ⋯⋯ A，B

2 ⋯⋯ A，C

3 ⋯⋯ B，C

4 ⋯⋯ B，D

5 ⋯⋯ C，D

解説 ★ABC

難易度 ★☆☆　重要度 ★★☆

A 熱帯雨林気候区は，赤道付近に分布し，最寒月平均気温が
[**Ⓐ**　　]℃以上の年中高温多雨な気候で雨季と乾季の区別はない。
Aの文は熱帯のサバナ気候の解説である。なお，熱帯雨林気候区は，
年間を通して気温が高いため年較差は小さいが，昼夜間の温度差が
あるために日較差は大きい。また，年中高温多雨のため，ジャング
ルやセルバと呼ばれる熱帯雨林が形成されるが，土壌は痩せた
[**Ⓑ**　　]である。

B 正しい。ステップ気候は砂漠の周辺に分布し，弱い雨季があるため
ステップと呼ばれる短草の草原が広がっている。ウクライナの黒土
地帯（チェルノーゼム）や北米のグレートプレーンズなどでは，
[**Ⓒ**　　]を中心とした大規模な農業が展開されている。

C 正しい。地中海性気候区は，主に緯度30～45度の大陸の[**Ⓓ**　　]
岸に分布する温帯の気候である。冬は比較的温暖で夏より降雨があ
るが，夏は高温少雨で乾燥する。この気候を利用して，冬は
[**Ⓒ**　　]などを，夏は乾燥に強いオリーブやブドウ，オレンジな
どを栽培するのが地中海式農業である。

D 冷帯湿潤気候区は，スカンジナビア半島からシベリア西部，北米大
陸の北部などに分布。1年を通じて比較的降水があるが，低温のた
め蒸発量が少なく，内陸でも湿潤である。南部は広葉樹と針葉樹の
混合林（混交林），北部には針葉樹の大森林である[**Ⓔ**　　]が分
布する。

🔑Point

☐ 熱帯	：熱帯雨林気候，熱帯雨林，ジャングル（東南アジア），セル バ（アマゾン川流域），サバナ気候区，熱帯長草草原→サバナ， 熱帯草原→リャノ，カンポ
☐ 乾燥帯	：ステップ気候区，短草草原→ステップ
☐ 温帯	：温暖湿潤気候区，温帯草原→湿潤パンパ（アルゼンチン）， プスタ（ハンガリー）
☐ 冷帯（亜寒帯）	：亜寒帯湿潤気候区，亜寒帯冬季少雨気候，針葉樹林 →タイガ
☐ 寒帯	：ツンドラ気候区，蘚苔類，地衣類

Ⓐ：18，Ⓑ：ラトソル，Ⓒ：小麦，Ⓓ：西，Ⓔ：タイガ

ケッペンの気候区分（1）

ケッペンの気候区分と世界の都市に関する記述として最も妥当なのはどれか。

平成27年度
国家一般職

1 気温が年間を通じて高温で年較差が小さい熱帯気候は，年間を通じて雨の多い熱帯雨林気候や乾季・雨季が明確なサバナ気候などに分けられる。アジアでは，熱帯雨林気候に属する都市として赤道付近のシンガポールが，サバナ気候に属する都市としてバンコクが挙げられる。

2 降水量が蒸発量と等しい乾燥帯気候は，~~土壌の乾燥の度合い~~によって砂漠気候
〔降水量より蒸発量のほうが多い〕　　　　　　　　〔年降水量〕
とステップ気候に分けられる。アフリカでは，砂漠気候に属する都市として~~ナ~~
~~イロビ~~が，ステップ気候に属する都市として~~カイロ~~が挙げられる。
〔カイロ〕　　　　　　　　　〔ニアメ（ニジェールの首都）〕

3 温暖で四季が明確な温帯気候は，気温の年較差が~~大きく~~降水量が~~多い~~西岸海洋
　　　　　　　　　　　　　　　　　〔小さく〕　　〔少ない〕
性気候や気温の年較差が~~小さく~~降水量の変動も~~小さい~~温暖湿潤気候などに分け
　　　　　　　　　　　〔大きく〕　　　　　〔が大きい〕
られる。北中米では，西岸海洋性気候に属する都市として~~ワシントン D.C.~~が，
　　　　　　　　　　　　　　　　　　　　　　　　　　　〔シトカ〕
温暖湿潤気候に属する都市として~~メキシコシティ~~が挙げられる。
　　　　　　　　　　　　〔ワシントン D.C.〕

4 冷涼で夏と冬の日照時間の差が~~少ない~~亜寒帯（冷帯）気候は，年間を通じて降
　　　　　　　　　　　　　　〔大きい〕
水のある冷帯湿潤気候と降水量が少ない冷帯冬季少雨気候に分けられる。南米
では，冷帯湿潤気候に属する都市として~~ブエノスアイレスが，冷帯冬季少雨気~~
　　　　　　　　　　　　　　〔および冷帯冬季少雨気候に属する都市はない〕
~~候に属する都市としてリマが挙げられる。~~

5 ~~年の平均気温が0℃未満の極寒の寒帯気候~~は，樹木の生育の有無によって，ツン
〔最暖月の平均気温が 10℃未満〕　　　　　〔夏に0℃以上になるか否かによって〕
ドラ気候と氷雪気候に分けられる。氷雪気候は人間が生活することが困難であ
るが，ツンドラ気候は生活可能であり，~~ダブリンは国の首都として唯一ツンド~~
　　　　　　　　　　　　　　　　〔➡首都でツンドラ気候に属する都市はない〕
~~ラ気候に属する。~~

解説

難易度 ★☆☆　　重要度 ★★★

1 正しい。熱帯気候は，最寒月の月平均気温が【**Ⓐ**　　　　】℃以上の気候で，年中多雨の【**Ⓑ**　　　　】気候と，雨季と乾季が明瞭な熱帯モンスーン気候・【**Ⓒ**　　　　】気候に分けられる。

2 乾燥帯気候は，降水量より【**Ⓓ**　　　　】のほうが多く，年降水量により砂漠気候(250mm以下)とステップ気候(200～500mm程度)に分けられる。アフリカでは,カイロが砂漠気候に属する都市として,ニアメ(ニジェール)がステップ気候に属する都市として挙げられる。ナイロビは温暖冬季少雨気候に属する。

3 温帯気候は，夏に乾燥し，冬に降水が多い【**Ⓔ**　　　　】気候,夏に降水量が多く，冬に少ない温暖冬季少雨気候，四季の変化が最も明瞭な【**Ⓕ**　　　　】気候，四季を通じて温和で気温の較差が比較的少なく，降水量は少ないが年中降水が見られる西岸海洋性気候に分けられる。北中米で西岸海洋性気候に属する都市としてアラスカ州のシトカ，【**Ⓕ**　　　　】気候に属する都市としてワシントンD.C.が挙げられる。メキシコシティは高山気候である。

4 亜寒帯（冷帯）気候は，冷涼で夏と冬の日照時間に大きな差がある。北半球だけに分布し，年中降水がある【**Ⓖ**　　　　】気候と，冬に降水が少なく極めて寒冷になる冷帯冬季少雨気候に分けられる。南米でこの気候に属する都市はない。ブエノスアイレスは【**Ⓕ**　　　　】気候，リマはエジプトのカイロより降水量が少なく，砂漠気候である。

5 寒帯気候は，夏に0℃以上になるツンドラ気候と，年中凍結している【**Ⓗ**　　　　】気候に分けられる。ツンドラ気候では農耕は不可能であるが，エスキモー（イヌイット）やサーミなどの人々が狩猟や遊牧をしている。アイルランドの首都ダブリンは西岸海洋性気候である。世界の首都でツンドラ気候に属する都市はない。

🔑 **Point**

☐ 北中米で西岸海洋性気候が分布しているのは，アパラチア山脈と北西太平洋岸である。

Ⓐ:18, Ⓑ:熱帯雨林, Ⓒ:サバナ, Ⓓ:蒸発量, Ⓔ:地中海性, Ⓕ:温暖湿潤, Ⓖ:冷帯湿潤, Ⓗ:氷雪

ケッペンの気候区分(2)

**世界の気候に関する記述として,
妥当なのはどれか。**

平成28年度
地方上級

1 ~~サバナ~~気候は,夏または冬に降水量がやや多くなる雨季があり,丈の短い草原
ステップ
が広がり,牧草を求めて広い範囲を移動する遊牧が見られ,降水量が比較的多

い地域では肥沃な黒土が形成され,世界的な穀倉地帯になっている。

➡チェルノーゼムなど

2 ~~ステップ~~気候は,降水量が季節的に変化して,雨の多い雨季と乾燥する乾季に
サバナ
はっきり分かれ,丈の長い草原の中に樹木がまばらに生える~~ステップ~~が広がり,
サバナ
コーヒー,綿花やさとうきびの栽培が行われている。

3 西岸海洋性気候は,偏西風の影響を受けて1年中降水が見られ,気温の年較差

が~~大きく~~,肥沃で農業に適した~~ポドゾル~~が分布しており,混合農業や酪農が盛
小さく   褐色森林土
んである。

4 亜寒帯(冷帯)冬季少雨気候は,冬に大陸上で発達するシベリア高気圧のため,

降水量が少なく低温で,気温の年較差が大きく,タイガと呼ばれる針葉樹林が

広がっており,林業が盛んである。

5 ~~氷雪~~気候は,1年の大半が雪と氷で閉ざされているものの,短い夏の間だけ気
ツンドラ
温が上がり,草,低木やコケ類が育つが,農耕は行われず,アザラシの狩猟や

トナカイの遊牧が行われている。

解 説 ×月○日

難易度 ★★☆ 重要度 ★★☆

1 丈の短い草原が広がり，遊牧が見られるのは【**A**　　　　　】気候である。ウクライナやロシアのチェルノーゼムのように，肥沃な黒土が広がり穀倉地帯となっている地域もある。

2 雨季と乾季がはっきり分かれ，丈の長い草の中に樹木がまばらに生える疎林が見られるのは【**B**　　　　　】気候。コーヒー，綿花，さとうきびなどのプランテーション栽培が見られる。

3 温帯気候に属する【**C**　　　　　】気候は偏西風の影響を受けて1年中降水が見られ，暖流の温暖な空気が運ばれるため気温の年較差は小さい。温帯の他の地域と同じく肥沃な褐色森林土が分布する。ポドゾルは亜寒帯（冷帯）気候に分布する灰白色のやせた土壌である。

4 正しい。【**D**　　　　　】気候は特に気温の年較差が大きく，最寒月平均気温は－20℃未満だが，最暖月の平均気温は20℃近くまで上がる地域もある。ユーラシア大陸北東部にしか見られない気候である。

5 1年の大半が雪と氷で閉ざされているが，短い夏の間だけ気温が上がり，草や低木，コケ類が育つのは【**E**　　　　　】気候で，最暖月の平均気温が0℃以上10℃未満である。最暖月の平均気温が0℃未満の氷雪気候は気温が上がらず1年中雪と氷で閉ざされている。

🔑**Point**

☐ ケッペンの気候区分は植生に着目し，樹木気候と無樹木気候に分け，それを年降水量や降水量の季節変化，最寒月・最暖月平均気温などにより細かく分けたものである。

- -

☐ 世界全体をA（熱帯），B（乾燥帯），C（温帯），D（亜寒帯［冷帯］），E（寒帯）の5つに分け，A気候の中でもAf（熱帯雨林気候）とAw（サバナ気候）などに細かく分けている。ステップ気候はBS，西岸海洋性気候はCfb，亜寒帯冬季少雨気候はDw，ツンドラ気候はETといったように表記される。

A：ステップ，**B**：サバナ，**C**：西岸海洋性，**D**：亜寒帯（冷帯）冬季少雨，**E**：ツンドラ

ケッペンの気候区分（3）

ケッペンの気候区分に関する記述として，最も妥当なのはどれか。

令和元年度
消防官

1 ~~乾燥帯の~~サバナ気候区は雨季と乾季がはっきりしており，乾季の乾燥を利用し
熱　　　　　　　　→熱帯モンスーン気候は弱い乾季がある
た作物の栽培も見られる。
　　→コーヒーなど

2 砂漠気候区は気温の日較差が大きく，年降水量が250mm~~未満~~であることから，
　　　　　　　　　　　　　　　　　　　　　　　　　以下
まれに大雨が降った際の ワジ を除き，~~河川は見られない~~。
　　　　　　　　　　涸れ川ともいう　　外来河川が見られる

3 西岸海洋性気候は，同じ緯度帯の大陸東岸に比較すると夏は冷涼で冬は温暖で
　　　　　　　　　　　　　　　　　　　→温暖湿潤気候は夏は高温多雨，冬は低温少雨
あるが，南半球では~~分布が見られない~~。
　　　　　　　も見られる

4 冷帯湿潤気候は一年を通して降水または降雪があり，カナダやアラスカとユー
亜寒帯湿潤気候ともいう
ラシア大陸北部などおもに北緯40度以北の広い地域に分布する。

5 寒帯のツンドラ気候は最暖月の平均気温が ~~0℃~~ 未満であり，積雪でおおわれて
　　　　　　　　　　　　　　　　　　　10℃
いるために植生は見られない。

解説　×月○日　難易度 ★★☆　重要度 ★★★

1 サバナ気候区は乾燥帯ではなく熱帯の気候区。この気候区は夏は雨季，冬は乾季となり，【**A**　　　】農業によって綿花やコーヒー，さとうきびなどが栽培されている。サバナ（サバンナ）とは，熱帯疎林と長草の草原をいう。ブラジルでは【**B**　　　】，ベネズエラのオリノコ川流域では【**C**　　　】と呼ばれる。

2 砂漠気候は日較差が大きいため岩石の風化作用が激しく砂漠が発達する。年間降水量は極めて少なく250mm以下なので植生はほとんど見られない。しかし河川は湿潤地域に水源を持ち，乾燥地帯を貫流する【**D**　　　】が見られる。ナイル川やチグリス・ユーフラテス川，インダス川，コロラド川などが好例である。【**D**　　　】の流域では灌漑農業により，【**E**　　　】やオリーブなどが栽培されている。【**E**　　　】の実は糖分を含み栄養価が高く，生で食べるほか菓子・シロップなどの原料となる。

3 西岸海洋性気候は中緯度から高緯度の大陸西岸に分布する海洋性の気候で，【**F**　　　】と暖流の影響で大陸東岸の気候（温暖湿潤気候）に比べて夏は冷涼で冬は温和である。気候と降水量の年較差が小さいのが特色。植生は【**G**　　　】・かしなどの落葉広葉樹と常緑針葉樹の混交林が見られる。西ヨーロッパや南北アメリカ，ニュージーランドに分布する。

4 正しい。冷帯湿潤気候（亜寒帯湿潤気候）は，ユーラシア大陸の北緯40度以北（秋田県の八郎潟が北緯40度）などに分布しているが，【**H**　　　】には見られない。大陸性の気候なので年較差は大きい。降水は年間を通してあるが，総雨量は少ない。土地利用は南部は農業，北部は林業が中心で，北部には【**I**　　　】と呼ばれる針葉樹が広がっている。

5 ツンドラ気候は最暖月平均気温が10℃未満で，0℃未満になると氷雪気候となる。ツンドラ気候は夏に永久凍土が溶けてこけ類や地衣類が成長し，トナカイの遊牧が見られる。氷雪気候は永久氷雪で植生は見られず【**J**　　　】（無居住地域）の地でもある。

🔑 Point

☐ 気候の三要素（気温・降水量・風）と気候因子（海流・隔海度・緯度・海抜高度など）をふまえて，5つの気候（熱帯・乾燥帯・温帯・亜寒帯＝冷帯・寒帯）を理解する。

A：プランテーション，**B**：カンポ，**C**：リャノ，**D**：外来河川，**E**：なつめやし，**F**：偏西風，**G**：ぶな，**H**：南半球，**I**：タイガ，**J**：アネクメーネ

ケッペンの気候区分（4）

図は，南極大陸を除く5つの大陸A～Eについて，気候帯別の面積割合を示したものである。B，C，Dに該当するものの組合せとして最も妥当なのはどれか。

平成21年度
国家Ⅱ種

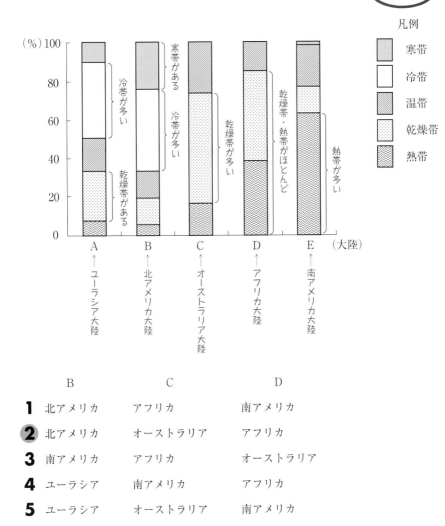

	B	C	D
1	北アメリカ	アフリカ	南アメリカ
2	北アメリカ	オーストラリア	アフリカ
3	南アメリカ	アフリカ	オーストラリア
4	ユーラシア	南アメリカ	アフリカ
5	ユーラシア	オーストラリア	南アメリカ

解説

難易度 ★★☆ 　重要度 ★☆☆

A 寒帯，冷帯があるので，ユーラシア大陸か【**Ⓐ**　　　　　】大陸である。乾燥帯の割合を見てみると，20％を超えていることから，中部にモンゴルやカザフスタンなどの乾燥地帯を抱えるユーラシア大陸とわかる。北アメリカ大陸の乾燥地帯は，アメリカ合衆国の中部だけである。

B Aがユーラシア大陸とすれば，Bは北アメリカ大陸である。北アメリカ大陸は，アメリカ合衆国のシカゴやカナダ以北はすべて冷帯か寒帯に属しており，アラスカなどを含め広大な面積になる。ユーラシア大陸の寒帯は，【**Ⓑ**　　　　　】の北極圏とノルウェーの一部のみで，ユーラシア大陸としての面積比はそれほど大きくない。

C 乾燥帯が多いのでオーストラリア大陸か【**Ⓒ**　　　　　】大陸であるが，熱帯の割合が少なく，温帯の割合が多いのでオーストラリア大陸と特定できる。オーストラリア大陸の中部の乾燥地帯は，面積比で55％程度ある。

D 乾燥帯と熱帯がほとんどなのでアフリカ大陸とわかる。

E 熱帯の面積の比が60％を超えている。この特徴を持つのは，南アメリカ大陸である。また，わずかではあるが寒帯の地域もあることから南北に長いことも予想できる。寒帯の地域は，【**Ⓓ**　　　　　】の南端である。

　これで，A〜Eの大陸は特定できたが，問題を選択肢の消去法で考えてみよう。A，Bはユーラシア大陸か北アメリカ大陸のどちらかだから，選択肢の **3** ではない。
　C〜Eは残りの3大陸であるが，アフリカ大陸とオーストラリア大陸には寒帯の地域がないことから，Eが南アメリカ大陸とわかるので，選択肢の **1**，**4**，**5** も違う。よって，残った **2** が正答となる。

🔑 Point

□ 陸地全体の気候区分では，寒帯17.1％，冷帯21.3％，温帯15.4％，乾燥帯26.3％，熱帯19.9％となっており，乾燥帯が一番多く，温帯が一番少ない。

Ⓐ：北アメリカ, Ⓑ：ロシア, Ⓒ：アフリカ, Ⓓ：チリ

ハイサーグラフ

次のハイサーグラフは温帯の4つの
気候区分を表している。ハイサーグラフと
気候区分の組合せとして妥当なのはどれか。

平成18年度
市役所

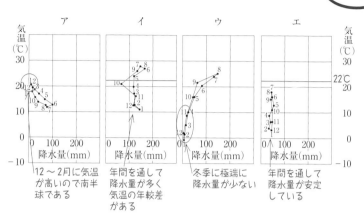

	ア	イ	ウ	エ
1	温暖湿潤気候	温暖冬季少雨気候	地中海性気候	西岸海洋性気候
2	地中海性気候	西岸海洋性気候	温暖冬季少雨気候	温暖湿潤気候
③	地中海性気候	温暖湿潤気候	温暖冬季少雨気候	西岸海洋性気候
4	西岸海洋性気候	温暖湿潤気候	地中海性気候	温暖冬季少雨気候
5	西岸海洋性気候	地中海性気候	温暖湿潤気候	温暖冬季少雨気候

国家総合職　国家一般職　国家専門職　裁判所　地方上級　市役所　警察官　消防官

解説 ×月○日 難易度 ★☆☆ 重要度 ★★☆

ハイサーグラフは，気温と降水量を2次元に表して，各月の平均をプロットして結んだものである。このグラフの形でケッペンの気候区分に分類できる。

ア 12月，1月，2月が気温が高いので，南半球のハイサーグラフであることがわかる。そして，12月，1月，2月（夏）に極端に降水量が少なく，冬にある程度の降水量があるので，【**Ⓐ**　　　　　】気候である。
このグラフは南アフリカのケープタウンのものである。

イ 降水量が比較的多く，気温の年較差がある。また，最暖月平均気温が22℃以上あるので，【**Ⓑ**　　　　　】気候である。
このグラフはアメリカ合衆国のニューオーリンズのものである。

ウ 冬季に極端に雨が少なく，気温の年較差が大きいことから，【**Ⓒ**　　　　　】気候である。この気候は中国南部・中部の内陸部，アフリカ南部などが該当する。
このグラフは中国の青海のものである。

エ 年間を通して降水量が安定しており，気温の年較差も比較的少ない。また，最暖月平均気温が22℃を超えないので，【**Ⓓ**　　　　　】気候である。
このグラフはフランスのパリのものである。

🔑Point

☐ 地中海性気候は，夏に降雨量が少なく，冬はある程度の降水があるので，ハイサーグラフは左上から右下にかけての楕円になる。

☐ 温暖湿潤気候は，年間を通してある程度の降水量があり，気温の年較差もあるので，ハイサーグラフは，中央に縦に長い多角形になる。22℃以上の部分がある。

☐ 温暖冬季少雨気候は，冬季に極端に雨が少ないので，ハイサーグラフは，右上から右下にかけて細長い棒のようになる。

☐ 西岸海洋性気候は，降水量が年間を通して安定しており，気温の年較差も比較的少ない。ハイサーグラフは，左側ないし中央寄りに上下に短い直線状になる。22℃以上にならない。

Ⓐ：地中海性，Ⓑ：温暖湿潤，Ⓒ：温暖冬季少雨，Ⓓ：西岸海洋性

大気の大循環と気候

次の文は，大気の大循環に関する記述であるが，文中の空所 A ～ C に該当する語の組合せとして，妥当なのはどれか。

平成21年度
地方上級

　地球上には，太陽から受ける熱の多い低緯度地方と少ない高緯度地方で不均衡が生じているが，これは大気や海洋の大循環による熱の移動により解消されている。

　赤道付近の赤道低圧帯は，空気の対流が活発で，そこで上昇した空気は，高
➡大陸の降雨の後なので乾いている
緯度側の30度付近で降下し，中緯度高圧帯を形成する。中緯度高圧帯から赤
➡亜熱帯高圧帯ともいう
道低圧帯に向かって吹く風を　A　，高緯度低圧帯に向かって吹く風を
東から西に　　　　貿易風　➡亜寒帯低圧帯ともいう　西から東に
　B　と呼ぶ。これらの風系のほかに，主に大陸の東岸部には，大陸と海
偏西風
洋の季節による気圧の差により風向きが変わる　C　が見られ，気温や降水
モンスーン
量の季節的変化の大きな気候をつくっている。
➡農業に向いている

	A	B	C
1	貿易風	偏西風	モンスーン
2	貿易風	モンスーン	偏西風
3	モンスーン	偏西風	貿易風
4	モンスーン	貿易風	偏西風
5	偏西風	貿易風	モンスーン

国家総合職　国家一般職　国家専門職　裁判所　地方上級　市役所　警察官　消防官

解説 難易度 ★★☆ 重要度 ★★☆

A 赤道低圧帯付近では，強い上昇気流が発生し激しい降水をもたらす。乾いた気流はさらに上昇し，東から西に向かう風となって，中緯度の地域に向かう。緯度【**Ⓐ**　　　　】°付近でその気流が下降をはじめ中緯度高圧帯を形成する。中緯度高圧帯は，天気は安定するが乾燥しているのでこの緯度付近では乾燥帯が多い。

中緯度高圧帯から，再び赤道低圧帯に東から西に向かう気流を【**Ⓑ**　　　　】という。

B 中緯度高圧帯から緯度【**Ⓒ**　　　　】°付近の高緯度低圧帯に向かって西から東に吹く風を【**Ⓓ**　　　　】という。

高緯度低圧帯よりさらに緯度の高い極付近を極高圧帯といい，この付近から，高緯度低圧帯に東から西に吹く風を極偏東風という。

C 風向きが変わるという記述から，偏西風（西から東への風），貿易風（東から西への風）でないことがわかる。また，偏西風，貿易風は地形により発生する風でなく緯度によって発生する風である。

【**Ⓔ**　　　　】（季節風）は，冬は陸から海へ，夏は海から陸へ向かう風である。海と陸との比熱の違いにより風向きが季節により変わるのである。

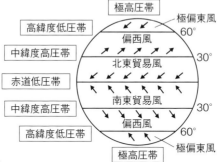

Point

- [ ] 偏西風の中でも上層の特に強い帯状の気流をジェット気流という。このジェット気流を含め偏西風は緯度に平行するのでなく蛇行を繰り返している。この蛇行が大気循環による熱の移動に大きく影響している。

- [ ] 貿易風や偏西風は，障害物のない海上で強く吹き，海流発生の大きな原因になっている。

- [ ] モンスーンは，東アジアからインド洋沿岸部，アフリカ大陸東岸，北アメリカ大陸東岸，オーストラリア東岸，カリブ海などで見られる。

Ⓐ：30，Ⓑ：貿易風，Ⓒ：60，Ⓓ：偏西風，Ⓔ：モンスーン

気象用語

気象等の用語に関する記述として，妥当なのはどれか。

平成23年度
警察官

1 ~~ラニーニャ現象~~とは，南米ペルー沖から東太平洋赤道域の海面水温が平年よりも低くなる現象をいい，日本では，~~冷夏~~・~~暖冬~~傾向になる。
（猛暑）（寒冬）

2 猛暑日，真夏日，夏日とは，1日の最高気温がそれぞれ摂氏35℃以上，30℃以上，25℃以上になる日のことである。

3 ~~エルニーニョ~~現象とは，山岳を越えた風に伴って暖かく乾いた空気が吹き降り，
（フェーン）
風下側の平地で気温が上がる現象をいい，空気が1km下降するごとに温度が約10℃上昇する。

4 ~~スプロール~~現象とは，極域と中緯度地域の気圧差に見られる振動現象で，これ
（北極振動）
が負の位相にあるときは，中緯度域に寒気が吹き込み，各地に大雪をもたらす。

5 ~~フェーン~~現象とは，多量のエネルギー消費による人工熱の発生で，周辺より高
（ヒートアイランド）
温域となる現象をいい，都市気候の代表例である。

解 説 ×月○日

難易度 ★☆☆　重要度 ★★☆

1 ラニーニャ現象が起こると，偏西風が蛇行して，その結果，日本では [**A**　　　　]・寒冬傾向になる。

2 正しい。猛暑日，真夏日，夏日の定義は，日本国内のものである。夜間の最低気温が 25℃以上となることを [**B**　　　　]，1 日の最低気温が 0℃未満となる日を冬日，最高気温が 0℃未満となる日を真冬日という。

3 エルニーニョ現象とは，赤道付近のペルー，エクアドル沖の [**C**　　　　] が平年よりも上昇する現象のことである。エルニーニョ現象が起こると，日本は冷夏・暖冬傾向になる。

4 スプロール現象とは，都市が [**D**　　　　] に向かって無秩序に拡散していく現象のことで，都市機能の低下をもたらす。

5 フェーン現象は，**3** の説明に該当する。フェーン現象の際には，乾いた強風が吹き荒れるために，[**E**　　　　] などの被害が起こりやすい。

Point

- [ ] 2020 年 7 月，停滞する梅雨前線の影響で九州地方は各地で豪雨となり，熊本県と鹿児島県に「大雨特別警報」が発表された。熊本県を流れる日本三大急流の一つ，球磨川が氾濫した。気象庁はこの豪雨を「令和 2 年 7 月豪雨」と命名した。

- [ ] 1 日の最高気温が 35℃を超える猛暑日は，埼玉県熊谷市や静岡県浜松市，岐阜県多治見市など各地で記録されている。沖縄県には猛暑日がない。

- [ ] 北極振動は，北アメリカやヨーロッパの天候変化に特に大きな影響を与えている。

- [ ] フェーン現象は，アルプスの北側に吹く局地風フェーンに由来し，日本では日本海側で多く発生する。

A：猛暑，**B**：熱帯夜，**C**：海面温度，**D**：郊外，**E**：山火事

世界の気候と家屋

世界各地の伝統住居の特徴に関する次の記述のうち，妥当なものはどれか。

平成25年度 地方上級

1 東南アジアの高床式住居 ── 木が腐るため，水辺には建てられない。
↪熱帯　　　　　　　　　　↪乾季と雨季の水位の差に対応するため，水辺の家屋は高床式になっている

2 北アフリカ・西アジアの日干しれんがの家 ── 寒暖の差が大きいため，壁
↪砂漠気候　　　　　　　　　　　　　　　↪日較差が大きい
は厚く，窓は小さい。

3 北ユーラシアの石造りの家 ── 多くの光を取り入れるため窓が極めて大き
↪寒帯・冷帯　　　　　　　　↪寒さを防ぐため窓は小さい
い。

4 モンゴル高原のゲル ── 夏は高温多湿になるので，風通しを重視している。
↪ステップ気候　　　　　　↪標高が高く夜間や冬季は気温が下がるため，防寒を重視している

5 日本の白川郷の合掌造り ── 大家族制度の影響で床面積を多くとるため，
↪日本海側の気候
屋根の傾斜は緩やかである。
↪屋根の傾斜は急で，屋内は多層構造になっている

1 東南アジアの高床式住居は，湿気や野生生物の被害を避けるため，床下を上げた住居で，倉庫などとしても使用されている。水辺に建てられた高床式住居は，[**Ⓐ**　　　　　]に増水する河川に対応したもので，増水時には移動手段が舟となる。

2 正しい。北アフリカや西アジアの乾燥帯では，気温の[**Ⓑ**　　　　　]が大きい。そのため，断熱効果を上げるため壁を厚くし，窓は明かり取り用の小さなものになっている。また，木材に乏しい地域であることから，家屋の材料には，粘土にわらなどを混ぜて成形した日干しれんががよく使われている。

3 北ユーラシアには寒帯や冷帯が広がり，気温の[**Ⓒ**　　　　　]が大きく，特に冬は月平均気温が－20℃を下回る地域もある。そのため家屋は断熱・蓄熱を重視した造りとなっており，窓は小さくなっている。

4 モンゴル高原はステップと砂漠からなる乾燥した地域で，遊牧民はゲルと呼ばれる組み立て式の住居を使用している。月ごとの平均気温や昼夜の気温の差が大きく，布や毛皮などで何重にも覆うことで防寒を高めることができ，また上部の覆いをめくることで温度調節や換気もできるつくりとなっている。ゲルのような移動式テントは，中国では[**Ⓓ**　　　　　]（包）と呼ばれる。

5 白川郷（岐阜県）は日本でも有数の[**Ⓔ**　　　　　]地帯にあり，急こう配の茅葺屋根は雪を滑り落とし，雪の重みで家がつぶれるのを防ぐ工夫になっている。屋根の形が手の平を合わせた形に似ているため，「合掌造り」と呼ばれるとされる。吹き抜けの中央に囲炉裏を配置しており，すすで屋根裏をいぶすことによって，厚い茅葺屋根の防虫・防腐効果を高めている。屋根の棟が高いため屋根裏は多層構造になっており，上層部ではかつて養蚕業が盛んに行われた。

🔑 Point

□ 白川郷：平家の落人伝説が残り，岐阜県北西部の白川村と高山市にまたがる集落。隣接する富山県南砺市の五箇山とともに，1995年に世界文化遺産に登録された。

Ⓐ:雨季，Ⓑ:日較差，Ⓒ:年較差，Ⓓ:パオ，Ⓔ:豪雪

世界の気候と農業

世界の気候と農業に関する記述として最も妥当なのはどれか。

平成28年度
国家専門職

1 地中海性気候の地域は，冬に降水が集中し，夏は乾燥しており，また，コルクガシなどの硬葉樹林が見られる。ぶどうやオリーブなどの乾燥に強い樹木作物の栽培が盛んであり，冬の降水を利用した小麦の栽培や，ぶどうを原料とするワインの醸造も行われている。

2 砂漠気候の地域は，1日の気温変化が大きく，3か月程度の短い雨季がある。
ステップ
ヤギやアルパカなどの家畜とともに水と草を求めて移動する粗放的な牧畜が盛
　　　羊・馬
んであり，住民は移動・組立てが容易なテントで生活し，家畜から衣食や燃料
を得ている。

3 熱帯雨林気候の地域は，年中高温多雨であり，スコールが頻発し，シイ，カシ，
　　　　　　　　　　　　　　　　　　　　　　　　　　　密林の熱帯林
クスなどの照葉樹林が見られる。ライ麦の栽培のほか，広大な農地に大量の資
　　　　　　　　　　　　　焼畑農業によるキャッサバ，タロイモなど
本を投入して，単一の商品作物を大量に栽培する焼畑農業が行われている。
　　　　　　　　　　　　　　　　　　　プランテーション

4 ステップ気候の地域は，冬は極めて寒冷であり，夏に降水が集中する。南部は
亜寒帯（冷帯）冬季少雨
シラカバなどの落葉広葉樹と針葉樹との混交林が，北部はタイガと呼ばれる針
葉樹林が見られる。南部では夏の高温を生かして大麦やじゃがいもなどの栽培
が盛んであるが，北部では林業が中心である。

5 ツンドラ気候の地域は，最暖月の平均気温が0℃未満であり，夏の一時期を除
　　　　　　　　　　　　　　　　　　　0℃以上10℃未満
いて氷雪に覆われている。土壌は低温のため分解の進まないツンドラ土であり，
夏はわずかな草とコケ類などが見られる。狩猟や遊牧のほか，耐寒性の小麦や
とうもろこしの栽培が行われている。
農耕には適さない

解 説　難易度 ★☆☆　重要度 ★★★

1 正しい。夏は亜熱帯高圧帯の影響で乾燥し，冬は亜寒帯低圧帯の影響でまとまった降水の見られる【**A**　　　　　】性気候の地域では，夏にオリーブなどの樹木作物，冬に小麦を栽培する【**A**　　　　　】式農業も見られる。

2 乾燥気候のうち３か月程度の短い雨季が見られるのは【**B**　　　　　】気候で，ヤギや羊，馬などを粗放的に飼育する遊牧が見られる。モンゴル高原などが代表的な例である。アルパカは主にアンデス山脈付近の高原で飼育される。

3 シイ，カシ，クスは温帯の照葉樹林に見られる樹木である。熱帯雨林気候の地域では土壌がやせているため，森林に火をかけて灰を肥料とする【**C**　　　　　】農業が伝統的に行われてきた。近年は森林を伐採してヤシ類やバナナなど熱帯性の単一の商品作物を栽培するプランテーション農業も盛んである。

4 冬に極めて寒冷で夏に降水が集中するのは【**D**　　　　　】気候であり，シベリア中央部などユーラシア大陸の一部の地域にしか見られない。タイガと呼ばれる針葉樹林が広がっている。

5 【**E**　　　　　】気候は寒帯気候に属し，最暖月の平均気温は０℃以上10℃未満と寒冷な気候のため農耕には不適で，トナカイなどの遊牧が見られる。最暖月の平均気温が０℃未満なのは氷雪気候である。

🔑 **Point**

☐ 気候と植生，農業は密接な関係にある。関連づけて学習しよう。
　・熱帯雨林気候…密林の熱帯雨林，焼畑やプランテーション農業
　・ステップ気候…降水量が少ないため家畜の遊牧
　・地中海性気候…夏の乾燥に強い樹木作物の栽培（オリーブ・ぶどう）
　・亜寒帯（冷帯）冬季少雨気候…針葉樹林のタイガ
　・ツンドラ気候…寒冷なため農耕には不適，トナカイなどの遊牧

A：地中海，**B**：ステップ，**C**：焼畑，**D**：亜寒帯（冷帯）冬季少雨，**E**：ツンドラ

世界の気候と農林水産業

世界の気候と農林水産業に関する記述として，最も妥当なのはどれか。

平成19年度
国家Ⅰ種

1 南アメリカ大陸の太平洋沿岸では，赤道付近から南極へ向かって暖流のペルー海流が
　　　　　　　　　　　　　　　　　南極　　　赤道　　　　　　　寒流
流れており，西岸海洋性気候が主体となっている。ペルー沿岸には豊富な水産資源が
　　　　　砂漠
存在し，特に，アンチョビーと呼ばれるトビウオは，ペルーの重要な輸出産品であり，
　　　　　　　　　　　　　　　　　かたくちいわし
大部分が生鮮品や冷凍品として中南米諸国に輸出されている。
　　　　　魚粉　　　　　　　　　欧米諸国

2 北欧のスウェーデンおよびフィンランドは，冷帯湿潤気候が主体であり，トウヒやマ
ツ等の常緑針葉樹林が分布している。両国ともに，豊富な森林資源を背景に製材，製
紙・パルプ等の木材関連産業が発達しており，木材・木製品は，両国の重要な輸出産
品として，現在，EU諸国のほかわが国に対しても輸出されている。

3 インドネシア，パプアニューギニアの赤道付近では，熱帯雨林気候が主体であり，数
　　　　　　　　　　　　　　　　　　　　　　　　　　　　　　　　　　　　　数多種
種の優占樹種によって構成される熱帯雨林が広く分布している。第二次世界大戦以前
は，両国ともに英国の植民地として一次産品を供給しており，現在でも天然ゴム，ア
インドネシアはオランダの植民地，パプアニューギニアはオーストラリアの委任統治領であった
ブラヤシ，てんさい（ビート）等のプランテーション農業が中心となっている。
　　　　さとうきび

4 ロシア極東地域は，大陸性の冷帯冬季少雨気候が主体となっており，冷帯気候特有の
　　　　　　　　　　　　　　　　　　　　　　　　　　　強酸性のポドゾルと呼ばれる
腐植層の薄い土壌にカラマツやブナ等の常緑針葉樹林が分布している。旧ソ連崩壊に
　　　　　　　　　　　　　　　落葉
よる経済の自由化を契機に，ヨーロッパ系企業による極東地域の木材産業への投資が
進み，現在，わが国へのロシア材輸出量の大部分が合板等の製品となっている。
　　　　　　　　　　　　　　　　　　　　　　　　　丸太

5 南半球の中緯度地域に位置するニュージーランドは，全域が温暖湿潤気候であり，食
　　　　　　　　　　　　　　　　　　　　　　　　　　　西岸海洋性
肉，乳製品，綿花，羊毛等が主要な農産物として輸出されている。ニュージーランドは，
第二次世界大戦以前に英国自治領から独立したが，年間輸出額の約半分を英国向けが
占めるなど，現在でも英国との密接な経済関係が維持されている。
現在は貿易などの面ではオーストラリアと密接な関係がある

解説

難易度 ★★★　重要度 ★★☆

1 南アメリカの太平洋側では，南極方面から赤道に向けて寒流である
ペルー海流が流れている。沿岸のチリ南部は西岸海洋性気候である
が，チリ中央部やペルーでは砂漠気候である。ペルーは漁獲高が
世界第5位である（2019年）。沿岸で獲れるアンチョビーは
【**Ⓐ**　　　　　　　】のことで，多くは飼料，肥料などに使う魚粉（フィッ
シュミール）に加工されて欧米諸国に輸出されている。

2 正しい。スウェーデンやフィンランドは冷帯湿潤気候である。冷帯
湿潤気候は地球で一番広く分布する気候である。冬の平均気温が
－3℃を下回ることから，人口密度が少なく森林地域が多い気候区
分である。

木材（丸太＋製材）の輸出量は，1位が【**Ⓑ**　　　　　　】，2位がカ
ナダで，ニュージーランドは3位，アメリカは4位，ドイツは5位（2018
年）である。わが国には北欧家具といった加工品も輸入されている
が，多くは建材として輸入されている。

3 熱帯雨林気候では，多種多様な常緑広葉樹が密生している。第二次
世界大戦以前は，インドネシアはオランダの植民地であり，マレー
シアは【**Ⓒ**　　　　　　】の，ラオス，カンボジア，ベトナムは
【**Ⓓ**　　　　　】の，フィリピンは【**Ⓔ**　　　　　　　】の植民地であっ
た。なお，パプアニューギニアは，第一次世界大戦後にドイツ領であっ
た部分がオーストラリアの委任統治領となり，第二次世界大戦後に
パプアニューギニアとして独立した。

4 カラマツは落葉針葉樹，ブナは【**Ⓕ**　　　　　　】広葉樹である。

5 ニュージーランドは国土全体が【**Ⓖ**　　　　　　】気候である。なお，
ニュージーランドの最大の貿易相手国は中国である。日本は輸出入
ともに第4位に入っている（第2位はオーストラリア）（2019年）。

🔑 **Point**

□ 熱帯では，常緑広葉樹，つるのある植物，寄生植物などの多種多様な植
　物類が見られる。

□ 乾燥帯のステップ気候区は丈の低い草，サバナ気候区は丈の高い草，低
　木が育つ。乾燥帯では草は生えるが木は生育しない。

□ 温帯は，常緑広葉樹，落葉広葉樹，常緑針葉樹，落葉針葉樹など多様
　な植物が見られるが，熱帯ほど多種ではない。

□ 冷帯（亜寒帯）は常緑針葉樹，落葉針葉樹と針葉樹が多い。

Ⓐ：かたくちいわし，**Ⓑ**：ロシア，**Ⓒ**：イギリス，**Ⓓ**：フランス，**Ⓔ**：アメリカ，**Ⓕ**：落葉，**Ⓖ**：西岸海洋性

地理012

世界の気候と森林

世界の気候と森林に関する記述として最も妥当なのはどれか。

令和3年度
国家専門職

1 熱帯雨林気候は，~~ケニア~~などの赤道直下のアフリカ~~東部~~や~~ベトナム~~などに見ら
　コンゴ　　　　　　　　　　　　　　　　　　　中央　　東南アジアの赤道直下
れ，一年中気温は高く年較差は小さいが，~~半年ごとの雨季と乾季に分かれてい~~
　　　　　　　　　　　　　　　　　　　　雨季と乾季があるのはサバナ気候
る。この気候の地域では，~~ユーカリや月桂樹~~などの照葉樹が分布している。
　　　　　　　　　常緑広葉樹

2 ステップ気候は，~~アフリカの北回帰線付近やブラジル北部~~などに見られ，年間
　　　　　　　　砂漠の周辺
降水量が少なく，~~地表に草木はほとんど見られない~~。しかし，~~ワジやカール~~な
　　　　　　　　丈の低い草原（ステップ）が見られる
~~ど湧水が発生している場所では~~，~~アブラヤシやコーヒー~~などの疎林が見られる。
ワジは涸れ川のこと　　　　　　　　　アブラヤシ・コーヒーは高温多湿の気候を
カールは氷食地形　　　　　　　　　　好むのでステップ気候では見られない

3 地中海性気候は，ヨーロッパ~~中西部~~やオーストラリア~~南東部~~など，北半球では
　　　　　　　　　　　地中海沿岸　　　　　　　　　南
大陸の西岸，南半球では~~東岸~~の比較的高緯度地域で見られ，~~四季を通じて降水~~
　　　　　　　　　西　　　中　　　　　　　　　冬は夏より降雨がある
~~量に変化が少ない~~。ヨーロッパでは，~~シュバルツバルト（黒森）と呼ばれるマ~~
~~ングローブ林が見られる~~。　　　　　　マングローブは熱帯や亜熱帯の海岸の
　　　　　　　　　　　　　　　　　低湿地にみられる低木

4 温帯夏雨（温帯冬季少雨）気候は，~~アルゼンチン南部や中央アジア~~などの中緯
　　　　　　　　　　　　　　　中国　　　ブラジル南東部
度地域に見られ，雨は夏の数か月に集中して降る。気温の年較差が大きく，温
帯の中では，冬は寒さが厳しく乾燥している。この気候の地域では，~~ブナやヒ~~
　　　　　　　　　　　　　　　　　　　　　　　　カシやシイ
~~ノキ~~などの常緑広葉樹が分布している。
　　　　→照葉樹ともいう

5 亜寒帯(冷帯)湿潤気候は，シベリアやカナダなど北半球の高緯度地域で見られ，
冬は長く寒冷で，夏は短いが比較的湿潤である。この気候の南部の地域では，
シラカバやカエデなどの落葉広葉樹と，針葉樹が混生する混合林が見られる。

解説

難易度 ★★☆　重要度 ★★★

1 熱帯雨林気候は年中高温多雨多湿で，多種の【Ⓐ　　　】の密林が見られる。なお，ユーカリはオーストラリアが原産地で熱帯から亜熱帯にかけて分布している。東南アジアでは，熱帯林伐採後の植林に用いられている。月桂樹は地中海沿岸地域が原産地。

2 ステップ気候は中央アジアの平原や北アメリカのグレートプレーンズ，アルゼンチンの乾燥【Ⓑ　　　】などで見られる。アフリカの北回帰線付近は砂漠気候，ブラジル北部はサバナ気候。この気候は弱い雨季があるため丈の低い草原（ステップ）が分布。

3 地中海性気候は夏は高温少雨で乾燥するので，オリーブ・コルクガシ・月桂樹など乾燥に強い樹木が多く見られる。シュバルツバルトは【Ⓒ　　　】南西部，ライン地溝帯の東側を南北に走る山地で，【Ⓒ　　　】語で「黒い森」の意味。トウヒ（常緑針葉樹）が密生して黒っぽく見える。酸性雨のため枯死が問題になった。

4 温帯夏雨気候の地域は，夏に多雨，冬に少雨となる。この地域には，カシやシイなどの【Ⓐ　　　】林（照葉樹林）が多く見られる。東アジアでは稲作が盛んで，ところによっては米の二期作が行われている。

5 正しい。亜寒帯の南部には混合林が，北部には【Ⓓ　　　】とよばれる針葉樹林帯が広がっている。日本の【Ⓔ　　　】は亜寒帯湿潤気候に属する。

 **Point**

□ 森林（植生）は，地形や土壌などの影響も受けるが，最も大きな要因は気候である。特に気温と降水量の影響が大きい。

Ⓐ：常緑広葉樹，Ⓑ：パンパ，Ⓒ：ドイツ，Ⓓ：タイガ，Ⓔ：北海道

世界の土壌（1）

成帯土壌に関する記述中の，空所A～Cに
当てはまる語句の組合せとして，
最も妥当なのはどれか。

平成25年度
警察官

熱帯は日射が強く降水量が多いため，植物がよく茂る。しかし，多量の降雨
➥低緯度で，赤道低圧帯の影響を受ける

により土壌中の養分は流され，鉄分などが多く残る　　A　　と呼ばれる赤色
➥水に溶けて流れる　➥鉄分などは水に溶けない

土となり，肥沃度は低い。

ステップ気候区の比較的雨量の多い地域では草の密度が増し，乾季に枯れた
➥短草の草原

草の腐食によって，ウクライナ周辺では　　B　　と呼ばれる肥沃な黒土が形
➥小麦などの穀倉地帯

成される。

亜寒帯（冷帯）には，寒さに強い単一または少数の樹種からなる針葉樹林が
➥タイガ

広がる。針葉樹の落ち葉は分解されにくく，酸を生成する。この酸が土を褐色
➥溶脱作用

にする鉄分を溶かしてしまうため，　　C　　と呼ばれる白っぽい土壌となる。
➥灰白色土とも

	A	B	C
1	ラトソル	チェルノーゼム	ポドゾル
2	レグール	テラロッサ	ポドゾル
	➥間帯土壌	➥間帯土壌	
3	ラトソル	テラロッサ	レグール
4	ポドゾル	チェルノーゼム	レグール
5	テラロッサ	ラトソル	チェルノーゼム

国家総合職　国家一般職　国家専門職　裁判所　地方上級　市役所　警察官　消防官

解説

難易度 ★☆☆　重要度 ★★★

A 熱帯や亜熱帯では，土壌中の可溶成分（養分）が水の移動によって運び去られる溶脱が起こりやすく，栄養に乏しい [**Ⓐ**　　　　] が形成される。また乾季のある気候区では，雨季には養分が流され，乾季には地中の鉄分などが地表に集まるため，[**Ⓐ**　　　　] が形成されやすい。高温多湿な気候は分解や酸化が進みやすく，土壌の色は赤色となる。

B 乾燥帯に属するステップ気候では，乾燥により樹木が育たず，丈の短い草に覆われた草原が形成される。草原がつくり出す腐植土は，肥沃な土壌の [**Ⓑ**　　　　] を形成し，ウクライナ周辺では小麦などの [**Ⓒ**　　　] 地帯となっている。

C タイガの広がる亜寒帯（冷帯）では，溶脱により土壌中の鉱物が溶かされ，灰白色土とも呼ばれる [**Ⓓ**　　　　] が分布する。冷帯では低温で落ち葉の分解が進まず漂白作用が起こるため，土壌の色は白っぽくなる。地味に乏しいため農耕には向かず，牧畜が行われる。日本では北海道や中部地方の山岳地帯などに分布する。

Point

- [ ] ケッペンの気候区分と土壌は関係がある。冷帯では強酸性の灰白色のポドゾルが多く，ステップ気候では，栗色土や肥沃なチェルノーゼムが見られる。サバナ気候では赤色の酸性のラトソルが多いが，このラトソルはやせていて農業に向かない。

- [ ] 成帯土壌：気候と植生の影響を強く受け，帯状に分布する。

- [ ] 間帯土壌：分布が局地的で，地形や母岩の影響を強く受ける。

- [ ] レグール：デカン高原に広く分布する間帯土壌。玄武岩が風化して形成され，黒色で肥沃。黒色綿花土とも呼ばれる。

- [ ] テラロッサ：地中海沿岸などの石灰岩地帯に分布する間帯土壌。石灰石が風化して形成され，赤色で肥沃。

Ⓐ：ラトソル，Ⓑ：チェルノーゼム，Ⓒ：穀倉，Ⓓ：ポドゾル（ポドソル）

世界の土壌(2)

次のア〜ウの記述と地図中の①〜⑤の
地域の組合せとして，妥当なのはどれか。

平成23年度
地方上級

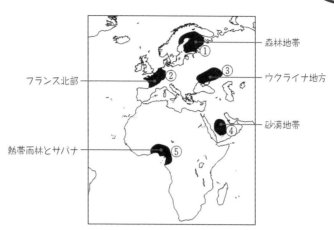

ア ウクライナ地方から西シベリアにかけ分布する肥沃な<u>黒色土</u>が分布している。
➡ウクライナ地方の土壌はチェルノーゼム
この土壌が分布している地帯は，世界有数の穀倉地帯で<u>小麦</u>などが栽培されて
いる。

イ 北半球の針葉樹林帯に分布する酸性で灰白色の土壌であり，この土壌が分布す
➡ポドゾルのこと
る地帯は農業には不向きであるが，重要な林業地帯である。

ウ 熱帯地方に分布する鉄分やアルミ分を含んだ赤色の土壌であり，高温多湿のた
➡ラトソルのこと
め有機物の分解が進みすぎ土壌はやせている。

	ア	イ	ウ
1	①	②	④
2	①	③	②
3	②	①	⑤
4	③	①	⑤
5	③	②	④

国家総合職　国家一般職　国家専門職　裁判所　**地方上級**　市役所　警察官　消防官

解説　難易度 ★☆☆　重要度 ★★★

ア ウクライナ地方の土壌はチェルノーゼムである。地図上では③の位置である。

チェルノーゼムというと一般にウクライナ地方から西シベリアに広がる土壌をいうが，同じ黒色土と呼ばれるものは，【Ⓐ　　　　】気候の各地にあり，アメリカ合衆国のグレートプレーンズではプレーリー土が見られる。

イ 酸性で灰白色の土壌といえば，【Ⓑ　　　　】である。ロシアの東シベリアに広がるタイガの土として有名だが，地図上の①の北欧に広がる地域も該当する。

この土壌の地域は，気候区分でいうと【Ⓒ　　　　】に属し，土壌自体に養分が少ないうえに，気温が低いため，農業に不向きである。

ウ 熱帯地方に分布する鉄分やアルミ分を含んだ赤色の土壌ということから【Ⓓ　　　　】とわかる。地図上では⑤が該当する。

この土は酸性で，肥沃でない。

地図上の②のフランスに広がる土壌は，褐色森林土である。この土壌は肥沃であるので，農業に適している。

地図上の④のサウジアラビアの土壌は砂漠土である。塩類を多く含み農業には適さない。

Point

□ 成帯土壌には，ラトソル（有機物は速く分解されて雨により溶出してしまうので，鉄やアルミナが残った農業には向かない土），赤色土，黄色土（熱帯から温帯の常緑樹下に分布する酸性のやせた土），褐色森林土（温帯の落葉広葉樹の下に分布する腐植層が多く肥沃），ポドゾル（冷帯タイガの下に分布する腐植層の薄い酸性のやせた土），ツンドラ土（強酸性のやせた土），プレーリー土，チェルノーゼムなどがある。

□ 間帯土壌には，レグール，テラローシャ，テラロッサ（石灰岩の風化した鉄分を多く含んだもの。赤紫色をしており，地中海沿岸に分布している），レス（遠方から風によって運ばれた細かな土が堆積したもの）などがある。

□ 成帯土壌は気候によるものなので，ケッペンの気候区分と関連しており，緯度に沿って帯状に分布する。

□ 成帯土壌は帯状に分布するが，間帯土壌の分布は帯状にはならない。

Ⓐ：ステップ，Ⓑ：ポドゾル，Ⓒ：亜寒帯（冷帯），Ⓓ：ラトソル

世界の農業（1）

世界の農業に関する記述として，妥当なのはどれか。

平成20年度
地方上級

1 オアシス農業は，乾燥地域で湧水などの水を利用して行う農業であり，~~乾燥のため小麦などの穀物は栽培できず~~，ナツメヤシなどの樹木作物が栽培されている。
➡乾燥してはいるが小麦の栽培は行われている

2 企業的穀物農業は，大型農業機械を使用して大規模に生産を行う農業であるが，土地生産性および労働生産性は~~低く~~，~~南アメリカに特有の農業の形態である。~~
　　　　　　　　　　　　　　　　　　高い　　　のパンパのほかに，北アメリカのプレーリー，ウクライナでも行われている

3 混合農業は，穀物の栽培と家畜の飼育とを組み合わせた農業で，三圃式農業から発展した農業の形態であり，ヨーロッパで見られる。

4 地中海式農業は，~~地中海沿岸に特有の~~農業の形態であり，降雨量が少ないため
　　　　　　　　　　地中海性気候の地域
~~大麦などの穀物は栽培されておらず~~，乾燥に強いぶどうなどの樹木作物が栽培されている。
➡降水量が少なくても大麦や小麦は栽培されている

5 プランテーション農業は，熱帯地域で茶などの作物を栽培する農業であり，農
　　　　　　　　　　　　　　　　　　やコーヒー，天然ゴム，さとうきび
園の規模が~~小さいため生産された作物の輸出は行われておらず~~，~~アフリカに特~~
　　　　　　　大きい　　　　　　　　ほとんどが輸出される商品作物である
~~有の~~農業の形態である。
➡東南アジア・南アジア・南北アメリカでも見られる

1 オアシス農業は，サハラ砂漠などのオアシスのほか，外来河川や地下水路から水を引いて行う乾燥地帯の農業である。ナツメヤシ，小麦，米，[**Ⓐ**　　　　]などを栽培している。オアシス農業を行っている地域としては，エジプトやイラクなどがある。

2 企業的穀物農業は，アルゼンチンのパンパ，アメリカ合衆国中部（プレーリー），ウクライナ，オーストラリア南東部などで行われ，主に[**Ⓑ**　　　　]が栽培される。

3 正しい。ヨーロッパでは，古代，冬の[**Ⓒ**　　　　]栽培と休閑を繰り返す二圃（にほ）式農業だった。夏，雨の少ない地中海沿岸では，この二圃式農業のままであったが，西岸海洋性気候のヨーロッパ中部では，やがて，冬作物の次に夏作物（[**Ⓓ**　　　　]，エン麦）を作り，夏作物が終わると冬作物までの間を休閑とする三圃（さんぽ）式農業になった。近世に入ると，休閑の時期に根菜類を収穫したり，牧草（クローバー）地にして，肉牛や豚を多く飼育するようになった。これが混合農業である。
なお，ヨーロッパでは，食料自給率が高く，特に，[**Ⓔ**　　　　]では130%（2017年）ある。なお，日本は38%（2019年）。

4 地中海式農業は，地中海性気候の地域で行われている農法であり，地中海沿岸だけで行われているわけではない。夏には乾燥に強いぶどう，[**Ⓕ**　　　　]などが栽培される。地中海式農業でも家畜の飼育はあるが，羊や[**Ⓖ**　　　　]などの乾燥に強いものが多い。

5 プランテーションは，ヨーロッパが植民地政策をとり，大資本と技術を投入し，植民地の安い労働力を使って大量に収穫を行い本国に生産物を送ったという歴史がある。現在はブラジルのさとうきびと[**Ⓗ**　　　　]，アメリカの綿花，エクアドルの[**Ⓘ**　　　　]，ガーナのカカオなどが有名である。

🔑 Point

☐ 農業形態はこのほかに，移動式農業（焼畑農業），アジア式稲作農業，アジア式畑作農業，酪農，園芸農業，企業的牧畜業などがある。

- -

☐ 企業的牧畜業としては，アメリカグレートプレーンズ西部の肉牛，オーストラリアのグレートアーテジアン盆地の羊，アルゼンチンの牛，羊が有名である。

Ⓐ：綿花，Ⓑ：小麦，Ⓒ：小麦，Ⓓ：大麦，Ⓔ：フランス，Ⓕ：オリーブ，Ⓖ：ヤギ，Ⓗ：コーヒー，
Ⓘ：バナナ

世界の農業(2)

世界の農業に関する記述として，妥当なのはどれか。

平成13年度
国税専門官・改

1 中国・インド・ベトナム・タイは，モンスーンの影響を受け高温多湿な気候を利用して，世界でも米の生産高の多い国となっており，輸出量において世界の第1位から第4位までを占めている。また，灌漑施設の普及や機械化が進んだことから，この4か国の米の単位収量は，それぞれがわが国のそれに匹敵している。

➡中国は人口が多いため，多くは国内消費に回っている

➡近年中国が上昇しているが，他の3国は下回っている

2 アメリカ合衆国のグレートプレーンズでは，乾燥気候であるため大規模農場での綿花の栽培が盛んであり，同国は世界の綿花生産の約5割を占めている。また，温暖湿潤

約16.6%（2018年）

気候であり肥沃な黒色土が広がる中央平原においては，冬小麦の栽培が盛んになっており，アメリカ合衆国の小麦生産量は世界の小麦生産の約3割を占めている。

6.8%（2019年）

3 アフリカ大陸のサハラ砂漠周辺に広がるサヘル地域は，半乾燥地域だが降水量は安定

で

しており肥沃な土壌を持つ。この地域では地下水路を利用してアブラヤシ，野菜，綿

不安定であり土壌は劣化している　　　　　　　天水，地下水　　　　　　雑穀類

花などの園芸作物とアルパカの飼育を組み合わせた，混合農業が盛んになっている。

ヤギの遊牧などのオアシス農業が行われている

4 南アメリカのラプラタ川流域に広がる熱帯草原であるパンパでは，サバナ気候とテラ

ブラジル南部に広がるブラジル高原では

ローシャと呼ばれる肥沃な土壌がコーヒー栽培に適しており，大農場（ファゼンダ）でのコーヒー栽培が盛んになっている。最近のファゼンダでは，コーヒーのほかに大豆，綿花，さとうきび，カカオ，バナナの栽培も増え，多角化が進んでいる。

5 アルプス以北のヨーロッパでは，フランスからドイツを経て東方に帯状に混合農業地域が広がっており，それを取り囲むように，北海・バルト海周辺，大西洋岸とアルプス地域では酪農が発達している。アルプス以南の地中海沿岸では，コルクガシやぶど

➡地中海式農業特有の作物である

う，オリーブ，柑橘類などの栽培が盛んになっている。

国家総合職　国家一般職　国家専門職　裁判所　地方上級　市役所　警察官　消防官

解説　難易度 ★★☆　重要度 ★★☆

1 米の輸出量の5位までは，【**A**　　　　　】，タイ，ベトナム，パキスタン，アメリカ合衆国（2019年）である。5位にアメリカ合衆国が入っていることと，中国は輸出国の上位ではないことがポイントとなる。中国は米（もみ）の生産量は1位，輸入は2位（2019年）。

米の単位収量は，アジアでは，中国（7.06t/ha），日本（6.83）が多くなっている。ベトナム（5.82），インド（4.06），タイ（2.92）（2019年）なども，単位収量を伸ばしている。

2 綿花の生産量は，1位が中国で世界の25.2%，2位が【**B**　　　　　】で19.4%，アメリカ合衆国が16.6%（2018年）と続く。

小麦は1位が【**C**　　　　　】で17.4%，2位がインドで13.5%，3位がロシアで9.7%，続いてアメリカ合衆国が6.8%，フランスが5.3%（2019年）である。

綿花といえばアメリカ合衆国にはコットンベルトがあり，小麦もアメリカ合衆国の大規模農場のイメージがあるが，多少上下することはあっても最近ではこの程度の割合である。過大評価をしないように。

3 サヘル地域は降水量の変動が大きく何年も干ばつに見舞われることもあり，近年深刻な【**D**　　　　　】が進んでいる。この地域では遊牧民と農耕民のすみ分けがあったが，人口増加と過放牧と耕地拡大という人為的な要因も大きい。アルパカは【**E**　　　　　】地方が有名でありアフリカにはいない。

4 ブラジル高原の記述である。パンパは【**F**　　　　　】気候であり，牧畜が盛んである。パンパの大農場はエスタンシアという。

5 正しい。アルプス山脈を境にして，【**G**　　　　　】区分が違い，それに伴って農業形態も異なっている。

Point

□ 米の生産高は，中国（27.7%），インド（23.5%），インドネシア（7.2%）の順に高い（2019年）。

□ サバナ気候の植生では丈の高い草が広がっているが，ステップ気候の植生ではステップと呼ばれる丈の短い草が広がる。また，サバナ気候は熱帯に属するが，ステップ気候は乾燥帯に属する。

A：インド，**B**：インド，**C**：中国，**D**：砂漠化，**E**：アンデス，**F**：温暖湿潤，**G**：気候

世界の農業（3）

世界の農業に関する記述として，
妥当なのはどれか。

平成13年度
国家Ⅰ種・改

1 オーストラリアでは，温暖気候に属するグレートアーテジアン（大鑽井）盆地を中心
　　　　　　　　　　　　乾燥（ステップ）
に，小麦の生産が盛んである。オーストラリアは南半球に位置しており，小麦の主要
　　牧畜
生産国である中国，アメリカ合衆国等とは収穫時期が異なるため，オーストラリア産
の小麦への需要は高く，小麦の輸出量は世界で最も多くなっている。
　　　　　　　　　　　　　　　　　　　　　第7位（2019年）

2 インドでは，人口の約4割が農民であり，農業生産は国内総生産の約5割を占めてい
　　　　　　　　　　　　　　　　　　　　　　　　　2割以下にすぎない
る。生産量では世界一の米（稲作）は，インダス川の中・下流部やベンガル湾沿いの海
　　　　　　第2位（2019年）　　　　　ガンジス
岸平野が中心となっている。また，生産量世界一の茶は，アッサム地方の丘陵部やダ
　　　　　　　　　　　　　第3位（2020年）
ージリン付近の水はけの良い土地が中心となっている。

3 アメリカ合衆国では，国土の約5%が耕地に，約10%が牧場・放牧地になっている。
　　　　　　　　　　　　　　17%（2017年）　　27%（2017年）
近年，グレートプレーンズ以西の乾燥地帯では，フィードロット方式を導入したこと
で，綿花の栽培が行われるようになった。一方，綿花栽培中心であった南部では，連
　　肉牛の肥育
作の弊害と病虫害による被害から，大豆・小麦栽培と肉牛・ブロイラー飼育に転化した。

4 中国では，近代化政策の下で行われている対外経済開放の影響から製造業に従事する
人口が急激に増加し，かつて就業人口の6割を超えていた農業人口は，現在では約
3割まで減少している。また，国土面積に占める耕地面積の割合もかつての5割から
2割
3割程度にまで減少しているが，万元戸と呼ばれた豊かな農家が出現し，生産性は高
約1.5割と減少の傾向が顕著である　➡万元戸は年収1万元以上を意味した
まっており，穀物自給率は約100%を維持している。
　　　　　　　➡自給率は近年低下傾向

5 フランスは，EU諸国の中では最も穀物生産量が多く，穀物自給率も100%を超え，
小麦，とうもろこしの輸出国となっている。農業地域としては，大都市を主な市場と
世界4位　世界6位（2019年）
する地域と伝統的な自給農業地域に大別でき，前者としてはパリ周辺の園芸農業，メ
ドック地方やブルゴーニュ地方におけるぶどう栽培などが挙げられる。

難易度 ★★★　重要度 ★★☆

1 オーストラリアのグレートアーテジアン（大鑽井）盆地は乾燥帯のステップ気候である。ここでは，地下水が豊富で井戸を掘れば自噴してくるが，塩分が多いため耕作には不向きである。比較的塩分に強い羊の牧畜が行われている。オーストラリアで小麦の栽培が盛んなのは，[**A**　　　　　]州である。

小麦の輸出量は多い順に，[**B**　　　　　]（17.8％），アメリカ（15.1％），カナダ（12.7％），フランス（11.1％），ウクライナ（7.4％），アルゼンチン（5.9％），オーストラリア（5.3％）（2019年）である。

2 インドは農業従事人口は多いが，1人当たりの耕地面積が0.9haと狭く，日本の2.0ha（2018年）に及ばない。

インダス川はチベットを水源とし隣国[**C**　　　　　]を流れる川である。インド北東部を西から東へ流れ隣国[**D**　　　　　]を通りベンガル湾へ注ぐのはガンジス川である。

なお，米，茶の生産量ともに[**E**　　　　　]に次ぐ世界第2位である（2018年）。

3 企業的穀物農業などを行っているアメリカ合衆国の農地が国土の約5％ということはない。そこでこの選択肢が誤りとわかるはずである。

フィードロット方式は，牧草地ではなく子牛の段階から肥育施設で育成するもので，放牧地域である[**F**　　　　　]にも導入されている。穀物主体の濃厚飼料を与えるため，牧草による放牧に比べて短期間で大量に育成できる。

4 中国も耕地は減少傾向にあり，1.5割にまで落ち込んでいる。また，農業人口も減少し約2割まで低下。

中国は農業生産物の輸出を奨励していて，穀物自給率が約95％まで落ちたが，食料品の価格高騰などにより，輸出を抑えて増産する方針に変更された。

5 正しい。フランスの穀物自給率は170％，ドイツは112％，イギリスは94％である（2017年）。なお，日本はこの20年以上30％弱で，先進国の中では最も低い。

🔑 **Point**

☐ 中国は耕地が減ってはいるものの農業大国である。世界一の生産の農作物には，小麦・米・じゃがいも・落花生・綿花・茶・葉たばこなどがある。

ⓐ：西オーストラリア，ⓑ：ロシア，ⓒ：パキスタン，ⓓ：バングラデシュ，ⓔ：中国，ⓕ：グレートプレーンズ

世界の農業（4）

**世界の農業に関する記述A〜Dのうち,
妥当なもののみを挙げているのはどれか。**

平成23年度
国税専門官

A アメリカ北部から中西部においては, ~~第一次世界大戦後に導入された~~タウンシ
〔西部開拓時代〕
ップ制により公有地が分割され, ~~黒人奴隷を労働力とした~~大規模かつ効率的な
〔個人農家が農業開拓を行うことを可能にした〕
~~商業的農業が強化されていった。~~現在も, 五大湖周辺では~~世界有数の綿花地帯~~
〔酪農〕
が, その南から中西部にかけてのグレートプレーンズには世界最大規模の混合
農業地帯が広がっている。

B 中国の東部では, 黄河や長江などの大河川によって沖積平野が形成されており,
国の人口と耕地の大部分が集中している。このうち, 東北や華北では~~水田地帯~~
~~が広がり稲作が中心である~~一方, 華中や華南においては~~小麦や大豆の栽培をは~~
〔小麦・とうもろこし・大豆の生産〕   〔稲作〕
~~じめとする~~畑作に加え, 茶やさとうきびなどの工芸作物の栽培も行われている。

C ヨーロッパの伝統的な農業は, アルプス山脈を境にして, 南側の地中海式農業
と北側の混合農業とに大別される。現在では, 地域ごとに特定部門への専門化
が進んでおり, 北フランス, 北イタリアなどでは小麦などの穀物の単一栽培が
行われ, オランダでは野菜や花卉を栽培する園芸農業, デンマークなど冷涼な
地域では酪農が発達している。

D アフリカでは, 植民地時代にプランテーション農業が発達し, 輸出用の商品作
物が単一耕作されるようになった。独立後の現在も, 自給的作物よりも外貨獲
➡モノカルチャー
得のための商品作物の栽培が重視される傾向があり, ギニア湾岸でのカカオの
栽培, ケニアでの茶の栽培など, 特定の一次産品を輸出する経済構造が見られ
➡モノカルチャー経済
る。

1 …… A , B

2 …… A , C

3 …… A , D

4 …… B , D

(5) …… C , D

解説 難易度 ★★☆　重要度 ★★★

A タウンシップ制は，農業開拓を個人経営の農家が可能にするために導入された制度である。アメリカ中西部のプレーリーからグレートプレーンズにかけての穀倉地帯は，とうもろこし地帯（コーンベルト）と呼ばれる [**A**　　　　　] だったが，現在では畑作と家畜飼育の分離が進んでいる。黒人奴隷を労働力とした大規模かつ効率的な商業的農業が行われていたのは，綿花地帯（コットンベルト）と呼ばれる南部である。

B 中国の東北・華北では，小麦・[**B**　　　　　]・大豆の生産が盛んであり，温暖で湿潤な華中・華南では稲作が行われている。小麦，米の生産は中国が世界第1位である（2019年）。降水量が少ない西部では，羊の放牧やオアシス農業が見られる。

C 正しい。[**C**　　　　　] では，地中海性気候の下，オリーブ，ぶどうなどの果樹の栽培を行っている。オリーブはスペインが世界第1位の生産量を誇り，ぶどうの生産量ではイタリアが中国に次ぎ第2位である（2018年）。

D 正しい。特定の一次産品の輸出に国の収入が依存するような経済を [**D**　　　　　] 経済という。ただし，農産物や鉱産物は市場価格の変動が大きいなどの問題も多く，このような状態からの脱却が望まれている。

よって，**5** が正答である。

Point

☐ アメリカでは，自然的・社会条件に最も適した農作物を作る「適地適作方式」がとられており，その結果，アメリカ大陸などでは，農業地域区分が帯状に分布している。

☐ 中国では，1978年から農業の生産責任制が導入されたことで，生産性が上がっている。

☐ EUでは，共通農業政策によって域内の農業を保護して農産物の価格が下がらなくなったり，農産物に課徴金を課せられることになったEU以外の国との貿易摩擦が生じたりした。

A：混合農業地帯，**B**：とうもろこし，**C**：地中海式農業，**D**：モノカルチャー

世界の農牧業（1）

世界の農牧業に関する次の記述のうち，
妥当なものはどれか。

平成21年度
市役所

1 焼畑農業では一度焼畑を行うと何十年も土地が利用できなくなるなど，土地生

産性が低いため，耐乾性の小麦，ぶどうなどの栽培が中心となっている。
〔キャッサバ，タロイモ〕

2 遊牧は主に寒冷地でトナカイを使って行われるが，高山地域のチベット高原で
→寒冷地ばかりでなく乾燥地域でも行われている

はリャマを使い，アンデス山脈ではヤクを使用して行われている。
〔ヤク〕　　　　　　　　　　　　　　　　〔リャマ，アルパカ〕

3 アジア式稲作農業は水田で集約的に行われる農業で，インドや中国で行われて
〔東・東南・南アジアの多雨地〕

おり，特に稲作は土地生産性が高い。
→東アジアを除いては土地生産性が低い

4 オアシス農業は一年中降水量がある熱帯地域で行われ，イランではカナート，
〔降雨量の少ない乾燥〕

北アフリカではフォガラと呼ばれる地下水路が発達している。

5 混合農業はヨーロッパ中部で行われている穀物の栽培と家畜の飼育を結びつけ

た農業のことで，小麦，エン麦などが栽培されている。
└── 飼料用作物

解説 ×月○日

難易度 ★★ 重要度 ★★★

1 前半は正しい。焼畑農業は，酸性のラトソルの土壌の多い熱帯地方で，土地を中和する意味で森林を焼き草木灰を肥料とする農法である。一度焼畑を行うとその土地は休閑期間を何十年も設けなければならないが，人口増や森林の減少などで，十分な休閑期間をとらずに焼畑を行い，土壌の流出や砂漠化の原因となっている。また，CO_2 の排出による地球温暖化の助長としても問題になっている。

焼畑農業で栽培するのは，主に，[**A**　　　　] やタロイモ，アワ，ヒエなどである。

2 チベット高原とアンデス山脈の放牧する動物が逆である。チベット高原ではウシ科のヤクで，アンデス山脈ではラクダ科のリャマ・アルパカである。ほかに特徴的な動物として，モンゴルの [**B**　　　　]，西アジアの [**C**　　　　]，ツンドラ地域のトナカイがある。

3 アジア式稲作農業は東アジアから南アジアにかけて広く行われており，米の単位収量は少なく土地生産性は低い。また，多くの人が農業に携わっており，[**D**　　　　] 生産性も低いといえる。

ただし，日本や韓国，中国南部もこのアジア式稲作農業の範疇に入るが，この3国の場合は土地生産性が低いとはいえない。

4 オアシス農業は降雨量の少ない乾燥地域で集約的に行われ，灌漑を利用する。この灌漑には3種類あり，オアシスを利用するもの（[**E**　　　　] 砂漠など），外来河川（ナイル川，ティグリス川，ユーフラテス川）を利用するもの，地下水路を利用するものである。

5 正しい。混合農業では，食用としては，小麦・ライ麦，飼料用としては，[**F**　　　　]，エン麦，とうもろこしなどを栽培している。家畜としては，肉牛，豚，鶏，アヒルなどがある。

Point

□ ヨーロッパの農牧業の一つの形態として移牧がある。移牧は，夏は，家畜をアルプス山地の中腹の平原地帯（アルプ）に放牧し，冬は下りて，平地の畜舎で飼育をするものである。

□ 灌漑に利用される外来河川というのは，水源が湿潤地域にあり，乾燥地域に流れてくる川のことである。

A：キャッサバ，**B**：馬，**C**：ラクダ，**D**：労働，**E**：サハラ，**F**：大麦

世界の農牧業(2)

各国の農牧業に関する次の記述のうち,妥当なものはどれか。

平成19年度
警察官・改

1 スイスは国土の3分の2が山地であり,農業協同組合組織が発達した酪農国で,
　↪農業協同組合が発達しているのはデンマークである
乳牛や羊などが放牧されている。
　　　移牧

2 モンゴルにはパンパと呼ばれる広大な草原があり,人民公社を中心として夏は
　↪パンパがあるのはアルゼンチン　　↪人民公社は1980年代半ばまでの中国にあったもの
小麦の栽培,冬は羊や馬の放牧が行われている。

3 イランではティグリス・ユーフラテス川流域で綿花や茶が栽培され,伝統的な
　↪ティグリス川・ユーフラテス川はイラクを流れる　　小麦
じゅうたん製造が続けられている。
↪ペルシャじゅうたん

4 スペインは高生産性の混合農業を実現し,豚肉の生産量はヨーロッパで最も多
　　　　　　　　　地中海式農業　　↪豚肉の生産量はドイツがヨーロッパ1位である
↩,ぶどうやオリーブの生産も盛んである。

5 ニュージーランドでは羊毛と羊肉の生産が盛んで,牧羊に次いで酪農や果樹栽
　　　　　　　　3位　　3位(2018年)　　　　　　　↪キウイフルーツが有名
培にも力が入れられている。

1 スイスは国土の3分の2が山地であるのは正しい。したがって，農地に適した土地が少なく，主に高原地帯での【**Ⓐ**　　　】や羊の牧畜が盛んである。選択肢の農業協同組合が発達した酪農国はデンマークのことである。デンマークでは，酪農製品の加工工場や食肉解体工場などは株式会社でなく，農民が協同所有する事業協同組合になっている。この選択肢の正誤の判断はちょっと難しい。

2 モンゴルは年間降雨量が500mm以下の乾燥した【**Ⓑ**　　　】気候である。樹木が育たないため，国土の約8割は草原であり，牧畜が盛んである。小麦の栽培も行われているが，近年は激減している。なお，モンゴルの農業も1990年代初めまではネグデル（集団牧畜組合）という国営農場下で組織運営されていた。

3 イランの農業は，灌漑施設が必要である。最近は多目的ダムにより灌漑用水が増えて農業生産は増加している。主な農作物は【**Ⓒ**　　　】である。また，ペルシャじゅうたんの原料は羊毛であることから，羊の放牧も行われている。

4 スペインは乾燥しており，【**Ⓓ**　　　】農業である。オリーブの生産量は世界一（2018年）であり，オレンジの輸出量も世界一（2017年）である。家畜では羊が多い。豚肉の生産量が多いヨーロッパの国はドイツで世界3位，4位はスペイン（2018年）。

5 正しい。ニュージーランドは羊が有名であるが，最近は農業の多角化が進み，【**Ⓔ**　　　】やワイン用ぶどうの栽培も広く行われている。日本はニュージーランドから最も多くキウイフルーツを輸入している。なお，羊毛の生産（2018年）は1位が中国，2位がオーストラリア，3位がニュージーランドである。

Point

- [ ] 牧畜にも大規模な企業的牧畜という形態がある。アメリカ合衆国のグレートプレーンズやアルゼンチンのパンパの肉牛，オーストラリアのグレートアーテジアン盆地の羊が有名である。

- [ ] 家畜とともに住居を変える遊牧は，現在はほとんど行われていない。現在は中東などで一部残るのみである。モンゴルでも現在は，定住型の牧畜が中心になっている。

Ⓐ：乳牛, Ⓑ：ステップ, Ⓒ：小麦, Ⓓ：地中海式, Ⓔ：キウイフルーツ

世界の農牧業（3）

世界の各地域の自然と農牧業に関する記述として最も妥当なのはどれか。

平成15年度
国家Ⅱ種

1 アフリカ大陸の東端のソマリア半島からコンゴ盆地にかけての地域は，<u>は砂漠気候区（BW），ステップ気候区（BS）に属しており</u> 赤道直下の東南アジア，南アメリカの北部一帯と同様に熱帯雨林気候区（Af）に属しており，この地域では，伝統的な狩猟・採集や稲作農業が行われているが，最近，<u>木材輸出のため</u>森林の伐採が進んでいる。 キャッサバの栽培など や焼畑農業

2 北アフリカやアラビア半島の砂漠気候区（BW）に属する地域には，~~サハラ砂漠~~や世界最大の~~ゴビ砂漠~~があり，これらの砂漠では，アラブ系の<u>ベドウィン</u>と呼ばれる遊牧民が，羊・ラクダなどの家畜に依存した生活を送っているほか，北アフリカでは，~~カ~~ ルブアルハリ サハラ ~~ナート~~と呼ばれる地下用水路を設置してオアシス農業が行われている。 フォガラ

3 ヨーロッパのポルトガル，スペイン，~~ベルギー~~，イタリアの地中海沿岸の地域は，~~偏~~ ➡ベルギーは地中海沿岸ではない ~~西風の影響により気温の年較差が小さく，降雨も年間を通して安定している~~地中海性 ➡これは西岸海洋性気候の特徴である 気候区（Cs）に属している。この地域では，古くから小麦やぶどう・オリーブの栽培，ヤギ・羊の飼育が行われているが，最近では広い地域で混合農業が行われている。

4 北アメリカ大陸にあり世界~~第5位~~の国土面積を占めるカナダは，ハドソン湾沿岸の北 第2位 部から五大湖周辺の南部までの広大な地域が冷帯湿潤気候区（Df）に属している。この地域では，プレーリーの企業的穀物農業である小麦の栽培や酪農を中心とする農牧業が行われているが，~~五大湖周辺では綿花の栽培が盛んに行われている。~~ ➡綿花の栽培はアメリカ合衆国の南部で盛んである

⑤ ユーラシア大陸を南北に延びるウラル山脈の東側のアジアの地域は，<u>シベリア</u>と呼ばれ，エニセイ川以西の西シベリアからレナ川付近までが冷帯湿潤気候区（Df）に，レナ川以東が冷帯夏雨気候区（Dw）に属している。この地域のうち，西シベリアの南部は肥沃な黒土に富み，ロシアの主要農業地帯の一つとして<u>春まき小麦</u>の栽培が行われている。 ➡チェルノーゼムという

解説　難易度 ★★☆　重要度 ★★☆

1 ソマリア半島とコンゴ盆地とでは気候や農業については大きく異なる。アフリカ大陸東端のソマリアでは，バナナの栽培のほか牧畜業が盛んであり，ヤギ，羊，ラクダが飼育されており，[Ⓐ　　　]の飼育数は世界一である。

2 ゴビ砂漠は，中国，[Ⓑ　　　]に広がる砂漠であり，世界最大の砂漠は北アフリカのサハラ砂漠である。ベドウィンの記述は正しい。カナートはイランの地下用水路の呼び名であり，北アフリカではフォガラと呼ばれている。
ゴビ砂漠の誤りで正誤の判断ができる問題である。

3 偏西風の影響により気温の年較差が小さく，年間を通じて降雨があるのは[Ⓒ　　　]気候（Cfb）である。ベルギーは地中海沿岸の国ではなく，この気候区に当たる。

4 この選択肢はカナダの面積の順位ですぐ誤りとわかる。
国土面積の上位6位までは，ロシア，カナダ，[Ⓓ　　　]，中国，ブラジル，オーストラリアである。カナダでは企業的穀物農業で春小麦の栽培が行われている。大西洋側では品質のいいじゃがいもの生産が盛んである。なお，カナダの五大湖周辺では，綿花の栽培でなく[Ⓔ　　　]，とうもろこしの栽培，メープルシロップ作りが行われている。

5 正しい。西シベリアの南部に広がる肥沃な黒土は[Ⓕ　　　]と呼ばれ，小麦の栽培が盛んである。

Point

- □ コンゴ盆地の農業は，熱帯で栽培されるいものキャッサバが主である。
- □ 熱帯で多く見られる土壌は酸性のラトソルである。これを農耕に適応させるために焼畑の灰で中和している。
- □ アラブ系では遊牧系のベドウィンに対して，定住系のハダリという呼び名がある。
- □ カナダの小麦の輸出量は，ロシア，アメリカ合衆国に次いで世界第3位である。4位はフランス（2019年）。

Ⓐ：ラクダ，Ⓑ：モンゴル，Ⓒ：西岸海洋性，Ⓓ：アメリカ合衆国，Ⓔ：牧畜，Ⓕ：チェルノーゼム

世界の農林水産業

世界の農林水産業に関する記述として最も妥当なのはどれか。

令和元年度
国家総合職・改

1 混合農業は，輪作や牧畜を組み合わせる農業として~~古代のギリシアやローマで~~
中世のヨーロッパ
行われていた三圃式農業から発達した農業形態であり，小麦や大麦などの作物
農地を夏作地・冬作地・休閑地に三分
を栽培するとともに，牛や~~鶏~~などを飼育するものである。その後，米国~~北部か~~
豚も多い
~~らカナダ南部にかけての太平洋沿岸部~~やオーストラリア南東部などで，機械化
中西部のコーンベルト
を進め，小麦やトウモロコシなどの生産と，牛や豚の飼育を大規模に展開する

農業形態へと発展している。

2 園芸農業は，果樹，野菜，花きの栽培を，多くの資本を投入して主として大都

市周辺で集約的に行う農業形態であるが，輸送機関の発達に伴って，市場から

遠い地域でも行われている。~~スペイン~~からはリンゴやサクランボなどの果物が，
アメリカ
オランダからはチューリップなどの花きが，我が国に大量に空輸されている。
農産物の輸出は米国に次いで世界2位

3 牧畜業には，放牧，酪農，企業的牧畜などの形態がある。企業的牧畜は，広大
企業的放牧業ともいう
な牧草地や放牧地，フィードロットなどを備えた牧場で，牛や羊の飼育を大規

模に行っており，~~ブラジルのパンパ~~や~~ニュージーランドのカンポ~~といった草原
アルゼンチン　　　　　　ブラジル
地域で展開されている。

4　木材の供給基盤となる森林には，熱帯林，温帯林，冷帯林（亜寒帯林）がある。

このうち，熱帯林では，主に常緑~~針~~葉樹の天然林が，~~パルプ~~用材，建築用材な
広　　　　　　　　　　　　合板
どに利用され，冷帯林では，落葉広葉樹と落葉針葉樹の混合林（混交林）の人

工林が，建築用材，家具材などに利用されている。

5 世界の主な漁場は，大陸棚やバンク（浅堆）など浅い水域に発達している。こ
水深200mまでの海底　大陸棚上の凸部
のような水域は，海底まで太陽光が達し，深層の豊富な栄養分を上層に運ぶ

湧昇流が起きやすく，プランクトンの繁殖が盛んで多くの魚が集まる。さらに，

日本近海には暖流の黒潮と寒流の親潮の潮目があり，北部ではサンマなどが，
別名日本海流　別名千島海流
南部ではサバなどが漁獲されている。

解説　難易度 ★★★　重要度 ★★★

1 混合農業は，中世ヨーロッパで広く行われていた【**Ⓐ**　　　】が発達して形成された農業形態。小麦・ライ麦などの麦類，じゃがいも・てんさいなどの根菜類，えん麦・トウモロコシ・牧草などの飼料作物と豚や肉牛などの肉用家畜の飼育を組み合わせた農業で，土地生産量・労働生産性も高い。ヨーロッパやアメリカの【**Ⓑ**　　　】，アルゼンチンの湿潤【**Ⓒ**　　　】などで見られる。

2 園芸農業は，都市市場への出荷を目的として野菜・草花・果樹などを大都市周辺で栽培する集約的農業。市場に近い近郊農業と遠い遠郊農業に分けられる。遠郊農業は長距離輸送するため【**Ⓓ**　　　】ともいわれる。アメリカ合衆国ではトラックファーミングともいう。

3 企業的牧畜（企業的放牧業）は，一般的にはヨーロッパの移住によって新大陸の草原地帯で営まれる畜産物の販売を目的とする大規模な牧畜をいう。アメリカ合衆国のプレーリーから【**Ⓔ**　　　】やオーストラリアの【**Ⓔ**　　　】，アルゼンチンの【**Ⓒ**　　　】などでの企業的大牧場地帯があげられる。穀物飼料を与えて肉牛を効率的に大量に肥育するフィードロットは，アメリカ合衆国のグレートプレーンズからコーンベルトの地域，オーストラリアに多く見られる。

4 熱帯林の大半は広葉樹，冷帯林（亜寒帯林）のほとんどは針葉樹，温帯林は落葉広葉樹と針葉樹の混合による。木材の用途は先進国では主に用材として，発展途上国では【**Ⓕ**　　　】として利用される。

5 正しい。世界の代表的な漁場には，大陸棚やバンク，潮目（潮境）があり，湧昇流が見られるところで，いずれもプランクトンが発生しやすいところである。世界の漁獲量は【**Ⓖ**　　　】が１位で，次いでインドネシア，ペルー（2018年）と続く。ペルーはかつてアンチョビの漁獲が多く世界一であったことがある。日本の魚介類輸入先の１位は【**Ⓖ**　　　】で次いでチリ，アメリカ合衆国（2020年）と続く。

🔑**Point**

☐ 漁場成立の自然条件は，大陸棚・バンク・潮目（潮境）・湧昇流→栄養塩類の供給→プランクトンの大量発生，社会条件は市場・技術・資本などである。

☐ 商業的農牧業には，混合農業・酪農・園芸農業・地中海式農業などがある。

Ⓐ：三圃式農業，Ⓑ：コーンベルト，Ⓒ：パンパ，Ⓓ：輸送園芸，Ⓔ：ステップ，Ⓕ：薪炭材，
Ⓖ：中国

諸外国の農工業

諸外国の農工業等に関する記述として最も妥当なのはどれか。

令和元年度
国家一般職

1 カナダでは，国土の南部で牧畜や小麦の栽培が盛んであり，米国のプレーリー
　　　　　　　　　　　　　　　　　　　　　　　　　　　春小麦
から続く平原は，世界有数の小麦生産地帯となっている。また，カナダは，森
→温帯長草草原でプレーリーとよばれる黒色土が分布
林資源や鉄鉱・鉛・ニッケルなどの鉱産資源に恵まれているほか，西部では原
鉄鉱の輸出4位（2017年）ニッケルの生産3位（2016年）　　　　　　アルバータ州
油を含んだ砂岩であるオイルサンドの開発も行われている。

2 メキシコでは，メキシコ高原に肥沃な土壌であるテラローシャが広がっており，
　　　　　　　　　　見られる　　　　　　　→ブラジル高原に分布している土壌
そこではファゼンダと呼ばれる大農園でカカオやナツメヤシが栽培されてい
　　　　　アシエンダ
る。以前はマキラドーラ制度の下で輸入品に高い関税を課し，自国の産業を保
　　　　　　　　　　　　　　　　　　　　低
護する輸入代替工業化を行っていたが，北米自由貿易協定（NAFTA）への加
　　　　　　　　　　　　　　　　　　アメリカ，カナダ，メキシコの3か国で結成
盟を契機に関税を引き下げた。
　　　　　　　　廃止した

3 ベトナムでは，南部のチャオプラヤ川の河口付近で広大なデルタが形成され，
　　　　　　　　　　　　　メコン
その流域は世界有数の農業地帯となっている。また，1980年代から，欧州で
はなく日本や韓国からの企業進出や技術導入を奨励する，ドイモイ（刷新）と
呼ばれる政策で工業化が進展した結果，コーヒーやサトウキビなどの商品作物
　　　　　　　　　　　　　　　　　世界2位の生産と輸出（2019年）
はほとんど栽培されなくなった。
がさかんに栽培されている

4 シンガポールでは，植民地支配の下で天然ゴムなどのプランテーションが数多
マレーシア
く開かれてきたが，近年，合成ゴムの普及で天然ゴムの価格が低迷したため，
油ヤシへの転換が進んでいる。工業分野では，政府の主導の下，工業品の輸入
パーム油がとれる
や外国企業の出資比率を制限することで国内企業の保護・育成を図り，経済が
日本や韓国を手本とするルックイースト政策によって
発展した。

5 オーストラリアでは，内陸の大鑽井盆地を中心に，カナートと呼ばれる地下水
　　　　　　　　　　　　　　　　　　　　　　　　掘り抜き井戸による地下水
路を用いた牧畜が発達してきた。また，鉄鉱石やボーキサイトなどの鉱産資源
　　　　　　　　　　　　　　　　生産・輸出とも世界一　生産1位（2018年）
の世界的な生産国であり，大陸の西側を南北に走る新期造山帯のグレートディ
　　　　　　　　　　　　　　　東　　　　　　　　　古
ヴァイディング山脈には，カッパーベルトと呼ばれる銅鉱の産出地帯がある。
　　　　　　　　　　ボウエン地区　　　　石炭。産出は世界4位（2018年），
　　　　　　　　　　　　　　　　　　　　輸出は2位

解説　難易度 ★★★　重要度 ★★★

1 正しい。カナダは小麦, 大麦, とうもろこし等の穀類の他, 【**Ⓐ**　　】の生産が盛んで世界一である。日本も大量に輸入している。小麦の生産量は世界第6位 (2019年) だが, 輸出量は世界3位 (2019年) である。カナダは森林資源にも恵まれ, 木材の輸出は 【**Ⓑ**　　】に次いで世界2位 (2018年), パルプもブラジルに次いで2位である。原油や天然ガスの産出も多く, 輸出量は天然ガスが5位 (2017年)。

2 メキシコやペルーの大農園を 【**Ⓒ**　　】という。スペインの植民地時代に生まれた封建的な土地所有で, アルゼンチンではエスタンシアという。メキシコでは1917年以来の農地改革で 【**Ⓒ**　　】は解体され, 土地は農民に配分された。【**Ⓓ**　　】はブラジルの大農園のことで, 玄武岩の風化土で肥沃な土壌である 【**Ⓔ**　　】が分布しているブラジル高原では, コーヒーの栽培が盛んである。

3 ベトナム南部のメコンデルタと北部の紅河デルタがベトナムの二大米生産地。ベトナムの米の生産は世界5位であるが, 輸出は 【**Ⓕ**　　】, タイに次いで3位 (2019年)。1986年, ベトナムは社会主義体制を維持しつつ, 市場経済や対外開放政策を導入する 【**Ⓖ**　　】(刷新) 政策を採択した。

4 マレーシアはかつては世界一の天然ゴム生産国であったが, 油ヤシへの転換を進めたため, タイやインドネシア, ベトナムなどに抜かれた。工業では, 日本や韓国を手本とする 【**Ⓗ**　　】政策によって著しい経済成長を成し遂げた。

5 オーストラリアの内陸部にある大鑽井盆地では, 深い掘り抜き井戸による地下水を利用した牧羊が盛んである。オーストラリアは鉱山資源も豊富で, 西部の 【**Ⓘ**　　】地区では鉄鉱石が, 東部のボウエン地区では石炭が採掘され日本などに輸出されている。カッパーベルトはコンゴ民主共和国の世界的な銅鉱鉱山地帯をいう。

Point

☐ 中南米・南米の大土地所有制に基づく大農園のことを, ブラジルはファゼンダ, メキシコやペルーはアシエンダ, アルゼンチンはエスタンシアと呼ぶ。

☐ ベトナムは開放経済を軸としたドイモイ政策, マレーシアはルックイースト政策で, それぞれの国の経済が発展した。

Ⓐ：なたね, Ⓑ：ロシア, Ⓒ：アシエンダ, Ⓓ：ファゼンダ, Ⓔ：テラローシャ, Ⓕ：インド, Ⓖ：ドイモイ, Ⓗ：ルックイースト, Ⓘ：ピルバラ

世界の漁業

世界の漁業に関する次の記述のうち，妥当なものはどれか。

平成4年度
地方上級

1 ノルウェーはタラ，ニシンなどを漁獲する伝統的に漁業の盛んな国であり，ベルゲンはこの国最大の漁港である。

2 カナダは大型トロール船を中心に大型の水産加工船を含む大漁業船団をつくっ
   大西洋側に三大漁場の一つがあることもあって，沿岸漁業や沖合漁業が盛んである
   ており，遠洋漁業の盛んな国である。

3 日本は長い伝統を持つ零細な沿岸漁業が多く，個人経営の小漁船で，タラ，エ
                                                                        イカ
   ビなどを漁獲しているが，遠洋漁業は行っていない。
                                    行っている

4 アメリカはアンチョビーのまき網漁業が盛んであり，それをもとに製造された
       ペルー
   魚粉を西ヨーロッパに輸出している。

5 ペルーは20世紀初頭から漁船の機械化が始まり，現在では漁獲量，従事者数
                                          漁獲量は1970年代に1位だった
   ともに世界1位である。

1 正しい。ベルゲンはノルウェーの南西に位置する漁港であり，首都［**Ⓐ**　　　　］に次ぐノルウェー第2の都市である。

ノルウェーではいろいろな種類の魚がとれるが，タラ，ニシンのほかにアトランティックサーモン，サーモントラウト，［**Ⓑ**　　　　　］，アマエビ，シシャモなどが有名である。

2 カナダの大西洋側には，世界最大の堆である［**Ⓒ**　　　　］や潮目に恵まれ，沿岸漁業や沖合漁業が中心であるため，遠洋漁業は盛んではない。なお，この海域は，［**Ⓓ**　　　　　］周辺の北太平洋，イギリス・ノルウェー近海の北東大西洋と並ぶ世界三大漁場とされている。

3 日本は近海に好漁場があっても遠洋漁業が盛んだった。それは，マグロなどの日本人の好みの魚をとるためであった。しかし，1977年に［**Ⓔ**　　　　　］法が改正され排他的経済水域の設定や，乱獲などで徐々に衰退してきている。2019年のわが国の漁業生産量の割合では，遠洋漁業（7.8%），沖合漁業（47.0%），沿岸漁業（22.2%），養殖業（21.8%）であり，あとは，内水面（1.3%）となっている。

4 アンチョビーといえば南アメリカの［**Ⓕ**　　　　］である。これは頻出であるので必ず覚えておくこと。アンチョビーはかたくちいわしのことで，多くは肥料・飼料用のフィッシュミール（魚粉）にしてから輸出されている。

5 現在の漁獲量は，多い順に，［**Ⓖ**　　　　　］，インドネシア，インド，ロシア，ペルー，アメリカ合衆国，ベトナム，日本と続く（2019年）。上位10か国にアジアの国が5つ入っている。

Point

☐ 中国はかつて内水面での漁獲量の割合が多く5割近くを占めたが，現在は海面での漁獲量が増加し，大半を占めている。なお，内水面漁業は中国やインドなどアジアが盛ん。

☐ ペルー沖は世界三大漁場ではないが，良い漁場でありアンチョビーがよくとれ，世界の価格を左右している。ペルーは1970年代には漁獲量世界一であった。

☐ アメリカ合衆国では，アラスカ周辺の漁獲量が多い。

☐ 日本は，1980年代後半まで世界一の漁獲量を誇ったが，現在は遠洋漁業の衰退や安い水産物の輸入が増えて，漁獲量は減っている。

Ⓐ：オスロ，Ⓑ：サバ，Ⓒ：グランドバンク，Ⓓ：日本，Ⓔ：領海，Ⓕ：ペルー，Ⓖ：中国

世界の食料自給率

下表は，各国の品目別の食料自給率を表したものであるが，A〜Eに該当する国名の組合せとして，妥当なのはどれか。

平成26年度
地方上級・改

各国の品目別の食料自給率

穀類が低い

	日本	イタリア	イギリス	アメリカ	（単位：%） オーストラリア
	A国	**B国**	**C国**	**D国**	**E国**
穀　類	28	63	94	119	279
豆　類	6	42	46	193	276
野菜類	79	146	46	87	82
果実類	38	108	10	73	90
肉　類	52	74	72	113	166
魚介類	52	17	55	65	29

穀類が高い

野菜類，果実類が高い　　　　　　　　　　果実類が低い　　　　肉類が高い

(注)・数値は2017年のものであり，カロリーベースである。日本は2019年のもの。オーストラリアは2013年。

（出典：農林水産省「食料需給表」より作成）

	A	B	C	D	E
1	イギリス	イタリア	日本	オーストラリア	アメリカ
2	イギリス	アメリカ	日本	イタリア	オーストラリア
3	イタリア	イギリス	日本	アメリカ	オーストラリア
4	日本	イギリス	イタリア	オーストラリア	アメリカ
5	日本	イタリア	イギリス	アメリカ	オーストラリア

解説 ×月○日　難易度 ★★☆　重要度 ★★☆

A A国は選択肢の5か国中，最も穀類の自給率が低いので日本である。日本の食料自給率は1960年代からの50年間で半減しており，2019年における供給熱量ベースの総合食料自給率は38%である。中でも穀類の自給率は低く，米はほぼ自給しているものの，[**A**　　　]の輸入依存度がほぼ100%，小麦が84%となっている。なお，輸入される[**A**　　　]の大部分は飼料として使用されている。

B B国は野菜類と果実類の自給率が100%を超えて，輸出国であることからイタリアである。イタリアでは南部を中心に[**B**　　　]農業が行われており，オリーブや柑橘類，ぶどう，トマトなどの生産が盛んである。南部に比べ降水量の多い北部では灌漑施設が整備され，小麦や酪農，稲作などが行われている。

C C国は穀類の自給率が94%であるが，果実類が10%と低い特徴を持つ。イギリスの自給率を示すが，C国は消去法で選んだほうが効率的。イギリスは日本同様自給率の低下が問題となっていたが，EUの[**C**　　　]政策により数値は回復している。特に穀類は，大規模経営に転換したことにより自給率が上昇した。果実類は，気候の関係もあり，多くは海外からの輸入でまかなわれている。

D 表中の品目すべてが高い自給率となっているD国は，アメリカ合衆国である。特に穀類と肉類の自給率はE国に次いで2番目で100%を超えている。小麦ととうもろこしの輸出量は世界第2位（2019年）だが，[**D**　　　]も高いため，自給率ではE国を下回っている。

E 5か国中で，穀類と肉類の自給率が最も高いE国はオーストラリアである。大陸南部の沿岸域を中心に，大規模な灌漑による集約的な機械化農業で，穀物を栽培している。北部や内陸部では，牧牛・牧羊が大規模に行われている。羊は羊毛の採取が主だが，牛は肉用牛が多く，牛肉が盛んに輸出されている。日本では[**E**　　　]というブランドで有名。

🔑**Point**

□ アメリカ合衆国とオーストラリアでは自給率の高い（輸出の多い）食料品目が重なるが，オーストラリアは生産量の多さに比べ人口規模がさほど大きくないため，アメリカ合衆国より自給率が高くなる。

Ⓐ：とうもろこし，Ⓑ：地中海式，Ⓒ：共通農業，Ⓓ：国内需要，Ⓔ：オージービーフ

大地形（1）

世界の地形に関する記述として
最も妥当なのはどれか。

平成26年度
国家総合職・改

1 造山帯は，新期造山帯と古期造山帯に分けられる。前者の例には~~アパラチア造山帯~~があり，現在も造山運動が続き，高く険しい大山脈が形成されている。後
↪古期造山帯
者の例にはウラル造山帯があり，低くなだらかな山脈が形成されている。~~新期~~
↪ユーラシア大陸北部をアジアとヨーロッパに分けるウラル山脈がある
~~造山帯~~では石炭などの化石燃料が多く産出されるのに対し，~~古期造山帯~~では銅，
古期造山帯   新期造山帯
すず，亜鉛などの非鉄金属の鉱床が多いのが特徴である。

2 山地は，長年の河川の侵食により峡谷や渓谷をつくり大量の土砂の供給源となっている。山麓では侵食された土砂が堆積し氾濫原や~~卓状地~~をつくり，下流に
扇状地
は~~ケスタ~~と呼ばれる広大な平野が形成される。特に，ヨーロッパ東部のウクラ
デルタ
イナでは，~~テラロッサ~~と呼ばれる肥沃な黒土に覆われ，世界有数の農牧業地帯
チェルノーゼム   ↪小麦栽培が盛ん
となっている。

3 海岸の地形は，気候や地殻変動による海面の上昇・下降や陸地の隆起・沈降などによって，離水海岸と沈水海岸に分けられる。前者の例には~~ノルウェーのフ~~
アメリカ大西洋岸など
~~ィヨルド~~があり，一般に平地が~~少ない~~。一方，後者の例には~~中国の海岸平野が~~
多い   ヨーロッパの北海沿岸など
あり，~~黄河~~の河口部にはラッパ状に開いた入り江（エスチュアリー）が多く見
長江，エルベ川など
↪三角江
られる。

④ 地球の表面は硬い岩石からなるプレートで覆われており，プレートの境界では激しい地殻変動が生じる。ヒマラヤ山脈はインド・オーストラリアプレートとユ
↪新期造山帯
ーラシアプレートとの境界で形成された山脈で，日本周辺の南海トラフは，フ
↪駿河湾から九州沖まで続く
ィリピン海プレートとユーラシアプレートの境界で形成された，海底の緩やかな斜面を持つ細長いくぼみである。

5 大陸棚は，大洋の陸地近くの海底の中で，周囲よりも高く平らな部分をさす。大陸棚の水深は200ｍぐらいまでで，魚介類の宝庫であるとともに，石油や天然
ガスの埋蔵量も多く，世界各地で採掘が行われている。太平洋南東部の大陸棚
↪ペルー沖
は，アンチョビーを中心に漁獲量が多いだけでなく，~~南アメリカ最大の油田地帯~~
↪かたくちいわし
~~でもあり~~，2014年現在，中東の油田地帯に次いで確認埋蔵量が多い。
↪南アメリカ最大の油田地帯はカリブ海に面したベネズエラ沖にある

解説　難易度 ★★☆　重要度 ★★☆

1 北アメリカ東岸のアパラチア造山帯は古期造山帯に分類され，なだらかな丘陵性山地である。また，石炭が多く採掘されるのは古期造山帯，マグマの作用で形成された非鉄金属鉱床が浅層に見られるのは新期造山帯が多い。地殻変動により褶曲を受けた地層中には【🅐　　　】が確認されることがある。

2 河川により山麓に形成されるのは扇状地で，卓状地は侵食によって岩の層が削られて平坦になった大地形をさす。氾濫原のうち河口近くに形成されるのはデルタ（三角州）で，ケスタは地盤の選択侵食により形成された非対称の丘陵。テラロッサは【🅑　　　　　】が風化してできた赤色の間帯土壌である。

3 フィヨルドは，氷河に削られてできたU字谷に海水が入り込んでできた【🅒　　　　】海岸である。長江，エルベ川，テムズ川，ラプラタ川など河川の河口部が【🅒　　　】してできたエスチュアリーは，後背地が広く，良港となることが多い。黄河河口にはデルタ地帯が形成されている。【🅓　　　　】海岸は，地盤の隆起や海面の低下によって海岸線が後退したものなので，海岸平野や砂丘などの平地が形成されることが多い。

4 正しい。ヒマラヤ山脈は，インド・オーストラリアプレートがユーラシアプレートの下に入り込んで隆起したことにより形成され，現在も隆起は続いている。【🅔　　　　】は，駿河湾から九州沖まで続く海底の溝で，フィリピン海プレートがユーラシアプレートの下に沈み込む北縁に当たる。

5 【🅕　　　　】は，大洋の陸地近くに続く深さ200 mぐらいまでの海底をさす。なお，海洋の平均深度は3,729 mである。太平洋南東部のペルー沖は，湧昇流の影響でアンチョビーの漁獲量が多いことで知られる。南アメリカ最大の油田地帯はカリブ海に面した【🅖　　　　】沖にあり，確認埋蔵量の多さから注目されている。

🔑 Point

☐ 新期造山帯は，火山帯や地震帯の分布とほぼ一致し，火山の噴火や地震が多発する地域であることから，津波や噴火被害などの災害の危険が大きい地域でもある。

- -

☐ 大陸棚は，漁業資源や鉱物資源が豊富であるため，各国の利権がからみ，問題となっている地域もある。

🅐：石油，🅑：石灰岩，🅒：沈水，🅓：離水，🅔：南海トラフ，🅕：大陸棚，🅖：ベネズエラ

大地形（2）

世界の大地形に関する記述として
最も妥当なのはどれか。

平成28年度
国家一般職

1 オーストラリア大陸のようなプレートの境界に当たる地域を変動帯といい，~~火~~
〔~~から離れた~~　　　　　安定陸塊〕
~~山や断層が多く，地殻変動が活発である。~~一方，南アメリカ大陸のような安定
　　　　　　　　　　　　　➡ブラジル高原など
大陸は，地殻変動の影響を受けないため地震や火山活動はほとんどなく，新た
　　　　　　　　　　　　　➡南アメリカ大陸の太平洋岸は変動帯であり，
に変動帯になることはない。　　　地殻変動が活発

2 プレートどうしが反対方向に分かれて離れていく境界は「広がる境界」と呼ばれ，
~~主に陸上にあり，~~アフリカ大陸の~~サンアンドレアス断層~~に代表される。そのよ
〔➡海底にもある〕　　　　　　　　　　〔大地溝帯〕
うな断層の周辺では何度も大きな地震が起きている。

3 海洋プレートが大陸プレートの下に潜り込むと海底には~~海嶺~~が形成され，これ
　　　　　　　　　　　　　　　　　　　　　　〔海溝〕
が長期間かけて陸上に隆起すると，弧状列島という弓なりの島列や火山列が形
成される。~~ハワイ諸島~~はその典型例であり，キラウエア山などでは火山活動が
〔日本列島など〕　　　　　　➡ハワイはプレートの境界から離れた
活発である。　　　　　　　　　ホットスポット

④ 大陸プレートどうしがぶつかり合うと，一方が他方に向かってのし上がる逆断
層が生じたり，地層が波状に曲がる褶曲が起きたりする。これらにより，ヒマ
ラヤ山脈やアルプス山脈のような高く険しい山脈が作られる。

5 2つのプレートが互いに異なる方向にすれ違う「ずれる境界」では，~~正断層が~~
　　　　　➡北アメリカ大陸のサンアンドレアス断層など　　　　〔横ずれ断層〕
生まれ，活断層による大規模な地震が頻発する。アイスランド島では，プレー
トの「ずれる境界」に沿って~~トラフ~~と呼ばれる裂け目ができ，線状噴火を起こ
〔広がる〕　　　　　　　〔ギャオ〕
す火山が見られる。

1 プレートの境界付近にあり火山や断層が多く地殻変動が激しい地帯を［**Ⓐ**　　　　　］というが，オーストラリア大陸はプレートの境界から離れている安定大陸（安定陸塊）である。

2 プレートどうしが分かれて離れていく境界を「広がる境界」といい，アフリカ大陸の東部には［**Ⓑ**　　　　　］と呼ばれる全長 6,000km に及ぶ巨大な裂け目がある。

3 海洋プレートが大陸プレートの下に潜り込むと海底には［**Ⓒ**　　　　　］が形成され，付近には隆起により形成された急峻な山地が連なっている弧状列島が分布する。例としては日本列島が挙げられる。

4 正しい。大陸プレートどうしがぶつかり合うと，一方が他方に向かってのし上がる逆断層が生じたり，地層が波状に曲がる［**Ⓓ**　　　　　］が起きたりして，ヒマラヤ山脈のような急峻な山地が形成される。

5 北アメリカ大陸の［**Ⓔ**　　　　　］断層はプレートのずれる境界の代表例で，周囲では大規模地震がよく起きている。［**Ⓕ**　　　　　］島は，プレートの広がる境界である大西洋中央海嶺のホットスポットから噴出されたマグマによって形成された火山島であり，ギャオと呼ばれる裂け目が見られる。

Point

- [ ] 世界の大地形は，プレートの境界付近で火山や地震などの地殻変動が激しい変動帯と，プレートの境界から離れ地殻変動がほとんどない安定大陸（安定陸塊）に分けられる。

- -

- [ ] プレートの境界は3種類あり，それぞれ形成される地形も異なる。
  ・ずれる境界…断層
  ・狭まる境界…海溝，褶曲山地
  ・広がる境界…海嶺
  いずれも火山や地震などの地殻変動が激しい変動帯である。

Ⓐ：変動帯，Ⓑ：大地溝帯（グレートリフトバレー），Ⓒ：海溝，Ⓓ：褶曲，Ⓔ：サンアンドレアス，
Ⓕ：アイスランド

世界の地形

世界の地形に関する記述として最も妥当なのはどれか。

平成30年度
国家総合職

1 フィヨルドは，氷河の侵食を受けたU字谷に海水が侵入して成立した，陸地に深く入り込んだ地形であり，ノルウェー，チリ南部，ニュージーランド南島などの高緯度地方に見られる。
→ソグネフィヨルドが有名。奥行き200kmを超える長さ
一般に，平地が少なく内陸との交通は不便であるが，内湾では波が穏やかなため，養殖業や良港が発達する。

2 石灰岩は，~~弱アルカリ性~~の水に溶けやすい性質があり，石灰岩の溶食は熱帯や
酸性
その周辺の地域で起こりやすく，~~スペイン~~の地方名に由来する独特のカルスト
スロベニア
地形をつくる。また，石灰岩の台地では，雨水が岩石の割れ目から地中に吸い込まれ，地下に染み込んだ水は，地中の石灰岩を溶かして鍾乳洞をつくる。一方，~~乾燥した~~中国南部の桂林では石灰岩の岩塔が林立する。
湿潤な　　　　　　　　　→タワーカルストと呼ばれる地形

3 三角州は，河川が海や湖に流れ出るところに形成された三角形の地形である。
→デルタともいう
水はけは~~良い~~が，洪水や高潮に襲われやすい。網目のような水路は水運として
悪く
も利用できることから，古くから人口密集地となってきた。エジプトのナイル川河口には~~鳥趾~~状の三角州が，アメリカ合衆国のミシシッピ川河口には~~円弧~~状
円弧　　　　　　　　　　　　　　　　　　　　　　　　　　　　　　鳥趾
の三角州が形成されている。

4 砂漠は，砂砂漠，礫砂漠，岩石砂漠に分けられる。年間を通じて蒸発量が降水量を上回る乾燥地域では気温の日較差が大きく，熱膨張に伴う破砕作用によっ
→1日の最高気温と最低気温の差
て岩盤の風化が進みやすいことから，砂漠面積全体のうち~~砂砂漠~~の面積が最も
岩石
大きい。砂漠の多くを砂砂漠が占める一例として中国の~~ゴビ~~砂漠が挙げられる。
タクラマカン

5 日本の海岸は，海面の上昇や~~地盤沈下~~によって小さな入り江と岬が隣り合う鋸
山地の沈降
歯状の海岸線のリアス海岸が広く発達している。このため，海岸平野や
→九十九里浜など
海岸段丘が分布しない海岸が日本の海岸の過半を占めている。リアス海岸は水
→室戸岬など
深が~~浅く~~，波が穏やかであることから港として利用され，周辺には漁業を中心
深く
とする集落が分布することも多い。

解 説

難易度 ★★☆ 重要度 ★★☆

1 正しい。フィヨルドは氷期に拡大した【**A**　　　】氷河が形成した
U字谷に海水が浸入してできているため側壁は崖で大都市は立地し
ない。美しい景観が見られ観光資源としても注目されている。

2 カルスト地形は【**B**　　　】岩の主成分である炭酸カルシウムなど
が酸性の雨水と反応して溶食されてできた地形である。地上にはド
リーネ，ウバーレ，ポリエなどの凹地の地形が形成され，地下には
鍾乳洞が形成される。【**B**　　　】岩の産出地では【**C**　　　】工業
が立地しやすい。なお，カルストはスロベニアのカルスト地方（ク
ラス地方）が語源となっている。

3 河口に近づくと流れが減速して河川は運搬力を失うため，砂や泥が
堆積して三角州（デルタ）を形成する。台風などの熱帯低気圧の来
襲による海面の上昇で【**D**　　　】の被害が発生することがある。

4 乾燥帯は世界の陸地の約4分の1を占める。砂砂漠は全砂漠の10%
程度で，砂漠の多くは【**E**　　　】砂漠である。サハラ砂漠やゴビ
砂漠がその典型である。

5 リアス海岸は，【**F**　　　】北西部のリアスバハス海岸から名付けら
れた。波静かで深い入江は水産養殖の適地で，湾奥には漁港も発達
する。湾奥につれて幅が狭くなるため津波の被害を受けやすい。

Point

- [ ] 日本のカルスト地形の名所としては，山口県の秋吉台（日本最大のカ
ルスト台地），福岡県の平尾台，高知県の四国カルストが有名である。
石灰岩は日本としては数少ない自給できる資源であり，結果としてカ
ルスト地形も各都道府県で見ることができる。

- -

- [ ] 日本のリアス海岸の若狭湾は「原発銀座」とよばれ，敦賀・美浜・大
飯・高浜に原子力発電がある。志摩半島の英虞湾では真珠の養殖が有
名である。三陸海岸では多くの漁港が立地しているが東日本大震災の
津波によって大きな被害を受けた。

A：山岳, **B**：石灰, **C**：セメント, **D**：高潮, **E**：岩石, **F**：スペイン

河川の堆積作用

河川の堆積作用によってつくられる諸地形に
関する次の説明文の下線部ア〜オのうち，
妥当なものの組合せはどれか。

平成24年度
地方上級

河川は，山地から平地に出た所で流れが遅くなるため運搬力が減少し，運ばれてきた砂礫が扇形に堆積して形成されたのが扇状地である。ア砂礫層の厚い扇央は，流れる水が伏流し水無川になることが多く，ここは昔から集落や棚田（果樹園や桑畑，林地など）に利用されてきた。イ扇端では，伏流水が地表に湧水するので，水利がよく集落や田が立地した。さらに下流に行くと河川は蛇行し，洪水によってあふれ出た土砂が河道の両側に堆積し，自然堤防という微高地が形成される。ウ自然堤防上は，集落や畑に利用されている。エ自然堤防の背後は水はけのよい（悪い）後背湿地で，田に利用されることが多い。オ河口付近では流れが遅くなり，運搬力が（排水を行って）なくなるため砂礫（粘土や泥）が堆積し，起伏のある（低平で）肥沃な三角州が形成される。三角州は，古くから農地や人口密集地となってきた。

→堤防や防波堤で囲んで農地に利用されてきた

1 …… ア，イ

2 …… ア，エ

3 …… イ，ウ

4 …… ウ，オ

5 …… エ，オ

解 説 難易度 ★★☆ 重要度 ★★☆

ア 扇央は砂礫層が厚く水が浸透しやすいため乏水地となり，古くから
【**A**　　　　】や桑畑，林地などに利用されてきた。近年は，上水
道が整備されて新興住宅地が進出している。

イ 伏流水が湧き出す扇端は【**B**　　　　】に沿って集落が発達し，
集落を結んで道が通された。集落は塊状に立地。

ウ 【**C**　　　　】上は周囲より土地が高いため洪水などの被害にあい
にくく，また乾燥していることから，古くから集落や交通路が発達
した。

エ 【**C**　　　　】の背後は水はけが悪いため湿地となり居住には向か
ないが，技術の発達により人工的な排水が可能になると，日本では
主に【**D**　　　　】，オランダでは牧草地などに利用されるように
なった。

オ 三角州は【**E**　　　　】ともいい，上流から流されてきた肥沃な
土砂により，耕地に向く場合が多い。しかし，河口付近は河川の氾
濫や高潮の被害を受けやすい地域でもあるため，堤防や防波堤で周
囲を囲んで集落や畑が立地。中部地方の濃尾平野の輪中（集落）が好例。

よって，**イ**，**ウ**の組合せの**3**が正答である。

Point

☐ 輪中（集落）：木曽川・長良川・揖斐川が集まる濃尾平野の西部にみ
られる周囲を堤防で囲んだ地域。輪中集落には，備蓄・避難小屋であ
る水屋など，独自の建築が見られる。

A：果樹園，**B**：等高線，**C**：自然堤防，**D**：田（水田），**E**：デルタ

世界の河川（1）

図は世界の代表的な河川 A 〜 E と，ナイル川およびメコン川の長さと流域面積を示している。A 〜 E に関する次の記述のうち，最も妥当なのはどれか。

平成16年度
国家Ⅱ種

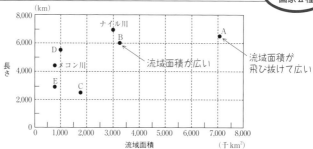

アマゾン川

1 A はアンデス山脈を源に持つ~~パラグアイ川，パラナ川，ウルグアイ川が合流して成り~~
➡この記述は，アマゾン川でなく，ラプラタ川のもの
立ち，アマゾン低地を東流して，大西洋に注ぐ南アメリカ大陸の大河である。~~河口付~~

~~近にあるブエノスアイレスはサンパウロと同様に古くから発展した都市で農産物加工~~
➡この記述もアマゾン川ではなく，ラプラタ川のものである
~~や機械工業が発達している。~~

ミシシッピ川

2 B は~~五大湖を源に持ち，ほぼ東流して大西洋に注ぐ北アメリカ大陸の大河である。~~河口
➡セントローレンス川の記述である
付近のニューオーリンズは~~アメリカ合衆国最大の貿易港を持つ~~一方，~~熱帯雨林気候に属~~
➡合衆国最大の貿易港はロサンゼルスである　　温暖湿潤気候
する観光都市としても知られ，~~グレープフルーツ~~などの農作物の集散地が広がっている。
　　　　　　　　　　　　　　　　　穀物
ガンジス川

3 C はヒマラヤ山脈を源に持ち，ヒンドスタン平原を東流してベンガル湾に注ぐ大河で

ある。下流では広大な三角州が形成され，~~アジア式畑作農業による綿花や小麦が主に~~
　　　　　　　　　　　　　　　　　　　稲・ジュート
栽培されている。また，河口付近のコルカタ（カルカッタ）は重工業が発達し，その

人口はインド~~最大~~である。
　　　　　　7位，都市圏人口は3位

4 D は青海省を源に持ち，内モンゴルや華北地方を流れ，渤海に注ぐ中国第2の長さを
黄河　持つ大河である。流域には洪水とともに肥沃な土がもたらされ，冬小麦などの農業地

帯が広がっている。また，洪水を防ぎ，発電や灌漑に利用するため，三門峡ダムなど

の建設や水土保持工事が行われた。

ドナウ川

5 E はアルプスを源に持ち，中部ヨーロッパ，東ヨーロッパを貫流して~~北海に注ぐ~~河川
　　　　　　　　　　　　　　　　　　　　　　　　　　　　黒海
で，ヨーロッパ第2の長さを持つ。流域には，~~恵まれた炭田と水運の便により発展し~~
　　　　　　　　　　　　　　　　　　　　➡ルール工業地域はライン川流域である
~~たルール工業地域，~~小麦やじゃがいもが栽培される混合農業地域，~~ウィーンやベルリ~~
　　　　　　　　　　　　　　　　　　　ブダペスト・ベオグラード・ブラチスラバ
~~ン~~などの各国の首都がある。

国家総合職　国家一般職　国家専門職　裁判所　地方上級　市役所　警察官　消防官

解説 難易度 ★★★ 重要度 ★★★

1 Aは流域面積の広さからいってアマゾン川である。パラグアイ川，パラナ川，ウルグアイ川が合流して，河口にアルゼンチンの首都ブエノスアイレスがあるのは，[**Ⓐ**　　　　　]川である。

2 Bは長さ，流域面積からいってミシシッピ川である。五大湖を源に持ち，東流して大西洋に注ぐのは[**Ⓑ**　　　　　]川である。ミシシッピ川の河口のニューオーリンズは，貿易港ではあるがアメリカ合衆国最大ではない。最大なのはロサンゼルスである。また，ニューオーリンズは温暖湿潤気候であり，アメリカ合衆国中部産穀物（小麦，大豆，とうもろこし）の集散地である。

なお，図には，長さが長い川がすべて載っているわけではないことに注意が必要だ。図中でBは3番目に長い川だが，図にはない長江のほうがミシシッピ川より長い。流域面積も同様である。

3 ヒンドスタン平原を東流してベンガル湾に注いでいるのはガンジス川である。ガンジス川のデルタ地帯で盛んなのは[**Ⓒ**　　　　　]である。綿花はデカン高原での栽培が盛んである。

コルカタの人口はムンバイに次いでインド3位（都市圏人口）である。インド最大の人口の都市は，[**Ⓓ**　　　　　]である。

4 正しい。中国第2の長さの河川の黄河の説明である。中国第1の長さの川は，[**Ⓔ**　　　　　]である。

5 Eはドナウ川であるが，注ぐのは北海ではなく[**Ⓕ**　　　　　]海である。ルール工業地域は[**Ⓖ**　　　　　]川沿いにある。なお，ドナウ川はベルリンは流れておらず，通っている首都はオーストリアのウィーン，スロバキアのブラチスラバ，[**Ⓗ**　　　　　]のブダペスト，[**Ⓘ**　　　　　]のベオグラードがある。

Point

- [ ] 川の長さは長い順に，ナイル川（6,695km），アマゾン川（6,516），長江（6,380），ミシシッピ川（5,969）である。

- [ ] 流域面積は広い順に，アマゾン川（7,050千km²），コンゴ川（3,700），ナイル川（3,349）である。

- [ ] ナイル川は，ヴィクトリア湖から流れ出てくる白ナイルとエチオピアのタナ湖から流れ出る青ナイルがハルツームで合流して地中海に注ぐ。

- [ ] メコン川は，チベット高原が源で，中国雲南省，ミャンマー・ラオス国境線，タイ・ラオス国境線，カンボジア，ベトナムを抜けて南シナ海に注ぐ川である。

Ⓐ：ラプラタ，Ⓑ：セントローレンス，Ⓒ：稲作，Ⓓ：ムンバイ，Ⓔ：長江（揚子江），Ⓕ：黒，Ⓖ：ライン，Ⓗ：ハンガリー，Ⓘ：セルビア

世界の河川（2）

世界の河川に関する記述として，最も妥当なのはどれか。

平成21年度 国家Ⅰ種

1 ~~インダス川~~は，ヒマラヤ山脈南麓に水源があり，ヒンドスタン平原を経て，ベ
　　ガンジス川
ンガル湾に注ぐインド最長の河川であり，中・下流域は古代インダス文明の発
　　　　　　　　　　　　　　　➡この部分は，インダス川の説明
祥地である。河岸には多数のヒンドゥー教の聖地や巡礼路があり，多くの祭礼
　　　　　　　　　➡バラナシ（ベナレス）が有名
が行われている。

2 ドナウ川は，ドイツのシュヴァルツヴァルトに水源があり，~~カスピ海~~に注ぐ国
　　　　　　　　　　　　　　　　　　　　　　　　　　黒海
際河川である。流域は山間部が多く~~土壌がやせており~~，~~小麦等が少量生産され~~
　　　　　　　　　　少なく　　は肥沃であり，農業生産の中心である
~~るだけであったが~~，マイン＝ドナウ運河の完成および付近の土地改良によって
　　　➡1992年に完成し，ドナウ川とマイン川・ライン川が運河でつながった
~~生産力のある農業地帯に変貌しつつある。~~

3 長江は，チベット高原に水源があり，スーチョワン（四川）盆地を経て，東シ
ナ海に注ぐ中国最長の河川である。中流域では，世界有数の水力発電量が見込
まれるサンシャ（三峡）ダムが建設されている。
　　　➡世界最大の出力を持つ水力発電施設

4 ラプラタ川は，アルゼンチンとウルグアイとの国境沿いを大西洋に注ぐ河川で
あり，~~南アメリカ最大の流域面積を有する。~~ラプラタ水系流域は~~カンポ~~と呼ば
流域面積は310万km²と広いが，南アメリカにはアマゾン川という流域面積が世界一の河川がある　パンパ
れる大農牧地帯であり，小麦・とうもろこしの栽培や牧牛が盛んである。

5 ミシシッピ川は，アメリカ合衆国ミネソタ州に水源があり，プレーリーや中央
平原を南流し，~~カリブ海~~に注ぐ河川である。流域南部は~~シリコンバレー~~と呼ば
　　　　　　　　　メキシコ湾　　　　　　　　　　　　　　コットンベルト
れる~~小麦~~等の世界的な農業地帯であり，河口付近では鳥趾状三角州が発達して
　　　綿花
いる。

難易度 ★★☆　重要度 ★★★

1 この問題のように，インダス川とガンジス川を混同した問題は頻出である。インダス川はガンジス川と同じく水源をヒマラヤ山脈南麓（一部カラコルム山脈）に持つが，パキスタンを南北に縦断しアラビア海に注ぐ。インド北部を東西に流れるガンジス川は，河川崇拝のあるヒンドゥー教の聖なる川になっており，[**Ａ**　　　　]場も多い。

2 ドナウ川は，主に平地部分を流れる高低差の少ない河川である。水源のシュヴァルツヴァルトも森林地帯であり，標高も最も高くて1,493 mと高くない。ドナウ川の流域は肥沃な土壌で昔からの穀倉地帯になっている。

3 正しい。中国には，[**Ｂ**　　　　]という大河もあるが長江のほうが長い。長江は三峡ダムがあり，黄河には[**Ｃ**　　　　]ダムがある。

4 ラプラタ川は，ウルグアイ川，パラグアイ川，[**Ｄ**　　　　]川や支流を含めた水系であり，アルゼンチンとウルグアイの国境を流れているのはウルグアイ川である。流域面積は広く，アマゾン川，コンゴ川，[**Ｅ**　　　　]川，ミシシッピ川に次ぐ，世界第5位である。

5 ミシシッピ川は，メキシコ湾に注いでいる。流域南部では，先端技術産業が盛んだが，流域南部にシリコンバレーはなく，カリフォルニア州のサンノゼ周辺である。農業地帯としては，コットンベルトと呼ばれ，主に綿花の栽培が盛んである。小麦は，河口の[**Ｆ**　　　　]付近では栽培されていないが，中流域のプレーリーで盛んであり，世界的な農業地帯といえる。

Point

- ヨーロッパ最長の河川はロシアを流れるボルガ川（3,688km）である。ボルガ川の水源は，モスクワとサンクトペテルブルクの中間の丘で標高225mのところにあるので，非常に高低差のない川といえる。カスピ海に注いでいる。

- ロシアには，ウラル山脈の東側のアジアに属する地域に，オビ湾に注ぐオビ川（最長5,568km），カラ海に注ぐエニセイ川（最長5,550km）などの長い河川もある。

- 東南アジアでは，メコン川（4,425km）が長い。メコン川はチベット高原を水源にして，中国，ミャンマー・ラオス国境，タイ・ラオス国境，カンボジア，ベトナムを通り，南シナ海に注ぐ国際河川である。

Ａ：沐浴（もくよく），**Ｂ**：黄河，**Ｃ**：サンメンシャ（三門峡），**Ｄ**：パラナ，**Ｅ**：ナイル，**Ｆ**：ニューオーリンズ

世界の山脈（1）

世界の山脈とその周辺地域に関する記述として最も妥当なのはどれか。

平成22年度
国税専門官・改

1 ウラル山脈は，ユーラシア大陸をヨーロッパとアジアに分ける境界線として知
られ，~~3,000m～4,000m 級の山々~~が連なっている。この山脈の周辺では，古く
　　　➡平均標高は 900m ～ 1,200m
から石炭が産出されてきたが，油田も発見されている。
　　　　　　　　　➡ウラル山脈の東側にチュメニ油田が広がる

2 スカンジナビア山脈は，~~氷河の侵食を受けてできた新期造山帯~~である。山脈の
　　　　　　　　　古生代前期～中期の造山運動によりできた古期造山帯
西側沿岸には，~~リアス海岸~~が見られ，美しい景観を求めて，夏季には多くの観
　　　　　　　フィヨルド
光客が集まる。~~冬季は港が氷と雪に閉ざされるため，周辺の移動手段は陸路に~~
　　　　　　　➡高緯度に位置するが，暖流の影響で不凍港となる港もある
~~限られる。~~

3 アンデス山脈は南北に非常に長い山脈だが，その山脈西側の沿岸地域のほとん
どは，ペルー海流と~~偏西風~~の影響で~~高温多湿~~な気候になっている。こうした気
　　　　　➡寒流　　　　　　　　　　　　　乾燥した
候の特徴を生かし，ペルーや~~ブラジル~~の西側沿岸部では~~ココナッツ~~栽培が盛ん
　　　　　　　　　　　チリ　　　　　　　　　　　　ぶどう
である。

4 アトラス山脈はユーラシアプレートとアフリカプレートの境界近くにあるた
め，周辺国であるモロッコやアルジェリアでは地震が発生しやすい。この山脈
の北側沿岸部は地中海性気候となっており，オリーブなどの果樹栽培が盛んで
ある。

5 アパラチア山脈の周辺には，世界有数の産出量を誇る~~ニッケル鉱山~~がある。ア
　　　　　　　　　　　　　　　　　　　　　　　　　炭田
パラチア西部を水源とするテネシー川流域には，~~アスワンハイダム~~など多目的
　　　　　　　　　　　　　　　　　　　　➡アスワンハイダムはナイル川のダム
ダムによる豊富な電力と鉱山を利用して~~ニッケル工業~~が発展している。
　　　　　　　　　水運　　　　　　　アルミニウム工業

国家総合職　国家一般職　**国家専門職**　裁判所　地方上級　市役所　警察官　消防官

解説

1 ウラル山脈は，平均標高が 900m〜1,200m で，最高峰でも 1,895m しかないなだらかな山脈である。【**Ⓐ**　　　】造山帯の特徴でもある石炭の埋蔵量が豊富である。

　西シベリア地域には，ロシア最大のチュメニ（サモトロール）の油田がある。

2 スカンジナビア山脈も古期造山帯である。しかし，高緯度に位置するため，万年雪に覆われていたり氷河地形のため，古期造山帯の特徴であるなだらかな山並みとはなっていない。

スカンジナビア山脈の西側のノルウェーには，クリスチャンスンや緯度が 70° を超えるハンメルフェストなどの【**Ⓑ**　　　】がある。

3 アンデス山脈の西側は大気が寒流で冷やされて安定しているので少雨であり，しかもペルー付近は山越えで乾燥した貿易風が東から吹き下ろす。中緯度では高圧帯となり少雨となる。チリの首都サンチアゴ付近では，冬季に偏西風の影響を受け【**Ⓒ**　　　】気候となり，ブドウの栽培が盛んな地域となっている。

4 正しい。アトラス山脈はアフリカ北部のモロッコ，アルジェリアにある東西に長い新期造山帯である。この山脈はユーラシアプレートとアフリカプレートの境界に沿ってあり，境界はイタリアの【**Ⓓ**　　　】島を通っている。

5 アパラチア山脈は古期造山帯であり，石炭や亜鉛・鉛などの鉱物が多いが，世界有数のニッケル鉱山はない。ニッケル鉱山で大規模なのは，ロシア，カナダ，オーストラリア，インドネシアなどにある。テネシー川流域では，テネシー川流域開発公社（略称【**Ⓔ**　　　】）により多数のダムや発電所が運営されている。

🔑 Point

- [ ] プレートの境界上にある山脈としては，ナスカプレートと南米プレートの境界の上にあるアンデス山脈，インドオーストラリアプレートとユーラシアプレートの境界の上にあるヒマラヤ山脈がある。

- -

- [ ] プレートの境界には３つのタイプ，①広がる境界，②狭まる境界，③ずれる境界がある。①の例としては海嶺があり，②で一方のプレートがもぐり込めば海溝などになり，一方のプレートがはりつくと山脈などになる。

Ⓐ：古期，Ⓑ：不凍港，Ⓒ：地中海性，Ⓓ：シチリア，Ⓔ：TVA

世界の山脈（2）

世界の山脈に関する記述として、妥当なのはどれか。

平成12年度
国家Ⅰ種

1 現在活動している造山帯は新期造山帯と呼ばれ、古生代の造山運動によってできたものは古期造山帯と呼ばれる。新期造山帯の一つであるアパラチア山脈には非鉄金属などの地下資源が豊富であり、一方、古期造山帯の一つであるロッキー山脈には火山が多く分布し、大炭田も見られる。

➡アパラチア山脈は古期造山帯である
➡ロッキー山脈は新期造山帯である
➡古期造山帯に火山はない

2 アルプス山脈の地形は氷河による侵食の影響を受けている。マッターホルンのように鋭くとがった峰（ホルン）、氷河に覆われたモンブランの山頂付近のように滑らかに侵食を受けたカール（圏谷）、レマン湖のようにフィヨルド地形が造山運動の結果湖となった氷河湖などである。

➡フィヨルドは、氷食谷に海水が浸入してきた入江のこと

3 ヒマラヤ山脈では、冬季にインド洋から吹いてくる季節風が、山脈に衝突しインド北部に雨を降らせた後に、乾いた風となって山脈を越えてチベット高原に入る。また、夏季にはタクラマカン砂漠から熱風が吹いてくるためチベット高原は乾燥気候となっており、たとえば、ラサでは夏と冬の平均気温差は40℃以上に達する。

夏季
湿った
冬季　シベリア高気圧から冷たく乾燥した風が吹いてくる
➡大陸性気候
20℃程度である

4 ロッキー山脈は太平洋からもたらされる暖気をさえぎり、また、アパラチア山脈は大西洋からもたらされる冷気をさえぎるため、グレートプレーンズや中央平原は乾燥気候となっているが、冷気と暖気が適度に交じり合うため、たとえば、セントルイスでは日較差は大きいが夏と冬の平均気温差は15℃以内と小さい。

冷気
暖気
➡中央平原は湿潤である
小さい
30℃程度ある

5 アンデス山脈では、山脈の間に広いところでは数百キロに及ぶ高原が形成されている。アンデス山脈の北部には赤道直下にあるキトなどの温和で過ごしやすい高山都市があり、中部はアルティプラノと呼ばれるボリビア高原となっており、ラパスなどの都市も発達している。

解説　難易度 ★★☆　重要度 ★★★

1 古期造山帯と新期造山帯の説明は選択肢のとおりである。古期造山帯は炭田地帯と一致していることが多く，新期造山帯には，金，銀，銅，スズ，亜鉛などの地下資源が豊富であり，[**A**　　　　]の埋蔵が多いのも多くはこの地帯である。

ロッキー山脈は新期造山帯であり，アパラチア山脈は古期造山帯である。

2 [**B**　　　　]とスイスにまたがるレマン湖は氷河に削られてできた湖である。フィヨルドは氷河によって削られた氷食谷に海水が浸入してできる入り江のことをいい，削られた谷に水がせき止められてできた氷河湖はフィヨルド地形とは直接の関係はない。

3 インド洋から吹いてくる季節風は夏季である。冬季には，北東のシベリア高気圧から吹いてくる季節風により，非常に乾燥する。

チベットは，昼と夜の温度差は大きいが日照時間が長いため北部を除きそれほど寒くない。チベット[**C**　　　　]部にあるラサは，冬の寒さはそれほど厳しくなく（1月，最高 6.8℃，最低 − 10.2℃），夏は涼しい（6月，最高 22.5℃，最低 9.2℃）。

4 アメリカ合衆国では，太平洋側からはカリフォルニア海流（寒流）の影響で涼しい風が吹き，大西洋側からは，[**D**　　　　]湾流（暖流）の影響で暖かい風が吹く。なお，中央平原は乾燥帯ではなく，温帯である。また，セントルイスの気温は日較差は少なく，年較差は大きい（1月：最高 3℃，最低 − 6℃。7月：最高 32℃，最低 22℃）。

5 正しい。アルティプラノと呼ばれるボリビア高原はペルー，ボリビアにまたがるティティカカ湖を含む高原である。なお，キトはアンデス山脈では北部に位置し，[**E**　　　　]の首都である。

Point

□ 山の地形には造山運動による地形と火山活動による地形がある。造山運動による地形としては，褶曲山地（褶曲構造を持ったもの。ウラル，アパラチア，アルプス，ヒマラヤ，アンデス，ロッキーなど），断層山地（断層運動によってできたもの）がある。

- -

□ 火山の形態には，成層火山（富士山など），楯状火山（ハワイの火山など），溶岩台地（デカン高原など）などがある。

A：原油, **B**：フランス, **C**：中, **D**：メキシコ, **E**：エクアドル

海岸と海底の地形

海岸と海に見られる地形に関する記述として，最も妥当なのはどれか。

平成29年度
警察官

1 波の浸食作用により，岩石が削られて急傾斜の崖である波食台がつくられる。
_{海食崖}
そのとき海側には，波で削られた海岸段丘ができる。
_{波食台}

2 フィヨルドは深くて波が静かな湾をもつ。その背後の陸地には平地が多く，陸
_{エスチュアリ}
路の交通が便利で大規模な港が発達する傾向にある。

3 サンゴ礁は，まず海岸を縁取るように発達する。これを環礁といい，島が沈降
_{裾礁}
する中で礁は上に発達し，島と礁の間にラグーンをもつ裾礁になる。
_{堡礁}

4 砂州が沖合に向かって成長し沖合の島とつながった地形をトンボロという。砂
州が長くのびると，陸と島がつながって陸繋島ができる。

5 海洋プレートが大陸プレートの下へ斜めに沈み込んでいる境界では，海底は急
　→せばまる境界に含まれる
に深くなって海嶺となる。海嶺は安定大陸に相当する。
_{海溝}　　　　海溝は新規造山帯に相当する

解説 難易度 ★★☆ 重要度 ★★★

1 波に削られた平坦な地形の波食台は，満潮時には水没するが干潮時には陸地化している。海面が相対的に低下して，新たな海食崖と波食台が形成されるともとの波食台は【Ⓐ 　　　】となる。室戸岬付近が好例である。

2 フィヨルドは氷河による【Ⓑ 　　　】が沈水した入り江で，周囲や内陸側は山がちで平地に乏しい。エスチュアリは大河川の河口が沈水しラッパ状の入り江となったもので，ロンドンのテムズ川が好例。

3 サンゴ礁は浅いところに発達し，海面の相対的な上昇に伴い裾礁→堡礁→環礁へ変化する。その後海面が低下すると，南大東島のような隆起環礁となる。なお世界最大のサンゴ礁はオーストラリアの【Ⓒ 　　　】である。

4 正しい。トンボロは陸繋砂州ともいう。トンボロ（陸繋砂州）の例としては函館や潮岬が著名。沿岸流による砂の堆積地形には三保の松原のような【Ⓓ 　　　】や天橋立のような【Ⓔ 　　　】がある。

5 海洋プレートが大陸プレートや他の海洋プレートの下に沈み込む境界では海溝が形成され，同時に日本列島のような弧状列島が見られることが多い。海嶺は大洋底の【Ⓕ 　　　】境界に形成される。

🔑 Point

- [ ] 海水面の相対的な低下で形成される離水海岸では波食台や海食崖が発達し，さらに海水面の低下が起こると海岸段丘となる。

- [ ] 海水面の相対的な上昇で形成される沈水海岸には，Ｖ字谷が沈水した入り江が連続するリアス海岸，Ｕ字谷が沈水したフィヨルド，大河川の河口が沈水したエスチュアリなどがある。

- [ ] 海底において，沈み込む境界では海溝や弧状列島が，広がる境界では海嶺が形成される。

Ⓐ：海岸段丘，Ⓑ：Ｕ字谷，Ⓒ：グレートバリアリーフ，Ⓓ：砂嘴，Ⓔ：砂州，Ⓕ：広がる

世界の海流

世界の海流に関する記述のうち，
妥当なものはどれか。

平成10年度
警察官

1 ノルウェー海を北上する北大西洋海流は，その上を吹きわたる偏西風の作用とあいまって，西ヨーロッパに，緯度に比べて冬が温暖な海洋性気候地域を発達させており，北極圏にありながら不凍港も存在している。

2 帆船時代以降，海流は帆船の航行に利用され，有利な交通路の役目を果たしてきたが，コロンブスのアメリカ大陸発見のときは，往路は北大西洋海流を，復
　　　　　　　　　　　　　　　　　　　　　　　　　　　　　　カナリア
路は南赤道海流を利用したといわれている。
　　メキシコ湾流

3 海流は基本的には大気の大規模な循環系とよく似た循環系を作っているが，太平洋や大西洋には，赤道の両側に平行して流れる北・南赤道海流があり，北赤
道海流は反時計回り，南赤道海流は時計回りに流れている。
　　　　　　時計回り　　　　　　　　　　　反時計回り

4 暖流と寒流が接するところは潮目と呼ばれ，好漁場となっており，暖流のラブ
　　　　　　　　　　ぶつかる　　　　　　　　　　　　　　　　　　　　　　寒流
ラドル海流と寒流のメキシコ湾流が作る潮目，暖流のカリフォルニア海流と寒
　　　　　　　暖流　　　　　　　　　　➡カリフォルニア海流は寒流，北太平洋海流は暖流である
流の北太平洋海流が作る潮目などはそれぞれ世界四大漁場の一つといわれてい
　　　　　　　　　　　　　　　　　➡世界四大漁場といわず世界三大漁場と一般にいわれる
る。

5 ペルー，チリの沖合には暖流のペルー海流が流れており，世界有数の好漁場と
　　　　　　　　　　　寒流
なっているが，海水温が大幅に低下するエルニーニョ現象と呼ばれる海流異変
　　　　　　　　　　　　　　上昇
が起こると，アンチョビー漁の不振など漁況に大きな影響を与えることになる。

解説 難易度 ★★☆ 重要度 ★★☆

1 正しい。北大西洋海流は暖流である。不凍港としては，ノルウェーの
ハンメルフェスト，ナルビク，[**Ａ**　　　　]のムルマンスクがある。

2 コロンブスは，往路はイベリア半島からアフリカ大陸の北西を南下
する[**Ｂ**　　　　]流であるカナリア海流を，復路は[**Ｃ**　　　　]
流であるメキシコ湾流を使ったといわれている。

3 太平洋の北赤道海流（暖流）は，赤道の北側を赤道と平行にメキシ
コ方面からフィリピン方面へ流れ，それが一部黒潮（日本海流）→
[**Ｄ**　　　　]海流（暖流）→カリフォルニア海流（寒流）と時計
回りに回って戻ってくる。一方，南赤道海流（暖流）は，赤道の少し
南側をこれも東から西に流れ，一部オーストラリア，[**Ｅ**　　　　]
の東側を通り，ペルー（フンボルト）海流（寒流）となり反時計回
りの経路をたどって戻ってくる。

4 選択肢の記述はすべて暖流と寒流が逆になっている。世界三大漁場
の日本近海は，黒潮と親潮の潮目であり三陸沖にある。カナダニュー
ファンドランド島沖はメキシコ湾流とラブラドル海流の潮目になっ
ている。北海も北大西洋海流と[**Ｆ**　　　　]海流の潮目である。
なお，寒流のカリフォルニア海流と暖流の北太平洋海流はぶつかる
形になっていない。

5 ペルー沖を流れるペルー（フンボルト）海流は南極方面から北上し
てくる寒流である。また，ペルー沖の海水温度がさまざまな要因で
上昇している状態を[**Ｇ**　　　　]現象といい，地球規模の天候
に影響を及ぼしている。海水温が平年に比べ2℃〜5℃上昇する。
これとは逆に，ペルー沖の海水温が低くなり，インドネシア付近の
海水温が異常に高くなる現象をラニーニャ現象という。

🔑 Point

☐ 暖流は，周辺海域より水温が高く，一般に低緯度から高緯度に向かっ
て流れる。寒流は，周辺海域より水温が低く，一般に高緯度から低緯
度に向かって流れる。

- -

☐ 赤道反流は，赤道の北側を，北赤道海流，南赤道海流に挟まれる形で
西から東へ流れる暖流である。北赤道海流，南赤道海流の黒潮やオー
ストラリア方面に行かなかった分が戻ってくる。

Ａ：ロシア，**Ｂ**：寒，**Ｃ**：暖，**Ｄ**：北太平洋，**Ｅ**：ニュージーランド，**Ｆ**：東グリーンランド，**Ｇ**：エルニーニョ

世界の産油国（1）

次の文章は産油国に関する記述である。
当てはまる国名と a，b のうち正しいものの
組合せとして妥当なものはどれか。

平成17年度
市役所・改

ア この国では，油田は国土の（a. 東側，b. 西側）に集中し，中東最大の原油の埋
↪サウジアラビアである
蔵量を誇る。タンカーで EU 諸国やアメリカ合衆国，日本に送られる。

イ この国では，原油はパイプラインを通って（a. 紅海，b. ペルシャ湾）に運ばれ，
一部精製され，大部分が輸出されている。

ウ 東アジア最大の産油国であるこの国は，日本と（a. 南シナ海，b. 東シナ海）を
↪中国である
挟んで天然ガス田を巡り対立している。

エ この国では，同国最大の面積を持つ（a. アラスカ，b. テキサス）で油田が開発
↪アメリカ合衆国最大の面積の州はアラスカ州である
され，太平洋岸へのパイプラインが完成している。

オ 2億人を超える人口を抱えるこの国は，（a. 仏教徒，b. イスラム教徒）が大半
↪インドネシアである
を占め，石炭のほか，パーム油，機械類，衣類，自動車などが主要輸出品と
なっている。

1 ア ― サウジアラビア，b

2 イ ― エジプト，a

3 ウ ― 中国，a

4 エ ― アメリカ合衆国，b

5 オ ― インドネシア，b

国家総合職　国家一般職　国家専門職　裁判所　地方上級　**市役所**　警察官　消防官

解説

難易度 ★★☆　重要度 ★★★

ア 原油の埋蔵量が中東で最大なのはサウジアラビアである（世界第1位はベネズエラ）。サウジアラビアの油田は，東側のペルシャ湾沿いに多く，なかでも【🅐　　　　】油田（南北280km弱，東西50km弱）は，世界最大規模の油田であり，サウジアラビアの産出量の6割を占める。

イ イの記述だけでは，国を特定しにくい。そこで，**2**の選択肢を見ると，エジプト，紅海となっている。エジプトの油田は地中海側に多く，紅海までパイプラインをひく必要がないので誤りだとわかる。なお，紅海まで，原油をパイプラインで運んでいる国には，【🅑　　　　】がある。この国には，ホルムズ海峡が通行できなくなったときなどのために，一部紅海側にパイプラインで運んでいるルートがある。

ペルシャ湾にパイプラインで原油を運んでいる国には，イランがある。

ウ 東アジア最大の産油国といえば中国である。東南アジアではインドネシアや【🅒　　　　】なども産油国であるが，中国の5分の1以下の産出量である。

日本と中国の間にある海は，東シナ海である。南シナ海は，台湾，フィリピン，ベトナム，ブルネイ，マレーシアに囲まれた海である。

エ アラスカは，アメリカ合衆国の中で最も【🅓　　　　】に恵まれた地域である。原油，天然ガスの産出は多い。

オ 2億人を超える人口というところでインドネシアとわかる（2020年約2.7億人）。インドネシアは国民の約77％が，イスラム教を信仰している。イスラム教の信者が最も多い国である。仏教の信仰者はほとんどなく，東南アジアの中でもタイ，ベトナム，ミャンマーなどとは違うところである。インドネシアの主要輸出品は，ほかに天然ガス，鉄鋼（2019年）などがある。【🅔　　　　】の輸出はタイに次いで多い。

Point

☐ アメリカ合衆国の油田としては，アラスカのプルドーベイ油田（生産は減少している），メキシコ湾油田（海底油田），東テキサス（内陸）油田，カリフォルニア油田などがある。

- -

☐ ヨーロッパでは，北海油田のほかには，ルーマニアのプロエシュチ油田があるくらいで，西ヨーロッパでは，ほかにイタリアで少量産出されるくらいである。

🅐：ガワール，🅑：サウジアラビア，🅒：マレーシア，🅓：天然資源，🅔：天然ゴム

世界の産油国（2）

世界の石油に関する次の記述のうち，妥当なものはどれか。

平成15年度
市役所

1 OPEC は，国際石油資本による原油価格の一方的引下げに対抗するため，産油
　　　　　石油メジャー
国の私企業によって組織された。

2 中国は，東北地方の「ターチン」油田の開発以降，東・東南アジア有数の原油
　　　　　　　　　　　大慶
輸出国となった。
⮕原油を輸入している

3 アメリカ合衆国には，内陸油田・メキシコ湾岸油田など多数の油田があり，最
大の輸出品となっている。
⮕原油を輸出しているが最大ではない

4 ノルウェーは，北海油田から産油しており，輸出品の第１位は原油である。

5 カスピ海沿岸の油田開発は，ロシアやヨーロッパ諸国により行われてきたが，
　　　　　　　　　　　旧ソ連
現在（2003年）ではイギリスをはじめヨーロッパ諸国は，撤退し始めている。
2006年に開通したBTCパイプライン（バクー，トビリシ，セイハンを結ぶ）は，欧米資本で
敷設された

解説 ×月○日

難易度 ★★☆　重要度 ★★☆

1 OPEC ができた原因は選択肢のとおりである。しかし，組織されたのは産油国の私企業ではなく，国家単位である。1959 年の石油メジャーからの一方的な値下げに対して，1960 年に，イラン，イラク，クウェート，サウジアラビア，【**Ⓐ**　　　　　　　】の 5 か国（現加盟国）で組織したのが始まりである。その後，カタール，インドネシア，リビア，アラブ首長国連邦，アルジェリア，ナイジェリア，エクアドル，ガボン，アンゴラが参加した。2016 年，脱退していたガボンと【**Ⓑ**　　　　　】が再加盟したが，【**Ⓑ**　　　　　】は 2016 年に資格停止となり，2017 年に赤道ギニアが，2018 年にはコンゴが加盟。2019 年にカタールが脱退し，2020 年にはエクアドルも脱退，現在は 13 か国となっている。

2 中国黒龍江省のターチン（大慶）油田は，1963 年から生産を開始し，一時は中国の原油輸入状況を一変させたが，原油を自給するまでには至っていない。なお，中国では石油需要の増大などで，現在の自給率は 30.0%（2018 年）である。

3 前半の記述は正しく，アメリカ合衆国にはアラスカを含め数多くの油田があるが，一方，世界第 1 位の石油消費国でもある。供給が需要に追いついていない。石油自給率は 65.8%（2018 年）である。日本の自給率は 0.1%（2018 年）であるが，石油輸入量は中国が世界一，アメリカ合衆国は 2 位である。

4 正しい。北海油田は北海にある海底油田であり，【**Ⓒ**　　　　　】，ノルウェーなどの経済水域にまたがる位置にある。ノルウェーはこの油田のおかげもあり，一次エネルギー自給率は 700.3%（2018 年）もあり，ノルウェーの輸出品の中で原油は 28.2% を占める。ほかに，天然ガスの輸出も 19.3% を占めており，この天然資源 2 品目で輸出品の約 48% に達している（2019 年）。このほか，魚介類や機械類，石油製品なども輸出品の上位である。

5 北海油田の枯渇などに備え，欧米各国・中国はカスピ海周辺を第 2 の北海油田と考え，投資している。2006 年には，全長 1,765km にも及ぶ BTC【**Ⓓ**　　　　　】を敷設した。

🔑Point

☐ 石油に代わる燃料として，さとうきびやとうもろこしから作るバイオエタノールが注目されている。この生産量はアメリカ合衆国，ブラジル，ドイツの順に多い。

Ⓐ：ベネズエラ，Ⓑ：インドネシア，Ⓒ：イギリス，Ⓓ：パイプライン

世界のエネルギー資源（1）

資源やエネルギーに関する記述として
最も妥当なのはどれか。

平成23年度
国家Ⅱ種・改

1 石油は一次エネルギー供給の中で最も多く，2017年で世界全体の約5割を占
31.9%
めている。原油は偏在性の高い資源で，世界の埋蔵量の約5割は中東地域であ
り，次いで~~アメリカ合衆国が約2割を占めており，~~ ~~サウジアラビアに次ぐ石油~~
ベネズエラ　　　　　　　　　　　　　　　　　　　　　　　　➜世界9位の輸出国（2017年）
~~の輸出国~~となっている。

2 石炭は，採掘が長年行われてきた結果，可採埋蔵量が減少してきており，可採
年数も~~石油の半分の50年ほど~~となっている。主な産出国である中国，インド
➜石油よりも長く100年余り
で採掘された石炭の大半は~~輸出~~に向けられており，主な輸入国としては，EU
国内消費
諸国と，中国，インド，日本，韓国などアジアの国が挙げられる。
➜ドイツ，イギリス

3 天然ガスは，石炭や石油に比べて二酸化炭素の排出量が少なく，化石燃料の中
で環境負荷が小さいエネルギーである。消費国のうち，欧州では主としてパイ
プラインで気体のまま利用されているのに対し，日本では**液化天然ガス（LNG）**
➜日本はオーストラリア，マレーシア，
カタールから輸入
の形で輸入されている。

4 石油の代替エネルギーの主力として，原子力発電の比重が~~各国とも高まってお~~
➜2011年3月の福島第一原子力発電所事故により，見直しを行う国が増えた
~~り~~，世界の総発電量に占める割合は，~~2014~~年で~~約3割~~である。国別で見ると，
2017　　　　10.2%
ロシア，オーストラリアにおいて発電量に占める比重が~~高い~~一方で，フランス
➜火力発電中心　➜原子力発電所はない　　　　　　　　　低い　　➜70.9%（2017年）
やイギリスなどのEU諸国では比重が~~低い~~。
高い国もある

5 コバルト，マンガン，クロムなどの金属は，半導体などの先端技術産業で使用
されるため重要性が増しており，これらの金属は~~レアアース~~と呼ばれている。
メタル
~~これらのレアアース~~は世界の~~埋蔵量~~の約9割が中国に集中しており，代替金属
産出
の確保が課題となっている。

解説

難易度 ★★★　重要度 ★★☆

1 石油は一次エネルギー供給のうち，約3割を占めている（2017年）。世界の埋蔵量の約5割は中東が占め，ベネズエラやカナダも多い。アメリカ合衆国は4.0%にすぎない（2019年）。また，アメリカは世界第1位の石油【Ⓐ　　　　】であるとともに消費国（2018年）でもある。

2 石炭の可採埋蔵量は減少しつつあるが，可採年数は100年以上であり（2018年），石油の可採年数の約50年（2018年）のほぼ2倍である。また，生産量1位の【Ⓑ　　　　】，2位のインドは，近年，石炭の輸入も1位，2位である。日本の石炭輸入量は世界3位（2018年）。

3 正しい。天然ガスは，【Ⓒ　　　　】以降，原子力と並ぶ石油代替エネルギーの主軸となっている。

4 原子力発電への対応は各国でさまざまであり，国別では，ロシアは【Ⓓ　　　　】を主なエネルギー源とした火力発電の比重が高く（64.0%），原子力発電の比重は相対的に低い（18.6%）。オーストラリアには原子力発電所がない。フランスは70.9%と原子力発電の比重が高い。ドイツは11.7%だが，2011年の福島の原発事故をきっかけに原発政策の見直しにより，2022年までに原発の閉鎖を決めた。

5 レアアースは，埋蔵量の少ないレアメタル（希少金属）の一種で，サマリウム，ネオジム，ユウロピウムなどの希土類元素をさす。産出量では【Ⓔ　　　　】が世界の9割近くを占め，埋蔵量では4割が存在している。レアメタルおよびレアアースはハイテク製品の製造には不可欠なものである。

🔑 Point

☐ 原油の輸出（2018年）は，サウジアラビア（16.3%），ロシア（11.6%），イラク（8.4%），カナダ（7.0%）の順に多く，輸入は，中国（19.7%），アメリカ（16.4%），インド（9.7%），韓国，日本の順に多い。

- -

☐ 原子力発電は，スリーマイル島原子力発電所事故（1979年，アメリカ），チェルノブイリ原発事故（1986年，旧ソ連）が起こり，世界各国の原子力への対応に影響が出たが，福島第一原子力発電所事故（2011年）の深刻な状況を契機として，スイス，ドイツ，イタリア，台湾などは原発政策の見直しを行っている。

Ⓐ：産出国，Ⓑ：中国，Ⓒ：石油危機，Ⓓ：天然ガス，Ⓔ：中国

世界のエネルギー資源(2)

各国の資源・エネルギーに関する記述として，妥当なのはどれか。

令和元年度
地方上級・改

1 鉄鉱石は，鉄鋼の原料であり，~~ロシアとサウジアラビア~~の2か国で世界の産出
オーストラリアとブラジル
量の約~~70~~％を占め（2019年），中国や日本などで多く消費されている。
47　　　　　　　　　　　　世界一の鉄鉱石の輸入国

2 ~~レアアース~~は，地球上の存在量がまれであるか，技術的な理由で抽出困難な金
レアメタル（希少金属）
属の総称であるが，~~レアアース~~の一部の元素が~~レアメタル~~と呼ばれ，~~レアメタ~~
レアメタル　　　　　　　　レアアース　　　　　　　　レアアース
~~ル~~の約80％以上が中国で産出（2017年）されている。

3 風力発電は，年間を通じて安定した風を必要とするため，~~偏西風~~が吹くデンマ
中緯度地方で定常的に吹く西風
ークやアメリカ合衆国のカリフォルニア州では~~普及していない~~。
普及している

4 バイオエタノールは，さとうきびやとうもろこしなどを原料として生成したエ
タノールで，アメリカ合衆国やブラジルなどでは，自動車用の燃料として使用
されている。

5 地熱発電は，火山活動の地熱を利用して発電する方法であるが，日本では温泉
地や国立公園の規制等があり，地熱発電所は~~建設されていない~~。
少

解説

難易度 ★★☆ 重要度 ★★★

1 鉄鉱石の産地は【**Ⓐ**　　　】の楯状地に多く，オーストラリアやブラジルでは露天掘りによる大規模な採掘が行われている。両国だけで世界の産出量の約半分を占め，輸出量も両国で世界の76.6%（2017年）占有している。中国は生産量は世界3位（2018年）で多いが，鉄鉱石の品位が低いこともあり世界最大の輸入国。2位は日本。

2 レアアース（希土類）は31種類あるレアメタル（希少金属）の一種で，17種類の元素の総称をいう。レアメタルは埋蔵量や生産量の希少性の高い金属。合金や磁性，超電導材などとして先端産業には欠かせない金属で，【**Ⓑ**　　　】とも呼ばれている。日本では特に都市部から廃棄物として出される家電製品やスマホ・パソコンなどに使われていたレアメタルを取り出して再利用することが進められている。このような地上に存在する工業製品を資源とみなしてリサイクルする概念を【**Ⓒ**　　　】という。

3 風力発電は自然エネルギー（再生可能エネルギー）の中では比較的発電コストが低いため世界中で実用化されている。特にデンマークは強い【**Ⓓ**　　　】が吹くうえ，国土が低地であるため風力発電が盛んである。

4 正しい。【**Ⓔ**　　　】や【**Ⓕ**　　　】のように糖分やでんぷん質の多い植物を発酵させて生成されるアルコール燃料をバイオエタノールという。アメリカは主に【**Ⓔ**　　　】，ブラジルは主に【**Ⓕ**　　　】を原料とすることが多い。原料が植物なので大気中の二酸化炭素の総量は変わらない（ガーデンニュートラル）ので，地球温暖化防止の観点からも注目されている。

5 地熱発電は地殻内の高温のマグマからの高温・高圧の熱水や蒸気を利用してタービンを回して発電するので，火山の多い日本やアイスランド，インドネシア，ニュージーランドなどに適している。日本の地熱の資源量はアメリカ，インドネシアに次いで世界3位であるが，発電に向いている土地の多くが国立公園内にあるため建設が困難。現在，地熱発電所は東北や九州などに約20か所ある。

🔑 **Point**

☐ 日本の一次エネルギー供給割合は，石油（37.2%），石炭（25.4%），天然ガス（24.4%），水力（3.5%），原子力（2.8%），その他（8.7%）である（2019年）。

Ⓐ：安定陸塊，Ⓑ：産業のビタミン，Ⓒ：都市鉱山，Ⓓ：偏西風，Ⓔ：とうもろこし，
Ⓕ：さとうきび

世界のエネルギー事情

世界のエネルギー事情に関する記述として最も妥当なのはどれか。

令和3年度
国家一般職

1 産業革命以前における主要なエネルギー資源は ~~石炭~~ であったが，産業革命を契
　　　　　　　　　　　　　　　　　　　　畜力や水力
機に ~~石油~~ へと変化した。ヨーロッパの主な ~~油田~~ があった ロレーヌ地方 や ザール
　　　石炭　　　　　　　　　　　　　　　　　　　　炭田　　　➡フランス最大の鉄鉱産地
地方 は，フランスと ~~スペイン~~ の国境付近にあったため，その領有問題は両国間
➡ドイツの炭田　　　ドイツ
の紛争を引き起こした。

2 第二次世界大戦後，西アジアなどの産油国で ~~油田の国有化が進み~~，**石油輸出国**
　　　　　　　　　　　　　　　　　　　　　　　　　　　は石油メジャー（国際石油資本）に対抗するため
機構（OPEC）が設立された。 ~~この結果，原油価格が大幅に値上がりしたため，~~
　　　　　　　　　　　　　　　　　を　　　　　し，
~~石油メジャーと呼ばれる欧米の巨大企業が世界の油田開発を独占することで，~~
石油価格の引き上げ，メジャーの産油会社の国有化などをすすめた
~~供給量と価格の安定化を実現した。~~

3 地中の ~~地下水~~ に含まれる天然ガスを **シェールガス** という。シェールガスはこれ
　　　　　頁岩（シェール）
まで採掘することが難しかったが，技術の進歩により2000年代に ~~中国~~ で生産
　　　　　　　　　　　　　　　　　　　　　　　　　　　　　　　米国
が急増し，2012年，~~中国~~ は ~~米国~~ を抜いて天然ガス生産量が世界一となった。
　　　　　　　　米国　ロシア

4 原子力発電は，電力エネルギー源として主として先進国で導入されてきた。中
国やインドに ~~は~~ 原子力発電所 ~~が存在せず~~，今後も建設される予定 ~~はないが~~，**ド**
　　　　　　　も　　　　　　　　　　し　　　　　　　　　　　　　である
イツ，フランスでは，新規の原子力発電所の建設が予定されている。
➡2022年までに脱原発を目指す　　　　　　　　　は　　　　　　　　　ない

5 **バイオエタノール** は，**サトウキビやトウモロコシ** などを原料として作るエタノ
ールで，再生可能なエネルギーとして注目されている。2014年における主な
生産国は米国とブラジルで，世界の生産量の半分以上はこれらの二国で生産さ
➡トウモロコシを原料　　➡サトウキビを原料
れた。

国家総合職　**国家一般職**　国家専門職　裁判所　地方上級　市役所　警察官　消防官

解 説　B０Ｂ×Ｍ

難易度 ★★☆　重要度 ★★☆

1 産業革命以前のエネルギー資源は，畜力や人力，風力，水力が中心であったが，産業革命以後は，【**Ⓐ**　　　】の発明により石炭がエネルギー資源の中心となった。ロレーヌ地方はフランス最大の【**Ⓑ**　　　】の産地，ザール地方はフランスとの国境近くにあるドイツの炭田。古来，フランスとドイツは，この２つの地方の帰属をめぐって係争を繰り返してきた。

2 1960年，西アジアの産油国が中心となって，石油メジャー（国際石油資本）に対抗するためOPEC（石油輸出国機構）を結成した。そして，自国内の資源の国有化をはかろうとする【**Ⓒ**　　　】をかかげて，石油産業の国有化や石油価格の引き上げを進めた。

3 シェールガスとは地下の頁岩（シェール）層に含まれる天然ガス。これまでは採掘が難しかったが，採算が取れる技術がアメリカで確立された。2018年現在，天然ガスの生産量は，アメリカが1位，次いでロシア，イランと続く。

4 原子力発電は【**Ⓓ**　　　】以後，石油の代替エネルギーの主力となったが，アメリカ，ソ連，日本で重大な原発事故が発生すると，ドイツは福島の原発事故を受け，2022年まですべての原発を閉鎖することにした。

5 正しい。バイオエタノールの急速な普及は，トウモロコシなどの価格高騰をまねき，発展途上国の食糧事情の悪化につながる。

🔑 **Point**

☐ 産業革命以後は石炭，19世紀末になると内燃機関の発達により石油，1960年代は石油・天然ガスが中心（エネルギー革命），1970年代の２度の石油危機を経ると石油代替エネルギーとして原子力，オイルシェール，オイルサンドなどの利用が進む。近年は再生可能エネルギーが増大。

Ⓐ：蒸気機関，Ⓑ：鉄鉱石，Ⓒ：資源ナショナリズム，Ⓓ：石油危機

諸外国の産業

諸外国の産業等に関する記述として最も妥当なのはどれか。

平成29年度
国家総合職

1 ベトナムは，メコン川河口部のデルタ地域において稲作が盛んであり，世界有

数の米の輸出国である。また，コーヒーの生産も盛んであり，世界有数のコー
3位(2019年)
ヒーの生産国でもある。1980年代に，ベトナム戦争集結後続けてきた閉鎖的
生産・輸出ともに2位(2019年)
な統制経済を改め，ドイモイと呼ばれる市場開放政策を採るようになった。

2 インドでは，様々な農業が見られ，東部のガンジス川流域では綿花，南部のデ
米やさとうきび
カン高原では米の栽培が盛んである。また，鉄鉱石や石炭などの鉱産資源も豊
綿花と小麦
富である。英国からの独立後，政府主導の政策により工業化を進めており，政

府が輸入や外国資本の制限を強化することで，近年保護を受けた国内のIT産
自由化   外国資本
業が急速に発展し，インドの経済を牽引する一部門となっている。

3 ドイツでは，夏にブドウなど乾燥に強い作物を栽培し，冬に小麦を栽培する混
➡地中海式農業の特色
合農業が広く行われている。また，ドイツのルール地域では主に鉄鉱石が産出
石炭
される。ドイツ西部のハンブルクでは鉄鋼業，ドイツ南部のミュンヘンでは先
石油化学工業
端技術産業が成長し，首都ベルリンには欧州連合（EU）の欧州議会が置かれ
➡欧州議会が置かれているのはフランスのストラスブール
ている。

4 南アフリカ共和国は，国土の大部分がサバナ気候に属している。温暖な気候の
ガーナ共和国
特性をいかしたカカオの生産が盛んであり，世界有数のカカオの生産国である。
生産・輸出ともに2位(2019年)
また，金やダイヤモンドなど価値の高い鉱産資源も多く産出されるが，これら
の特定の一次産品に依存するモノカルチャー経済の国であるため，臨海部を除
➡ボルタ川のアコソンボダムの
水力発電によりアルミニウム
き工業化が進んでいない。   が精錬されている

5 アルゼンチンは，ボーキサイトの生産量が世界で最も多く，輸出品目の第1位
➡生産量第1位はオーストラリア(2017年)
をボーキサイトが占めている。また，ラプラタ川流域に広がるセルバと呼ばれ
大豆飼料(大豆油かす)   パンパ
る草原地帯では，大規模な牧畜や穀物栽培が行われている。隣国のブラジルが

主要な貿易相手国であるが，ブラジルが加盟している南米南部共同市場

（MERCOSUR）には加盟していない。
加盟している

解　説

1 正しい。ベトナムの米の輸出はインド，タイに次ぐ世界第3位（2019年）。コーヒーは生産量・輸出量とも［**Ⓐ**　　　］に次ぐ世界第2位（2019年）。

2 インドのデカン高原には綿花栽培に適した土壌である［**Ⓑ**　　　］が分布している。工業面では1991年に100％外国資本による事業も可能となり，アメリカからソフトウェア産業が進出し，なかでも［**Ⓒ**　　　］は「インドのシリコンバレー」と呼ばれる集積地となった。

3 混合農業は，穀物栽培と商品としての家畜飼育を組み合わせたものである。ドイツのブタの飼育頭数はEUでは第1位である。ルール工業地域はヨーロッパ最大の工業地域で，ルール炭田と［**Ⓓ**　　　］の水運を基盤に発展してきた。1970年代以降の不況から近年は生産が伸び悩み，失業者も増えている。

4 選択肢はガーナの説明である。ガーナはイギリスの植民地時代にゴールドコースト（黄金海岸）と呼ばれた。現在，アフリカでは南アフリカ共和国が世界第7位（2017年）の金の産出量をほこる。カカオの生産量と輸出量の世界第1位はガーナの隣国の［**Ⓔ**　　　］である。

5 アルゼンチンのパンパは肥沃な草原で，小麦・大豆・とうもろこしの栽培が盛んである。なお［**Ⓕ**　　　］と呼ばれる大土地所有制度が残り，近代化の妨げとなっている。

Point

- □ ベトナムとインドは，外資の導入や政策変更によって輸出産業を成長させている。南アフリカ共和国は，近年BRICSの一員に数えられるほどの経済成長を果たした。Sは南アフリカ共和国のこと。

- □ ルール地方のような古い工業地域は，内陸の資源産地に形成され，オランダのユーロポートのような臨海部の工業地域は新しい。

- □ MERCOSUR（メルコスール）は先進諸国が関わらない共同市場で，南米諸国相互の貿易拡大を図るものである。

- □ セルバはアマゾン盆地の熱帯雨林，リャノはオリノコ川流域の，カンポはブラジル高原の熱帯草原，パンパはラプラタ川下流の温帯草原。ラティフンディオは南米の大土地所有制度で，ブラジルでは大農園をファゼンダ，メキシコやパラグアイ，ペルー，チリなどではアシエンダ，アルゼンチンではエスタンシアと呼ぶ。

Ⓐ：ブラジル，Ⓑ：レグール，Ⓒ：バンガロール，Ⓓ：ライン川，Ⓔ：コートジボワール，
Ⓕ：ラティフンディオ

世界の工業

世界の工業に関する記述として
最も妥当なのはどれか。

令和2年度
国家総合職

1 工業のグローバル化に伴い，付加価値の低い製品の製造拠点の中心は，先進国から開発途上国に移っていった。そのため，先進国では，より付加価値の高い
→先端技術産業や精密機械工業など
製品を継続的に生み出せる能力を有する工業への転換が図られており，多額の研究開発費を投じて，新しい技術や製品の開発に力を入れるようになった。こうした傾向を，工業の知識集約化という。

2 繊維工業は，生産費に対する原料費の比率が高いため，~~原料が調達しやすく輸~~
人件費
~~送費のかからない~~地域に発達する傾向がある。1980年代以降，先進国から開
安価で豊富な労働力が得やすく，原料の生産が盛んな
発途上国への生産拠点の移動が顕著になり，~~インド~~は世界最大の繊維工業国に
中国
成長した。近年，炭素繊維などの化学繊維の需要が高まっている~~が~~，世界の繊
いて，
維生産量に占める割合を種類別にみると，~~依然として~~綿などの天然繊維~~の方が~~
より
化学繊維~~よりも~~大きい。
が

3 鉄鋼業は，~~生産費に対する人件費の比率が高いため，安価な労働力を求めて工~~
かつては石炭や鉄鉱石の産地に立地していたが
~~業が地方に分散していたが，~~近年，人件費の高騰や安価な輸入材料への依存などにより，輸入に便利で市場に隣接した大都市近郊の臨海部に移転する傾向がある。また，鉄鋼業は大規模な生産施設が必要となるが，EUなどでは設備の老朽化により競争力が低下したため，生産の中心は~~南米~~に移っている。
アジア，特に中国・インド・日本・韓国

4 世界の工業生産の変化を工業付加価値額でみると，2010年は1990年と比較して，
→工業製品の販売額から賃金を除く原材料費などの諸費用を引いた額
西ヨーロッパ諸国や米国，我が国などの先進国では減少しているが，BRICSや
→ブラジル(B)・ロシア(R)・インド(I)・中国(C)・南アフリカ(S)の5カ国
東南アジア諸国などでは増加している，1970年代以降は~~アジアNIEs~~
→シンガポール・韓国・台湾・香港の4つの国・地域
と呼ばれるシンガポールや~~マレーシア~~での工業化が進み，1990年代以降は中
韓国
国やインド，~~アフリカ諸国~~で飛躍的に発展した。
アフリカは2000年代に入って急伸し

5 工業生産の国際分業の変化をみると，以前は，~~同一産業や同一企業内での部品~~
工業の最終製品どうしの貿易（水平貿易）
~~貿易~~を中心としていたのに対し，近年は，~~工業の最終製品どうしの貿易~~が中心
同一産業や同一企業内での部品貿易
になっている。こうした背景には，貿易摩擦の解消などを目的とした企業の多国籍化の進展がある。多国籍企業の本社のある先進国では，管理部門や~~生産部~~
研究・開発
門の強化に一段と力を入れる傾向にある。

解　説

難易度 ★★★　重要度 ★★★

1 正しい。新興工業国や発展途上国の工業化や分業が進むと，先進工業国では，工場の海外移転などによって生じる【**Ⓐ**　　　】への危惧から，新製品の生産や技術革新を図っている。この傾向を産業の高度化や知識集約化といい，アメリカのシリコンヴァレーをはじめとする【**Ⓑ**　　　】などでみられる。

2 繊維工業は製造過程で多くの人手を必要とするため，安価な労働力が得やすいところに立地する労働力指向型の工業である。1980年代以降，綿織物では【**Ⓒ**　　　】とインドが生産を伸ばし，化学繊維の生産も【**Ⓒ**　　　】が世界の約78％（2016年）を占めている。

3 鉄鋼業は，近年は原料使用量の低下や国内原料の枯渇，高コスト，安価な輸入原料などにより，大消費地に近い臨海部に立地するようになった。近年は【**Ⓒ**　　　】の生産がめざましいが，過剰な生産と輸出のため鉄鋼の国際価格が下落し，問題となった。

4 世界の工業生産の変化を見ると，1970〜80年代にアジアNIEsとよばれる【**Ⓓ**　　　】・シンガポール・香港・台湾の4ヵ国・地域の工業化が進み，1990年代以降はタイやマレーシア，中国，インドなどが急速に発展した。2000年代には【**Ⓔ**　　　】とよばれるブラジル，ロシア，インド，中国，南アフリカ共和国の5ヵ国の経済成長がめざましく，特に【**Ⓒ**　　　】は，「世界の工場」とよばれている。

5 グローバル化時代では，国際分業が一層拡大し，一つの製品の製造が一国内では完結できず，国境をこえて国際分業が行われるようになった。こうした新しい国際分業は効率的である反面，2020年の新型コロナの感染拡大時のように，【**Ⓕ**　　　】（部品供給網）が寸断され，各国にある工場が生産停止に追い込まれてしまうこともある。

🔑 Point

- 原料指向➡原料の重量＞製品の重量，輸送費を考慮，鉄鋼・セメント・パルプ
- 市場指向➡原料の重量（水を除く）＜製品の重量，鮮度・情報を重視，ビール，食料品，印刷・出版
- 労働力指向➡原料の重量≒製品の重量。安価な労働力：繊維，高度な技術力：情報産業
- 交通指向➡軽薄短小の高付加価値の製品（臨空指向）：IC・電子工業，原料の輸入（臨海指向）：鉄鋼・石油化学

Ⓐ：産業の空洞化，Ⓑ：サンベルト，Ⓒ：中国，Ⓓ：韓国，Ⓔ：BRICS，Ⓕ：サプライチェーン

地図の図法

地図の図法に関する次の記述で，
A ～ C に当てはまる語句の
組合せとして，最も妥当なのはどれか。

令和3年度
消防官

メルカトル図法による世界地図は，経線と緯線が直交しているため，経線と

任意の直線がつくる角度が正確に表されることから， **A** に利用される

が， **B** になるほど距離や面積が拡大する。

また，正距方位図法は， **C** の距離と方位を正しく読み取ることがで

きるため， **D** に利用される。

	A	B	C	D
1	航海図	低緯度	図中の任意の2地点	航空図
2	航空図	低緯度	図の中心点と任意の地点	航海図
3	航海図	高緯度	図中の任意の2地点	航空図
④	航海図	高緯度	図の中心点と任意の地点	航空図
5	航空図	高緯度	図の中心点と任意の地点	航海図

　メルカトル図法は正角図法で，任意の2点を直線で結ぶと，それが2点間の【🅐　　　】（任意の2点間を結ぶとき，常に経線と一定の角度で交わるように進むことができるコース）を表す。このため，遠回りになるが，船の進路の角度を一定に保てば目的地に到着できるので，【🅑　　　】として用いられる。この図法は，緯度が高くなるほど距離と面積が拡大され，緯度60度では距離が2倍，面積が4倍となり，方位も正しくない。なお，国土地理院発行の地形図は，この図法の一種であるユニバーサル横メルカトル図法（UTM図法）を用いている。

　正距方位図法は，図の中心点と他の任意の地点とを結ぶ直線が【🅒　　　】（最短コース）を表し，その距離と方位が正しい。そのため【🅓　　　】に利用できるが，図の中心点からはなれるほど面積や形のゆがみが大きくなる。なお，国連旗は【🅔　　　　】を中心とする正距方位図法で描かれている。

　よって，**4**が正答となる。

☐ 角度の正しい図法（正角図法）…メルカトル図法（海図に利用）

☐ 図の中心点からの距離と方位が正しい図法…正距方位図法（航空図に利用）

🅐：等角航路（等角コース），🅑：航海図（海図），🅒：大圏航路（大圏コース），🅓：航空図，
🅔：北極

人口と居住

人口や居住に関する記述として最も妥当なのはどれか。

平成30年度
国家一般職・改

1 人間が日常的に居住している地域を~~アネクメーネ~~，それ以外の地域を~~エクメー~~
エクメーネ　　　　　　　　　　　　　　　　　　　　　　アネクメーネ
~~ネ~~という。近年では，地球温暖化を原因とした海面上昇による低地の浸水，政
治や宗教をめぐる紛争や対立などの影響により人間の居住に適さない地域が増
加しており，~~アネクメーネ~~は年々減少傾向にある。
エクメーネ

2 産業革命以降，まずは先進国で，その後は発展途上国において人口転換（人口
　　　　　　　　　　　　　　　　⇨多産多死型から少産少死型へと変化していくこと
革命）が進行した。特に，我が国では，第二次世界大戦~~前~~までには，医療・衛
　　　　　　　　　　　　　　　　　　　　　　　　　　　　　後
生・栄養面の改善と出生率の低下などの理由から少産少死の状態となり，人口
ピラミッドはつぼ型となった。
⇨富士山型→つり鐘型→つぼ型へ国の発展とともに変化していく

3 人口の増加の種類には，大きく分けて自然増加と社会増加の二つがある。~~自然~~
　　　　　　　　　　　　　　　　　　　　　　　　　　　　　　　　社会増加
~~増加~~とは，流入人口が流出人口を上回る場合に発生し，主に人が集中する都市
部等でよく見られる。一方で，社会増加とは，出生数が死亡数を上回る場合に
　　　　　　　　　　　　　　　自然増加
発生し，多くは発展途上国で見られる。

4 近年，合計特殊出生率が人口維持の目安となる~~1.6~~を下回る国が増加してきて
　　　　　　　　　　　　　　　　　　　　　　2.07
おり，~~英国~~や~~ドイツ~~などは，2018年現在，合計特殊出生率が我が国の水準を
　　　韓国　　スペイン
下回っている。また，韓国や中国は，今後我が国以上の速さで少子高齢化が進
行すると予想されている。

5 首位都市（プライメートシティ）では，国の政治・経済・文化などの機能が集
中し，その国で人口が第1位となっている。首位都市の一つであるジャカルタ
では，自動車の排気ガス等による大気汚染や，スラムの形成などの都市問題が
　　　　　　　　　　　　　　　　　　　　　⇨不良住宅街のこと
深刻化している。

解 説 ×月○日

難易度 ★★★　重要度 ★★☆

1 エクメーネは居住地域，アネクメーネは無居住地域で人類が常住していない地域をいう。アネクメーネは砂漠や寒冷地域，【Ⓐ　　　】地域に見られ，全陸地の約10%を占める。

2 人口転換とは，多産多死型から多産少死型へ，さらに【Ⓑ　　　】型へ変化することである。日本では1870年ごろ多産多死型であったが，その後死亡率の低下が始まり1920年頃から出生率の緩やかな低下が始まり，第二次世界大戦後の急速な低下により人口転換が起こった。

3 自然増加は発展途上国のほか，都市郊外に形成された新興の住宅団地に多く見られる。

4 合計特殊出生率とは，1人の女性が生涯に何人子どもを産むかを示す数値のことである。現在の人口を維持するためには【Ⓒ　　　】が必要である。日本は1970年代後半に【Ⓒ　　　】を下回り，2005年に1.26という最低数値を経験した。2018年は1.42と回復傾向にはあるが，人口は確実に減少している。他の先進諸国と比較しても【Ⓓ　　　】化のスピードが速く，早急な対策が求められている。

5 正しい。国や地域の中で，政治や経済，文化・情報などの機能が極端に集中し，人口規模でも第2位の都市を大きく上回っている都市のことを【Ⓔ　　　】という。コンゴ共和国のブラザビル，チリのサンティアゴ，韓国のソウルなどが有名である。

Point

☐ 人口ピラミッドの富士山型は多産多死型および多産少死型，つり鐘型は人口が停滞する先進国に見られる少産少死型，つぼ型は少子高齢化が進み人口が停滞または減少する人口減少型を表している。

☐ スラムとは低所得層の人々が居住する住環境の悪い住宅街のことである。各種犯罪の他，ホームレスやストリートチルドレンなどの問題を抱えている。南米ではファベーラ，アフリカではコンパウンドと呼ぶ地域もある。

Ⓐ：高山，Ⓑ：少産少死，Ⓒ：2.07，Ⓓ：少子高齢，Ⓔ：プライメートシティ

世界の諸地域

世界の諸地域に関する記述 A ～ D のうち, 妥当なもののみを挙げているのはどれか。

平成29年度
国家一般職

A 東南アジアは, アジアとヨーロッパの交易路に位置していたため, 宗教や言語, 芸術
など様々な文化が流入してきた。交易の拡大とともにアラブ商人がもたらしたイスラ
ムは, ~~ミャンマー~~やマレーシアなどの国で広く信仰されている。また, 欧米諸国から
　　　　インドネシア
受けたキリスト教の影響も大きく, フィリピンでは~~プロテスタント~~が普及している。
　　　　　　　　　　　　　　　　　　　カトリック

B ヨーロッパでは, 言語は主に, イタリア語やフランス語など南ヨーロッパを中心に用
いられるラテン語派, 英語やドイツ語など北西から西ヨーロッパにかけての地域で用
いられるゲルマン語派, チェコ語やポーランド語など東ヨーロッパで用いられるスラ
ブ語派に分けられる。また, 古代ギリシャとローマの文化を受け継ぎ, キリスト教と
深く結び付いた文化が発展した。

C ラテンアメリカでは, 16世紀にスペインとポルトガルを中心とするヨーロッパの人々
が進出し, 現在でも多くの国でスペイン語やポルトガル語が公用語とされている。ま
　　　　　　　　　　　　　　　　➡ブラジルの公用語はポルトガル語
た, 労働力としてアフリカ系の人々が連れて来られたことで, 先住民, ヨーロッパ系,
アフリカ系の文化や伝統が融合して独特の文化となった。例えば, ブラジルのカーニ
バルやアルゼンチンのタンゴが挙げられる。

D サハラ以南のアフリカは, 19世紀末までに~~南アフリカ共和国~~を除くほぼ全域がヨーロ
　　　　　　　　　　　　　　　　　　　　エチオピア, リベリア
ッパ諸国の植民地となった。1960年代をピークに多くの国が独立したが, 現在でも旧
　　　　　　➡1960年は17か国が独立し「アフリカの年」と呼ばれる
宗主国との経済・文化面のつながりを持っている国は多い。例えば, フランスの旧植
民地である~~ガーナ~~では, 主食にフランスパンが好まれ, 公用語であるフランス語を話
　　　　　コートジボワール
す人が多い。

1 ⋯⋯ A, B

2 ⋯⋯ A, C

3 ⋯⋯ A, D

4 ⋯⋯ B, C

5 ⋯⋯ B, D

A インドネシアはイスラムの信者（ムスリム）が世界一多い国（人口約2.7億人のうち87.2%の2.3億人）である。ミャンマー，タイ，ラオス，カンボジアは上座部仏教，【**A**　　　　】は大乗仏教の信者が多い。

B 正しい。ラテン語派，ゲルマン語派，スラブ語派はいずれもインド・ヨーロッパ語族の語派で，ヨーロッパの多くの言語が属しているが，フィンランド語やハンガリーのマジャール語は【**B**　　　　】語族である。

C 正しい。ラテンアメリカ地域のほとんどはスペイン語，ブラジルはポルトガル語を公用語としている。しかしジャマイカの【**C**　　　】語や，ハイチの【**D**　　　】語のような例外もある。

D 1912年までに，アフリカ最古の国で植民地にされなかった【**E**　　　】，アメリカ合衆国からの解放奴隷が1847年に建国した【**F**　　　】を除くアフリカ全土がヨーロッパの列強国によって分割支配された。1910年にイギリスの自治領として南アフリカ連邦が成立，その後の1961年にイギリス連邦から脱退し，このとき南アフリカ共和国が成立した。

🔑 Point

☐ フィリピンはスペインの植民地時代が長く（独立はアメリカから），旧宗主国と同様のカトリックが普及している。

☐ ラテン語派にはスペイン語やポルトガル語など，ゲルマン語派にはオランダ語やスウェーデン語など，スラブ語派にはロシア語やセルビア語などが含まれる。

☐ サハラ以南のアフリカでは，ガーナやナイジェリアなどが英語を公用語に，ニジェールやギニアなどがフランス語を公用語としている。ケニアやタンザニアなどの東アフリカではスワヒリ語も公用語となっている。

A：ベトナム，**B**：ウラル，**C**：英，**D**：フランス，**E**：エチオピア，**F**：リベリア

複数の公用語を持つ国々

公用語が2つ以上の言語からなる国に関する記述として，最も妥当なのはどれか。

平成21年度 国税専門官

1 カナダは，英語，~~ドイツ語~~ <u>フランス語</u> の2つの言語を公用語としている。国民は主にイングランド系，~~ドイツ系~~ などの民族で構成されており ⤵20%，宗教はキリスト教（カト ~~フランス系16%，スコットランド系14%，アイルランド系14%~~ ⤵70.3% リック，プロテスタント）が大勢となっている。 ⤵42.6% ⤵23.3%

2 ベルギー王国は，オランダ語，フランス語，ドイツ語の3つの言語を公用語と ⤵フラマン語 している。国民は主にオランダ系フラマン人，フランス系ワロン人などの民族 ⤵58% ⤵32% で構成されており，宗教はキリスト教（カトリック）が大勢となっている。

3 スイス連邦は，フランス語，~~英語~~ の2つの言語を公用語としている。国民は主 <u>イタリア語，ロマンシュ語</u> ⤵18% ドイツ語 ~~4つ~~ にフランス系，イタリア系，ロマンシュ系などの民族で構成されており，宗教 <u>ドイツ系65%</u> ⤵10% ⤵1% 別人口割合では~~キリスト教（プロテスタント）とユダヤ教がほぼ半々を占めて~~ ⤵79.3% カトリック42% ⤵35.3% がほとんどである ~~いる。~~

4 シンガポール共和国は，英語，中国語，~~インドネシア語の3つの言語を公用語~~ マレー語，タミル語の4つの としている。国民は主に中国系，~~ジャワ系~~，マレー系などの民族で構成されて ⤵74.1% ⤵13.5% インド系9.2% おり，宗教別人口割合では~~キリスト教（カトリック）とイスラム教がほぼ半々~~ 仏教が33%，キリスト教が18%，イスラム教が15% を占めている。

5 フィリピン共和国は，フィリピノ語，英語の2つの言語を公用語としている。国民は主にマレー系，中国系，スペイン系などの民族で構成されており，宗教別人口割合では~~仏教徒~~が最も多くなっている。 キリスト教

解説　難易度 ★★☆　重要度 ★★☆

1 カナダの［**Ⓐ**　　　　　］州の分離運動を知っていれば，公用語は英語とフランス語であることがわかり，この選択肢が誤りであることがわかる。カナダ全体としては，英語を使用する人が 56.9%，フランス語を使用する人が 21.3% である。

2 正しい。ベルギーは，オランダ語を話す北部とフランス語を話す南部，そして首都圏ブリュッセルと 3 つの地域での連邦制を敷いている。

3 スイス連邦の公用語は，［**Ⓑ**　　　　　］語，フランス語，イタリア語，ロマンシュ語の 4 つである。ヨーロッパでは，イギリス以外で英語を公用語にしている国は，アイルランド，マルタと少なく，アイルランドもマルタも複数公用語がある。また，ヨーロッパでユダヤ教が主な宗教として挙がる国はない。

4 シンガポールは 4 分の 3 が［**Ⓒ**　　　　　］系の民族であり，仏教とキリスト教を信仰する人が多い。公用語のタミル語は，インド南部のタミル人の言語であり，インド系の住民も多いということになる。

5 最も多い宗教がキリスト教であること以外の記述は正しい。キリスト教を信仰する人は 92.7% であり，［**Ⓓ**　　　　　］教を信仰する人は 5.0% である。仏教を信仰する人は少ない。

🔑 Point

☐ アジアで複数の公用語のある国は，ほかにアフガニスタン（ダリー語，パシュトゥー語），イスラエル（ヘブライ語，アラビア語），カザフスタン（カザフ語，ロシア語），キルギス（キルギス語，ロシア語），パキスタン（ウルドゥー語，英語），と民族的対立のあるキプロス（トルコ語，ギリシャ語），スリランカ（シンハラ語，タミル語），そしてヒンディー語と英語のほかに 22 の主要言語を持つインドである。

☐ ヨーロッパで複数の公用語のある国は，ほかにアイルランド（アイルランド語，英語），コソボ（アルバニア語，セルビア語），フィンランド（フィンランド語，スウェーデン語），ボスニア・ヘルツェゴビナ（ボスニア語，セルビア語，クロアチア語），マケドニア（マケドニア語，アルバニア語），マルタ（マルタ語，英語）がある。

☐ オセアニアは複数公用語を持つ国が多いが，すべての国の公用語に英語が入っている。

Ⓐ：ケベック，Ⓑ：ドイツ，Ⓒ：中国，Ⓓ：イスラム

宗教と言語

世界の宗教・言語に関する次の記述のうち, 妥当なものはどれか。

平成11年度
国税専門官

1 西アジアや北アフリカでは, 農村部を中心にイスラム教が普及した。イスラム教は, 異教徒を排除する考え方が強く, 西アジアや北アフリカでは, ユダヤ教徒やキリスト教徒 ~~との内紛が中世から絶えなかった。~~
共存していた

2 1949 年に成立した中華人民共和国では, 各民族の自治の最大限の尊重が憲法上規定されている。このため, チベットは, ~~中華人民共和国の成立当初から自~~
1965 年
~~発的に~~自治区となり, 以来チベット仏教の最高指導者ダライ=ラマが指導する
➜ダライ=ラマはインドに亡命している
チベット自治区となっている。

3 カナダの ケベック州 は, フランス人移民によって開拓され, 住民の多くはフランス語を話す。このため, カナダ連邦からの分離運動が盛んとなった。連邦政
➜ケベック州の公用語はフランス語である
府は, フランス語を連邦の公用語とすること ~~にも頑強に反対しているため~~, ケ
➜カナダ連邦の公用語は英語とフランス語である
ベック州ではさらに分離独立運動が高まっている。

❹ 朝鮮半島では, 15 世紀半ばに表音文字である ハングル が考案された。ハング
➜計画的に作成された
ルは中国文化の影響が強かった時代には, 公式にはほとんど使用されなかった。しかし, 第二次世界大戦後は民族の文字として, ハングルが重視されている。

5 インドネシアは, オランダの植民地時代, 300 を超える言語が使用されていた。独立後は, 人口の大多数を占めるジャワ族の言語を基礎に国語を定めたが, 他
➜インドネシア語
の言語を使用する集団の反発が大きく, 国語の普及は ~~一向にはかどっていない。~~
進んでいる

1 イスラム教の教義の中に多神教の排除などがあるが, 中世においてはインドで多神教である仏教やヒンドゥー教に対して寛容な態度をとった例を見るように, 西アジアや北アフリカにおいても, ユダヤ教徒とキリスト教徒の一神教徒に対して人頭税([**Ⓐ**　　　　])を徴収することによって信仰の自由を認めていた。

2 チベットが中華人民共和国から自治区として認められたのは 1965 年である。なお, ダライ＝ラマは[**Ⓑ**　　　　]に亡命している。チベット独立運動は昔からあるが, 最近では, 2008 年 3 月に多数の死者を出す暴動が起きている。

3 ケベック州の人口の約87%はフランス系である。ケベック州の分離・独立問題では過去1980年と1995年に[**Ⓒ**　　　　]が行われ, いずれも否決されている。
カナダ連邦の公用語は, 英語とともにフランス語もあり, この部分が誤りの部分になっている。

4 正しい。ハングルは主に民衆の書記手段として用いられており, 公式文書は[**Ⓓ**　　　　]だった。

5 インドネシアでは, 公用語は[**Ⓔ**　　　　]であり国語として教育されているため, 若年の識字率は 99.7%, 成人でも 95.4%と高くなっている。

🔑Point

☐ インドネシアのティモール島の東部に当たる東ティモールは, ポルトガル領であったが, 1976 年にインドネシアが併合した。地元住民による独立運動が長年続いていたが, 1999 年の住民投票で独立が決定し, 2002 年に独立した。なお, 独立後の支援のために日本も PKO (国連平和維持活動) 部隊を派遣している。

☐ アフリカでは国内で民族間の争いが多い。これはもともと多民族, 多言語ということもあるが, 戦前ヨーロッパの植民地時代だった頃の境界を独立時にも国境としたために, 同一民族が分断されたり, 多民族で 1 つの国になったりしたためである。

☐ セルビア人の支配する国セルビアの自治州コソボはアルバニア人が多く, セルビアからの独立運動を 1992 年以前の旧ユーゴスラビアの時代から行っていたが, 2008 年 2 月に独立を宣言した。独立を認める国は徐々に増え, 2017 年 8 月現在, 日本を含め世界で 113 か国ある。

Ⓐ：ジズヤ, Ⓑ：インド, Ⓒ：住民投票, Ⓓ：漢文, Ⓔ：インドネシア語

イスラム教

イスラム教およびイスラム社会に関する
記述として，妥当なもののみをすべて
挙げているのはどれか。

平成16年度
国家Ⅱ種

A イスラム教は西アジア，北アフリカを中心に広がっているが，それ以外の地域
でイスラム教徒が占める割合が半数以上となる国は，東欧では~~ルーマニア，ブ~~
アルバニア
~~ルガリア~~であり，東南アジアでは~~スリランカ~~である。
インドネシア

B イスラム教の創始者である**ムハンマド（マホメット）**は神からの言葉を伝える
預言者であり，信仰の対象とはならない。また，**モスク**は祈りのための場所で，
メッカの方向を示す窪みが築かれており，祭壇や神の像などは置かれていない。
↪イスラム教の聖地で，サウジアラビアに位置する。

C イスラム暦の**9月の第1週**に，~~祖先の労苦を偲ぶための祭（ラマダーン）が1~~
↪啓典であるコーランに書かれている断食月　　　　　　　　　　　1か月
~~週間にわたって行われる。~~イスラム教徒は，この期間に~~子羊の肉，膨らませな~~
日没から日の出までの間に
~~いパン，~~苦菜等の粗末な食事をとる。
にがな

D 食事に関して厳格な規定があり，~~牛や~~豚は~~神聖な~~動物であるため食べることが
↪制限の度合は国や宗派により異なる　　　　豚は不浄な
禁じられている。また，~~上位の宗教指導者ほど肉類に関する制限が厳しくなっ~~
↪このようなことはない
~~てゆき，最上位の者は完全な菜食主義となる。~~

E イスラム教では，教典である**コーラン**が教徒としての行動や日常生活を規定し
ており，法律の役割を果たしている国もある。一方，イスラム教徒が国民の大
↪サウジアラビアやイランなど
半を占めるにもかかわらず，憲法で政教分離を定めている国の例として，トル
コが挙げられる。

1 …… A，B

2 …… A，D，E

3 …… B，C

4 …… B，E

5 …… C，D，E

解説

難易度 ★★☆ 重要度 ★★★

A 東欧でイスラム教徒が多いのは[**Ⓐ**　　　　]（約70%）である。ルーマニアは正教会（ルーマニア正教会）が約87%，ブルガリアは正教会（ブルガリア正教会）が約87%を占めておりキリスト教系である。東南アジアではインドネシアが多い。なお，マレーシアはイスラム教が国教になっている。スリランカは仏教徒の多い国である。

B 正しい。イスラム教は，それまでの[**Ⓑ**　　　]の多神教に代わる厳格な一神教である。全知全能の神アラーを唯一の至高神としており，根本聖典はコーランである。コーランはアラーの啓示をムハンマドが書き記したものといわれている。

C ラマダーンは[**Ⓒ**　　　　]と訳されているが，もちろん1か月食を断つわけではない。日の出から日没までの間は一切の飲食，喫煙もできないが，日没後は制限がない。神への依存を自覚するための月であるため，多少水分の多い料理が多くはなるが粗末な食事をとるということはない。健康上・仕事上の合理的理由があれば免除され，また現代では信仰心の程度により行わない人もいる。
ラマダーンが明けると，イド・アル＝フィトルという祭りがある。

D イスラム教では，豚は不浄な動物であるとし食べることは禁じられている。酒類も戒律上禁止されており，牛肉や羊肉も宗教的儀式に従って処理されたものを食べる。牛を神聖な動物として食べないのは[**Ⓓ**　　　　]教である。仏教では殺生を戒めているので，本来肉食はしない。

E 正しい。イスラム法が法律の役割を果たしている国には，サウジアラビア，イラン，[**Ⓔ**　　　　]などがある。トルコは1982年に制定された憲法に政教分離が明確に示されている。

□ イスラム教には，約90%を占める多数派のスンニ（スンナ）派と少数派のシーア派があり，派間の主導権争いが発生している。シーア派はイラン・イラクが中心である。

Ⓐ：アルバニア，Ⓑ：偶像崇拝，Ⓒ：断食月，Ⓓ：ヒンズー，Ⓔ：アフガニスタン

民族問題

現代の民族問題に関する記述として
最も妥当なのはどれか。

令和元年度
国家専門職

1 カナダでは，フランス系住民とイギリス系住民が共存しており，フランス語と
英語が公用語となっている。~~イギリス~~系住民が多くを占める~~ケベック州~~では，
フランス　　　　　　　　　　　　　　　　➡人口の約9割がフランス系
分離・独立を求める運動が度々起きており，1980年と1995年に実施された州
民投票では独立派が~~勝利~~している。
敗北

2 ~~シンガポール~~では，多くを占めるマレー系住民のマレー語の~~ほか，中国語や英~~
マレーシア　　　　　　　　　　　　　　　　　　　　　　　が
語~~も~~公用語となっている。大きな経済力を持っている中国系住民とマレー系住
民との間の経済格差を是正するため，雇用や教育の面でマレー系住民を優遇す
る~~ブミプトラ~~政策が実施されている。

3 ~~南アフリカ共和国~~では，少数派の~~フツ族~~と多数派の~~ツチ族~~は言語や文化をほと
ルワンダ　　　　　　　　　　ツチ14%　　　　　フツ85%
んど共有していたものの，両者で生じた主導権争いにより，反政府側と政府軍
の内戦が勃発した。その結果，~~ツチ族~~による~~フツ族~~の大量虐殺や~~ツチ族~~の大量
　➡ルワンダ民族紛争　　フツ　　　　ツチ　　　　　　　　フツ
難民化などの人道問題が生じた。

4 旧ユーゴスラビアの~~コソボ~~では，セルビア人とアルバニア人が衝突し，多くの
　　　　　　　　　　　　　　　　　　セルビア正教　　イスラム教　➡コソボ紛争
犠牲者を出した。国際連合やEUによる調停や，NATO（北大西洋条約機構）
による軍事力の行使の結果，停戦の合意が結ばれた。

5 トルコ，イラク，イランなどにまたがる山岳地域では，独自の文化と言語を持
クルディスタン（クルド人の居住地域）
つ~~バスク~~人が暮らしている。~~バスク~~人は，居住地域が国境で分断されており，
クルド　　　　　　　　　クルド
いずれの国においてもマイノリティであるが，激しい独立運動の結果，その独
自性が尊重されるようになった。

解説

難易度 ★★☆　重要度 ★★☆

1 ケベック州はカナダの東部にあり，住民の約87％が【Ⓐ 　　】系である。この州は【Ⓐ 　　】の植民地であった歴史をもっているため，【Ⓑ 　　】系中心の社会に不安を抱いていた。このため，カナダからの分離・独立を求める運動がたびたび起こった。

2 マレーシアは，人口の約６割近くを占める先住民であるマレー系住民を教育や就職などで優遇する【Ⓒ 　　】政策をとっている。経済的に優位な中国系住民との経済的格差を是正するためである。マレーシアのマハティール首相は1981年に提唱した日本や韓国に見習うという【Ⓓ 　　】政策によって，急速に工業化を進めた。

3 多数派のフツ族と少数派のツチ族の対立によるルワンダ内戦は終結し，国民融和・国民和解が進んだ。内戦後は外国企業の進出もあって産業が急速に発展し，【Ⓔ 　　】と呼ばれている。

4 正しい。コソボは【Ⓕ 　　】半島に位置し，イスラム教徒のアルバニア系住民が90％以上を占めていたが，政治・経済は人口の5％にすぎないセルビア人が独占。このためコソボのアルバニア人は，セルビアからの独立を求めしばしばセルビア人と対立した。コソボは2008年にセルビアから独立したが国連は未加入。日本はコソボを承認。

5 【Ⓖ 　　】人は，イラクをはじめトルコ，イラン，シリアなどに国境をまたいで住む，国家を持たない世界最大の少数民族といわれ，独立運動も行っている。人口は2000万人以上といわれているが，正確な数は不明。【Ⓗ 　　】人は，スペインとフランスの国境になっている【Ⓘ 　　】山脈周辺に居住している。

Point

- [ ] カシミール紛争：イスラム系住民のパキスタンへの併合とインドからの分離・独立。

- [ ] 北アイルランド問題：カトリック系住民とプロテスタント系住民との宗教対立。

- [ ] キプロス問題：南部のギリシャ系住民と北部のトルコ系住民の対立。分断国家になっている。

- [ ] スリランカ問題：多数派のシンハラ人（仏教徒）と少数派のタミル人（ヒンドゥー教徒）との対立。

- [ ] パレスチナ問題：パレスチナの地に入植したユダヤ人と，以前から住んでいたアラブ人との対立。

Ⓐ：フランス，Ⓑ：イギリス，Ⓒ：ブミプトラ，Ⓓ：ルックイースト，Ⓔ：アフリカの奇跡，
Ⓕ：バルカン，Ⓖ：クルド，Ⓗ：バスク，Ⓘ：ピレネー

日本の地形（1）

日本列島に関する記述のうち，妥当なものはどれか。

平成29年度
市役所

1 日本列島付近は，太平洋プレート，フィリピン海プレート，北アメリカプレート，ユーラシアプレートの4つのプレートが接する変動帯となっており，それらのプレートの境界は，互いに両側へ離れようとする広がる境界となっている。
　　　　　　　　　　　　　　　もぐり込む形の狭まる

2 日本列島では，現在，北海道，東北，関東，中部，近畿，中国，四国，九州の
　　　　　　　　　　　　　　　　　　　　　　　　　●四国には火山がない
いずれの地方においても火山活動が活発化しており，中でも近畿，中国，九州
　　　　　　　　　　　　　　　　　　　　　　　　　　　東北，関東，中部
で特に活発である。　　　●近畿・中国は活
　　　　　　　　　　　　　発化していると
　　　　　　　　　　　　　は言いがたい

3 本州の中央部を通るフォッサマグナを境として，その西側では山地がほぼ南北
　　　　　　　　　　●大地溝帯ともいう　　　　　　　　　　　　　　　　東西
に延び，その東側では山地がほぼ東西に延びている。
　　　　　　　　　　　　　　南北

4 日本列島の山地と平地の割合を見ると，全体の4割を山地が，6割を平地が占
　　　　　　　　　　　　　　　　　　　　　約75%　　　　　約25%
めている。

5 日本の河川は急流が多く水量が豊富なので，日本の平野のほとんどは，河川の
　　　　　　　　●日本の年間降水量（約1,700mm）は世界平均の約2倍
堆積作用で形成された沖積平野であり，日本の谷は，河川が山地を力強く削っ
　　　　　　　　●扇状地，三角州，氾濫原がある
て形成したV字谷が多い。
●氷食作用によって形成されたのがU字谷

1 前半は正しい。日本列島は4枚のプレートがぶつかり合っているところにある。海洋の【**Ⓐ**　　　】が大陸の北アメリカプレートの下に沈み込み，日本海溝がつくられている。また，海洋のフィリピン海プレートが大陸の【**Ⓑ**　　　】の下に沈み込み，東海トラフが形成されている。いずれも，大陸プレートと海岸プレートがぶつかる「狭まる境界」となっている。「広がる境界」は三大洋の海嶺（海底の大山脈）がそれにあたり，陸上に現れている「広がる境界」は，アイスランドとアフリカ大地溝帯である。

2 活火山は，おおむね過去1万年以内に噴火した火山及び現在活発な噴気活動のある火山で，この定義に該当する日本の火山は，近畿や【**Ⓒ**　　　】地方にはない。なお，日本の活火山は111（直近では2017年に日光の男体山が認定）ある。これは世界の活火山（1500）の7.4％にあたる。日本の国土面積は世界の陸地の約【**Ⓓ**　　　】％なので，日本列島はまさに「火山列島」である。

3 前半は正しい。しかし，フォッサマグナ（大地溝帯）より西側では山地がほぼ東西に延び，東側ではほぼ南北に延びている。フォッサマグナはラテン語で「大きな溝」という意味で，命名したのは明治期に来日したお雇い外国人でドイツ人の【**Ⓔ**　　　】。このフォッサマグナは北アメリカプレートと【**Ⓑ**　　　】の境目で，東北日本と西南日本の境目にもなっている。

4 日本列島は【**Ⓕ**　　　】造山帯に位置し，山がちな地形である。国土の約75％が山地で占められ，平地は約25％にすぎない。

5 正しい。日本列島は弓なりに連なる列島で，中央部に山地・山脈が背骨のようにある。このため，山地・山脈から流れ出る川は短く急流が多い。川の侵食作用で削られた土砂が堆積されて形成された【**Ⓖ**　　　】が日本には多い。日本の平野や盆地の多くは河川によってつくられたといえる。

🔑 Point

☐ プレートとプレートがぶつかり合う境目で，火山ができたり，地震が発生したりすることが多い。東日本大震災（2011年3月11日）が起きたのは，太平洋プレートが北アメリカプレートの下に沈み込んでいく過程で発生したもので，このような地震をプレート境界地震（海溝型地震）という。

Ⓐ：太平洋プレート，Ⓑ：ユーラシアプレート，Ⓒ：四国，Ⓓ：0.25（0.3），Ⓔ：ナウマン，
Ⓕ：環太平洋，Ⓖ：沖積平野

日本の地形（2）

次の地形図に見られる地形の説明として
最も妥当なのはどれか。

平成22年度
国家Ⅱ種

段丘面

段丘崖

段丘面

段丘崖

1 河川の堆積作用と侵食作用が繰り返されてできた地形で，<u>河岸段丘</u>と呼ばれる。
等高線が密なところは<u>段丘崖</u>である。

2 河川が山地から平野に流れ出るときに運搬されていた土砂が堆積してできた地
　⟵扇状地の特徴
形で，<u>三角州</u>と呼ばれる。
　扇状地　　⟍三角州は，運搬された土砂が河口付近に堆積したもの

3 堤防によって河道が固定されることにより，上流から運搬された土砂が堆積し
　⟵洪水が起きないように人工的に堤防を造ったことによる
て河床が両側の平地より高くなったもので，<u>天井川</u>と呼ばれる。

4 平坦な低地である<u>氾濫原</u>を蛇行して流れる川の周囲には水田に適した土地が広
がり，昔の河道が取り残されてできた<u>三日月湖</u>が見られる。
　　　　　　　　　⟵牛角湖ともいう

5 氷河によって運搬された岩くずによって造られた堆積地形で，<u>モレーン</u>と呼ば
れる。

1 正しい。問題の地図は典型的な河岸段丘の例である。川を挟んで等高線の密な段丘崖が見られるのが特徴である。河岸段丘では，段丘崖が何段かある場合があり，段丘崖と段丘崖との間の平面の部分を [**Ⓐ**　　　　　] と呼ぶ。

なお，河岸段丘は，流域の土地が隆起または傾斜して，河床がさらに侵食され，今までの谷底が台地になった地形のことである。したがって，段丘面のうち，外側から古い谷底だった面になっている。

2 前半の記述は扇状地の説明である。この地図では，川の高低差がなく，等高線の関係から川が山地から流れ出ているとはいえないので誤りである。

また，等高線から河口付近でもないことから [**Ⓑ**　　　　] でもないことがわかる。

3 選択肢は天井川の説明であるが，この地図の川は周りより高くなっているところはないので誤りである。天井川としては，日本では [**Ⓒ**　　　　] 県の野洲川，富山県の神通川，中国では黄河が有名である。

4 氾濫原とは扇状地から三角州地帯までの，高低差の少ない流速の遅い部分をいう。この地図からはなだらかな部分を流れているとはいえず，三日月湖も見えないことからこの選択肢は誤りといえる。

また，氾濫原は水田に適した土地が多いが，この地図の段丘面には [**Ⓓ**　　　　] が多い。

5 選択肢はモレーンの説明としては正しいが，この地図ではモレーンを読み取ることはできない。モレーンは，氷河の進行方向に対してせき止めるように堆積した地形である。

Point

☐ 河岸段丘は天竜川，荒川，信濃川，利根川の支流などに見られる。

☐ 洪水などのとき，水があふれて川の外側に土砂を堆積させて一段と高くなった土手ができる。これが自然堤防である。その後ろに後背湿地が広がる。三日月湖はこの後背湿地に残る。

☐ 氷河によってできた堆積地形としては，モレーンのほかに，エスカー，ドラムリン，アウトウォッシュプレーン，氷礫土平野がある。

Ⓐ：段丘面，Ⓑ：三角州，Ⓒ：滋賀，Ⓓ：畑

日本の地形（3）

我が国の地形に関する記述として
最も妥当なのはどれか。

令和2年度
国家一般職

1 河川が上流で岩石を侵食し，下流へ土砂を運搬して堆積させることにより，

様々な地形が作られる。山地の急流では侵食・運搬作用が働き，これに山崩れ
　➡扇状地や自然堤防，三角州
や地滑りなどが加わることで，横断面がU字型をしたU字谷が形成される。そ
　　　　　　　　　　　　　　　　　V　　　　　V字谷。U字谷は氷河地形
こに上流からの土砂が堆積すると氾濫原が作られる。
　　　　　　　　　　　　　　➡谷底平野という

2 河川が山地から平野に出ると，侵食された砂礫のうち，~~軽い~~砂から順に堆積す
　　　　　　　　　　　　　　　れき　　　　　　　　重い
る。氾濫のたびに河川は流路を変え，礫は扇状に堆積し，扇状地が形成される。

湧水を~~得やすい~~扇央は畑や果樹園などに利用されやすく，水を~~得にくい~~扇端に
　　　　得にくい　　　　　➡かつては桑畑　　　　　　　　　　得やすい
は集落が形成されやすい。
　➡水田も見られる

3 河川の氾濫が多い場所では，堤防などで河川の流路が固定されることがある。

このため，砂礫の堆積が進んで河床が高くなり，再び氾濫の危険が高まる。更

に堤防を高くしても河床の上昇は続くため，周囲の平野面よりも河床が高い天

井川が形成されることがある。

4 河川が運んできた土砂や別の海岸の侵食により生じた土砂が沿岸流によって運
　　　　　　　　　　　　　　　　　　　　　➡海岸近くを流れる海流
搬され，堆積することにより~~岩石海岸~~が形成される。ダムや護岸が整備される
　　　　　　　　　　　　　砂浜
と，河川により運搬される土砂が~~増加~~するため，海岸侵食が進んで海岸線が後
　　　　　　　　　　　　　　　減少
退することがある。

5 土砂の隆起や海面の低下によって海面下にあった場所が陸地になると，谷が連

続して海岸線が入り組んだリアス海岸が形成される。平地が少なく内陸との交
　　　　　　　　➡スペイン北西部の入り江を意味するリアに由来
通も不便であり，内湾では波が高いため，養殖業や港が発達し~~にくい~~。
　　　　　　　　　　　おだやかなため　　　　　　　　　　やすい

難易度 ★★☆　重要度 ★★★

1 河川には，侵食・運搬・堆積の三作用がある。山間部を流れる河川の上流では流れが速いため下に削り込む侵食が強い。このため，山地では深い【**Ⓐ**　　　】が形成される。そして，河川の侵食や堆積作用によって山間部の谷底に形成された氾濫原が【**Ⓑ**　　　】である。

2 山間部を流れていた河川が平野や盆地に流れ出るところでは，川の傾斜がゆるやかになるため運搬作用が弱くなって土砂が堆積する。また，河川の流路が氾濫のたびに左右に移動するため，荒い砂や礫が扇状に堆積する。これが扇状地で，扇頂は水が得やすいので【**Ⓒ**　　　】集落が見られる。砂礫層の厚い扇央は，日当りと水はけがよいのでかつては桑畑，現在は果樹園などに利用されることが多い。扇状地の末端にあたる扇端では，伏流していた水が地表に流出し集落や水田が見られる。

3 正しい。堆積作用がさかんな河川の流路を堤防で固定すると，土砂の堆積が進んで川床が高くなって洪水の危険が高まる。これに対応するために堤防を高くする。この繰り返しの結果，川床が周辺の地表より高くなり，【**Ⓓ**　　　】となる。

4 河川が海岸に運搬してきた土砂や，近くの海岸で侵食された土砂が【**Ⓔ**　　　】で運ばれ，砂浜海岸や海岸州，砂州，砂嘴，などの海岸地形が形成される。河川にダムが建設されると，河川によって運ばれる土砂が少なくなり，海岸線が後退することがある。新潟海岸や神奈川県の相模湾内の海岸線，鳥取砂丘などで，この現象が見られる。

5 土地の沈降や海面の上昇によって，山地が沈水すると，入り江と岬が交互に複雑に入り組んで海岸線になる。これが【**Ⓕ**　　　】で，入り江の水深が深いため，天然の港として古くから使われてきた。また，波がおだやかなため杭や筏を利用する養殖に適している。東北地方の三陸海岸，志摩半島，宇和海沿岸，長崎県西海岸，若狭湾などが有名。

Point

□ 川の三作用をふまえて，川の上流から下流にみられる地形をおさえる。扇状地は頻出。川の上流（V字谷，河岸段丘，谷底平野）→谷口（扇状地，扇頂，扇央，扇端の土地利用）→中流（氾濫原，自然堤防，後背湿地，曲流）→下流河口（三角州）。

Ⓐ：V字谷，Ⓑ：谷底平野，Ⓒ：谷口，Ⓓ：天井川，Ⓔ：沿岸流，Ⓕ：リアス海岸

日本の離島

わが国の離島に関する記述として最も妥当なのはどれか。

平成23年度
国家Ⅰ種・改

1 礼文島は北海道の離島であり，気候は親潮（千島海流）の影響を受けている。
　➡日本最北の離島　　　　　　　　　　　　➡日本海側のため親潮の影響は受けない
わが国最北の知床国立公園に指定されており，約300種の高山植物が自生し，
　　　　　　利尻礼文サロベツ国立公園
ボタンウキクサ群生地の保存の取組みが進められている。
➡熱帯性の水草。礼文島はレブンアツモリソウの保護を行っている

2 八丈島は東京都の離島であり，気候は黒潮（日本海流）の影響を受けている。
富士箱根伊豆国立公園に指定されており，全国離島で初めての地熱発電所が設
置されるとともに，風力発電も行っている。農業は花卉園芸が盛んであり，地
熱を利用した温室での栽培も行われている。

3 佐渡島は新潟県の離島であり，気候は黒潮（日本海流）の影響を受けている。
　　　　　　　　　　　　　　　　　　　　対馬海流
越後三山只見国定公園に指定されており，佐渡金山遺跡などの史跡を活用した
佐渡弥彦米山国定公園
観光や，コウノトリの野生復帰の取組みが進められている。
　　　　　トキ

4 対馬島は長崎県の離島であり，気候は対馬海流の影響を受けている。島の中央
　　　　　➡主島と属島を合わせて対馬という
部の浅茅湾は入江と島々が複雑に入り組んだフィヨルドである。西海国立公園
　　　　　　　　　　　　　　　　　　　　リアス海岸　　　　　　壱岐対馬国定公園
に指定されており，イリオモテヤマネコなどの動植物の保護の取組みが進めら
　　　　　　　　　　　ツシマヤマネコ
れている。

5 屋久島は鹿児島県の離島であり，気候は親潮（千島海流）の影響を受けている。
　　　　　　　　　　　　　　　　　　　　　黒潮（日本海流）
降水量が多く山岳部では積雪が見られる。屋久杉などの特殊な森林植生や，亜
熱帯から冷温帯に及ぶ植生の垂直分布などから，奄美群島国立公園に指定され
　　　　　　　　　　　　　　　　　　　　　　屋久島国立公園
ており，さらに世界遺産に登録されている。

解　説

難易度 ★★★　重要度 ★☆☆

1 礼文島は北海道北部の日本海上に位置する離島であり，レブンアツモリソウの群生地の保存の取組みがされている。知床国立公園は北海道東部の知床半島中央部から知床岬までの地域をさす。知床は，2005年に【**A**　　　　　】に登録された。

2 正しい。花卉園芸品としては，【**B**　　　　　】（フェニックス・ロベレニーなど）やフリージアの生産が盛んである。

3 佐渡島の気候は，暖流の【**C**　　　　　】の影響を受けている。越後三山只見国定公園は，新潟・福島県にまたがる山岳国定公園。コウノトリの野生復帰の取組みを行っているのは，兵庫県豊岡市である。

4 対馬島にある浅茅（あそう）湾は，入り組んだ【**D**　　　　　】になっている。フィヨルドは，氷河の浸食作用でできた複雑な地形の湾や入り江のことをさす。イリオモテヤマネコは沖縄県の西表島に生息している。対馬にはツシマヤマネコが生息している。

5 屋久島の気候は，暖流の黒潮（日本海流）の影響を受けている。1993年に【**E**　　　　　】遺産に登録された。2012年に霧島屋久国立公園から分離され，屋久島国立公園として指定された。

🔑 **Point**

☐ 日本近海の海流としては，暖流の対馬海流と黒潮（日本海流），寒流のリマン海流と親潮（千島海流）がある。対馬海流とリマン海流は日本海に流れ込む海流であり，黒潮と親潮は太平洋側を流れる海流で，いずれも日本の気候に大きな影響を与えている。

☐ 日本で世界自然遺産に登録されているのは，次の5件。屋久島（1993年），白神山地（1993年），知床（2005年），小笠原諸島（2011年），奄美大島，徳之島，沖縄島北部，西表島（2021年）である。2013年に登録された富士山は世界文化遺産。

A：世界自然遺産，**B**：切り葉，**C**：対馬海流，**D**：リアス海岸，**E**：世界自然

日本の地形と気候

次の略地図中のA〜Eの地域の説明として
妥当なものはどれか。

平成26年度
地方上級

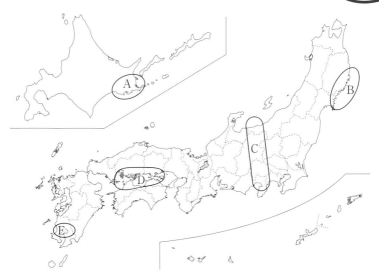

1 A地域は，~~山が海岸に迫り平地が少ない。~~夏でも気温が低く，冬の積雪は~~日本~~
　　　根釧台地が広がる
~~で最も多い。~~
さほど多くない

2 B地域の海岸はのこぎりの歯のような屈曲を持つリアス海岸で，波が穏やかな
ためワカメなどの養殖が盛んである。しかし，~~水深が浅いため港には適さない。~~
　　　　　　　　　　　　　　　　深く，天然の良港になっている

3 C地域の日本アルプスの近くにはフォッサマグナがあり，その以東は山地がほ
　　　　　　　　　　　　　　　　⤷お雇い外国人でドイツ人のナウマンが名付け親
ぼ南北に伸び，その以西は山地がほぼ東西に伸びている。

4 D地域の瀬戸内海は小さな島が点在する内海で，日本で~~最も降水量が多い~~地域
　　　　　　　　　　　　　　　　　　　　　　　は　　　　　　　　少ない
である。温暖な気候を利用して果実の生産が盛んである。

5 E地域には桜島があり，今でも火山活動が活発である。周辺には火山灰や軽石
などからなるシラス台地が広がり，~~稲作~~に適している。
　　　　　　　　　　　　　　　畑

1 A地域には［**Ⓐ**　　　　　］台地が広がる。夏の気温が低いという記述は正しいが，冬の積雪はさほど多くない。積雪が多いのは，北海道から山陰にかけての［**Ⓑ**　　　　　］側地方である。

2 B地域の三陸海岸には，［**Ⓒ**　　　　　］が発達している。入江は波が穏やかで，養殖が盛んである。山地が沈水してできたので水深が深く，天然の良港になっている。一方，湾奥を中心に津波の被害を受けやすい。

3 正しい。C地域にあるフォッサマグナの東部は関東山地などが南北に，西側は［**Ⓓ**　　　　　］に沿って紀伊山地などが東西に伸びている。

4 D地域の瀬戸内海周辺は，中国山地，四国山地に挟まれ，［**Ⓔ**　　　　　］の影響を受けにくいため，通年で晴れの日が多く温暖である。ミカンなどの果樹栽培が盛んである。

5 E地域は，鹿児島市を中心とする地域で，現在も火山活動が盛んな桜島がある。この地域には［**Ⓕ**　　　　　］が広がる。［**Ⓕ**　　　　　］は，火山活動による噴出物である細粒の軽石や火山灰からなり，水はけがよすぎるので稲作に適さない。サツマイモ，桜島大根など畑作に利用されている。

🔑Point

☐ 日本で最も降雪量が多い地域は，東北・北陸地方の日本海側である。降水量の少ない地域は，内陸（長野）や瀬戸内地方である。

☐ リアス海岸は，入江が深いので，普段は波穏かで養殖に最適である。また，水深があるので天然の良港である。津波対策が肝心。

☐ 日本列島は，フォッサマグナにより東北日本と西南日本に，中央構造線により内帯と外帯に区分される。

☐ シラス台地は，火山性なので水はけがよく，稲作に不向きである。

Ⓐ：根釧，**Ⓑ**：日本海，**Ⓒ**：リアス海岸，**Ⓓ**：中央構造線（メジアンライン），**Ⓔ**：季節風（モンスーン），
Ⓕ：シラス台地

日本の自然災害と防災

我が国の自然災害及び防災に関する記述として最も妥当なのはどれか。

令和3年度
国家総合職

1 我が国は，ユーラシアプレートやインド・オーストラリアプレートなど，複数
（太平洋プレート）
のプレートが重なり合う地点にあり，地震や火山の噴火など被害が広範囲に及
ぶ自然災害が発生しやすい条件下にある。このため，国の防災に関する責務を
規定した災害対策基本法において，地震や火山の噴火による大規模災害の発生
　　　　　❷1959年の伊勢湾台風を契機に制定
時には，災害発生市町村の長の全ての事務を国が代行することとなっている。
　　　　　　　　　　　　　　　　　　　（国が代行することはない）

2 ハザードマップは，将来起こり得る自然災害による被害予測を図示したもので
あり，被災後の迅速な復旧・復興のために用いられる。ハザードマップを作成
　　　　（災害発生時の被害の軽減）
するためには，土地の成り立ちや災害の素因となる地形・地盤の特徴，過去の
災害履歴，地域経済に関するデータ等が必要であり，地震，火山の噴火，洪水
など全ての自然災害による被害予測が一つの地図にまとめられる。
　　（それぞれ）　　　　　　　　　　　　　　（災害種別に）

③ 我が国では，確率論的地震動予測地図が公表されている。この地図は，地震発
生の長期的な確率評価と強震動の評価を組み合わせたものであり，その代表的
なものとして，今後30年以内に各地点が震度6弱以上の地震の揺れに見舞わ
れる確率の分布を示したものがある。この確率が東海地域や紀伊半島，四国の
南岸で高いのは，近い将来の発生が予測されている東海・東南海・南海地震の
影響によるものである。

4 緊急地震速報は，震源に近い地震計で捉えた主要動の観測データから各地の初
　　　　　　　　　　　　　　　　　　（初期微動（P波））
期微動の到達時間や震度を計算し，素早く知らせるものである。日本列島から
（主要動（S波））　　　　　　　　　　　　　　　　　　（内陸型地震）
遠く離れた場所で発生した海溝型地震については緊急地震速報が間に合わない
可能性があるが，列車を止めたり，避難行動をとったりすることで被害の軽減
が期待されている。

5 線状降水帯は，発達した梅雨前線が24時間以上ほぼ同じ場所に停滞し，強い
　　　　　　　　　（積乱雲）　　　（数時間）
降水をもたらす現象であり，近年，1週間前から時間と場所を絞って事前に発
　　　　　　　　　　　　　　（予測は不可能である）
生を予測することが可能となっている。線状降水帯の停滞時間によっては，河
川の氾濫や土砂災害が起こる可能性が著しく高まるため，早めの避難で身の安
全を確保することが重要である。

国家総合職　国家一般職　国家専門職　裁判所　地方上級　市役所　警察官　消防官

解説 ×月○日 難易度 ★★★ 重要度 ★★★

1 日本列島は，海洋プレートの太平洋プレートと【**A**　　　】プレート，大陸プレートのユーラシアプレートと【**B**　　　】プレートがひしめき合っているため，地震や火山の噴火が多発する。このため，大規模災害が発生して，市町村が応急措置などの全部または大部分の事務を行うことができなくなった時には，都道府県知事は市町村長に代わって実施しなければならない。

2 ハザードマップは，被災後の対応のために用いられるものではない。この防災地図は災害発生時に予測される被害の程度や範囲，避難経路，避難場所などの情報を示したもので，被害の軽減を意図したものである。また，ハザードマップは，災害の種類ごとに作成されるもので，一枚の地図に様々な自然災害の被害予測が示されているわけではない。

3 正しい。

4 緊急地震速報は震度【**C**　　　】以上の地震が発生した時に出されるが，内陸型地震のように震源地が近いと速報が出る前に大きな揺れが来てしまうおそれがある。

5 台風の大雨を除き，集中豪雨の約7割が線状であるとされていたが，線状降水帯という用語がしばしば用いられるようになるのは，2014年8月の「広島豪雨」からである。

□ 日本列島下の4つのプレート（太平洋プレート，フィリピン海プレート，ユーラシアプレート，北米プレート）の名前と位置をおさえる。

A：フィリピン海，**B**：北米（北アメリカ），**C**：5弱

日本の食料と農業

近年の日本の食料と農業に関する次の記述のうち，妥当なものはどれか。

1 近年の品目別食料自給率を重量ベースで見ると，自給率の高い順に，米，小麦，
↪カロリーベースの食料自給率は38%（2019年）
野菜，肉類となる。
↪97%，16%，79%，52%（2018年）

2 主食米価格の低下を背景に，減反（生産調整）政策が強化され，米の生産を減
↪1969年からスタート。食料管
らした農家に対する補助金の増額が行われた。　理特別会計の赤字と古米在庫量
↪近年は減額　　　　　　　　　　の減少が目的。2018年に廃止，
　　　　　　　　　　　　　　　　　　　補助金はなくなる

3 農産物輸出が促進され，日本の農産物輸出は増加傾向にある。相手国は中国，
↪林産物，水産物も増加傾向
台湾などで，東南アジアにも輸出されている。

4 企業の農業参入要件が緩和され，耕地や耕作放棄地の借入れが増加した。~~それ~~
↪農家の高齢化や廃業などで放置された耕地　　　　　　　　しかし
~~により~~，耕作放棄地が大幅に~~減少~~し，耕地面積も~~増大~~している。
　　　　　　　　　　　　増大　　　　　　　　　減少

5 日本の農業就業人口は，~~40歳未満の新規農業人口が大幅に増加したことから~~，
↪389万人（2000年）→168万人（2019年）　　　の半数が60歳以上であるうえ，
~~増加に転じている。~~　　　　　　　　　　　　減っているので
減少が続いて

解説

難易度 ★★☆　重要度 ★★★

1 2019年の食料自給率を見ると小麦は16％で，大豆の6％，飼料用のトウモロコシ〔**Ⓐ**　　　〕％とともに非常に低い。それに対して高い関税で守られている米は97％で，野菜も79％と比較的高い。肉類は52％であるが，飼料の輸入を考慮すると，鶏卵（96％），牛乳・乳製品（59％）と同様，実質的にはさらに低くなる。穀物（食用＋飼料）の自給率も28％と低い。なお，食料自給率（カロリーベース）はここ20年ほど約〔**Ⓑ**　　　〕％で，先進国では最も低い。

2 1960年代の後半になると，米の消費量が減る一方で，生産量が増加した。このため，生産量が過剰となり，政府の古米在庫量も増え，食料管理特別会計の赤字も増大した。この赤字解消のため，1969年以降に導入されたのが〔**Ⓒ**　　　〕（生産調整）である。稲の作付面積を減らしたり，転作した農家に奨励金が交付された。この政策は〔**Ⓓ**　　　〕年3月に廃止された。米の生産規制が外されたため，価格競争の激化が予想される。

3 正しい。日本の農産物は高価だが，安全で高品質なためブランド力があり，アジアを中心に輸出が増えている。2019年の農産物輸出額は約5,200億円。主な輸出先は1位が香港で，〔**Ⓔ**　　　〕，〔**Ⓕ**　　　〕，台湾，韓国と続いており，アジア中心に輸出が増えている。

4 耕地面積は年々減少を続けており，その主な要因は〔**Ⓖ**　　　〕の増加である。その一方で耕地の借り入れなどにより販売農家一戸あたりの経営耕地面積は徐々に〔**Ⓗ**　　　〕している。近年は，多くの農地所有者が農地の貸し出しに慎重なため，借り入れが困難。

5 新規就農者のうちの約半数が定年後の転職組で60歳以上。農業就業人口の減少と高齢化は他の産業と比べて著しく進行している。農業に限らず，林業，水産業など日本の第一次産業人口は総就業者の〔**Ⓘ**　　　〕％（2015年）に過ぎない。一方，農業の活性化を図る一つの取組みとして，「〔**Ⓙ**　　　〕次産業化」がある。

🔑 **Point**

　□ 日本の食料自給率（カロリーベース）は先進国の中でも特に低く，この20年以上約40％。穀類だけに限ると28％。フランスは170％（2017年），ドイツは112％と高い。

Ⓐ：0，Ⓑ：40，Ⓒ：減反政策，Ⓓ：2018，Ⓔ：中国，Ⓕ：アメリカ，Ⓖ：耕作放棄地，Ⓗ：増加，Ⓘ：4，Ⓙ：6

日本の人口動態と産業

次の表（2019年）は，愛知，秋田，高知，千葉，山口の各県のV〔65歳以上の人口の割合（%）〕，W〔人口密度（1,000分の人）〕，X〔米（水稲）の収穫量（百t）〕，Y〔海面漁業漁獲量（千t）〕，Z〔化学工業製品出荷額（億円）〕である。BとDに該当する県を地図から選び，正しい組合せを答えよ。

平成22年度
市役所・改

秋田県
ア ← →
山口県
オ
千葉県
ウ ← イ
愛知県
エ
高知県

米

		V	W	X	Y	Z
秋田県	A	37.2	83.0	5268	6	503
千葉県	B	27.9	1213.6	2890	111	23,542
愛知県	C	25.1	1459.9	1372	60	13,005
高知県	D	35.2	98.3	479	63	92
山口県	E	34.3	222.2	915	22	19,289

漁獲量が多い

高齢化率が高い

人口密度が高い

化学工業製品出荷額が高い

	B	D
1	ア	エ
2	イ	エ
3	イ	オ
4	ウ	ア
5	ウ	オ

ア アは秋田県である。米の収穫量であるXの数値が高いことから，A が秋田県とわかる。65歳以上の人口割合を示すVが高く，人口密度を示すWが低いこともヒントになる。

イ イは千葉県である。人口密度のW，海面漁業漁獲量のY，化学工業製品出荷額Zの数値が高いので，Bが該当することがわかる。千葉県には，水揚量で全国1位の【**Ⓐ**　　　　】（2019年）があり，化学工業の割合が最も高い【**Ⓑ**　　　　】工業地域もある。

ウ ウは愛知県である。人口密度が高く，65歳以上の人口割合が低いC が該当する。愛知県では豊田の自動車工業が盛んで，中京工業地帯の中心となっている。

エ エは，高知県で，65歳以上の人口割合が高く，化学工業製品出荷額が特に低いDが該当する。高知県は，高知平野において，ビニールハウスなどを利用して野菜を早作りする【**Ⓒ**　　　　】が盛んである。

オ オは山口県である。山口県は化学工業の割合が高い【**Ⓓ**　　　　】工業地域に含まれる。Eは化学工業製品出荷額がBに次いで高い。

よって，**2** が正答である。

Point

☐ 米の収穫量は，新潟（8.6%），北海道（7.7），秋田（6.8）の順に多い（2020年）。

- -

☐ 漁港では，銚子（280千t），釧路（173），焼津（171），境（92），八戸（64）の順で水揚量が多い（2019年）。

- -

☐ 製造品出荷額のうち化学製品が占める割合は，京葉工業地域（41.5%），瀬戸内工業地域（23.1），阪神工業地帯（16.8）の順に高い（2018年）。

Ⓐ：銚子港，Ⓑ：京葉，Ⓒ：促成栽培，Ⓓ：瀬戸内

日本の貿易

表は，2020年のわが国の主な輸入品
5品目について，輸入額，主要輸入相手国
上位3か国および輸入額に占めるそれらの
国の割合を示したものである。A〜Eに
当てはまる輸入品の組合せとして最も妥当
なのはどれか。

平成20年度
国家Ⅱ種・改

チリは銅で有名である

品目	輸入相手国および輸入額に占める割合（%）					
A	オーストラリア	60.2	インドネシア	13.3	ロシア	11.4
B	オーストラリア	52.2	ブラジル	29.6	カナダ	7.2
C	チ　リ	38.0	オーストラリア	19.5	ペルー	11.8
D	アメリカ合衆国	63.9	ブラジル	34.3	南アフリカ	0.9
E	アメリカ合衆国	46.9	カナダ	36.5	オーストラリア	16.2

多くがアメリカ合衆国からの輸入である

	A	B	C	D	E
1	鉄鉱	石炭	液化天然ガス	とうもろこし	小麦
2	鉄鉱	石炭	銅鉱	羊毛	とうもろこし
3	石炭	鉄鉱	液化天然ガス	羊毛	とうもろこし
4	石炭	鉄鉱	銅鉱	大豆	とうもろこし
5	石炭	鉄鉱	銅鉱	とうもろこし	小麦

A A・Bは1位がオーストラリアなので，A・Bは鉄鉱(石)か石炭か[**Ⓐ**　　　　　]であるが，選択肢からAとBが鉄鉱か石炭になる。2位を見てみると，ブラジルが2位であることからBが鉄鉱であることがわかる。鉄鉱の輸入は，オーストラリアとブラジルの2か国で80%以上を占める。Aは石炭である。

B Bは鉄鉱である。3位はカナダだが，このあたりの順位が問題になることはない。鉄鉱はオーストラリア，ブラジルが他を引き離して多いのでこの2国を覚えておけば十分である。

C Cはチリが1位であることに特徴がある。チリといえば世界一の銅鉱の生産国である。Cが銅鉱とわかれば選択肢は2・4・5の3つにしぼれる。

D Dは輸入の60%以上をアメリカ合衆国に頼っているのでとうもろこしである。大豆もアメリカ合衆国からの輸入が1位であり割合も高く，72.8%（2020年）である。また，大豆の輸入先2位は，[**Ⓑ**　　　　　]（13.9%）（2020年）で3位がブラジル（11.6%）である。とうもろこしと大豆の輸入先1位がアメリカなので，2位と3位の国をおさえておく。
選択肢にある羊毛はすぐ誤りとわかる。羊毛の輸入先1位は中国，オーストラリア，次いでニュージーランドである。

E Eは選択肢からとうもろこしでないので小麦とわかる。小麦は生産量としては，[**Ⓒ**　　　　　]やインドのほうがアメリカ合衆国より多いが，国内需要が多いので輸出に回らず日本には入ってきていない。

□ わが国の鉄鋼の輸入先は，韓国（37.3%），中国（18.2%），台湾（10.2%）である（2020年）。

Ⓐ：液化天然ガス，Ⓑ：カナダ，Ⓒ：中国

日本と世界の位置関係

表Ⅰはわが国およびА～Ｅの国々の首都の間の距離を示したものであり，表Ⅱはこれらの国における輸出金額の上位５品目をそれぞれ示したものである。この５か国に関する記述として最も妥当なのはどれか。

平成16年度
国家Ⅰ種・改

ただし，この５か国は，アジア，ヨーロッパ，北アメリカ，南アメリカ，オセアニアの各地域にそれぞれ１国ずつ位置しており，その面積はいずれも日本より大きい。

表Ⅰ　各国首都間の距離　アジアの国である　　オセアニアの国である

	東　京	A	B	C	D	E
東　京	–	–	–	–	–	–
A	4,608	–	–	–	–	–
B	7,951	7,475	–	–	–	–
C	10,316	13,423	16,105	–	–	–
D	10,763	10,181	17,569	5,692	–	–
E	17,670	16,614	14,057	7,358	7,737	–

注：数値は地球を真球として各都市の緯度・経度から計算により求めたものである。
　　南アメリカの国である

表Ⅱ　各国の輸出金額上位５品目（2019年）オーストラリアの特徴

	A	B	C	D	E
1	機　械　類	鉄　鉱　石	原　　　油	自　動　車	大　　　豆
2	自　動　車	石　　　炭	自　動　車	機　械　類	原　　　油
3	プラスチック	金(非貨幣用)	機　械　類	野菜と果実	鉄　鉱　石
4	金(非貨幣用)	肉　　　類	金(非貨幣用)	石　油　製　品	肉　　　類
5	ゴ　ム　製　品	機　械　類	石　油　製　品	衣　　　類	機　械　類

タイ　　　オーストラリア　　　カナダ　　　スペイン　　　ブラジル

1 東京とその国の首都との時差が５時間以内であるのはA国のみである。
　　と B 国

2 その国で人口が最大でない都市を首都としているのはB国のみである。
　　と C 国と E 国

3 第二次世界大戦後に夏季オリンピックを開催したことのあるのはC国のみである。
　　と B 国と D 国と E 国

4 首都が北回帰線より北に位置するのはD国のみである。
　　と C 国

❺ ５か国の中で最も人口の多い国はE国である。

国家総合職　国家一般職　国家専門職　裁判所　地方上級　市役所　警察官　消防官

解説

難易度 ★★★　重要度 ★☆☆

A Aは東京から 5,000km 未満の距離なのでアジアの国であることがわかる。かつては米や天然ゴムといった一次産品の輸出が中心であったが、現在は工業製品の輸出が増大している。特に ASEAN の自動車生産の集積地となっているのが [**A**　　　　] である。2位に自動車があるので [**A**　　　] とわかる。

B Bは距離からいって、オセアニアの国である。そして、輸出品の上位に、鉄鉱石、石炭があるので [**B**　　　　] である。

C Eが距離から南アメリカの国なので、Cは北アメリカかヨーロッパの国である。その中で、原油が1位にあるのは、[**C**　　　　]、ノルウェー、カナダなどであるが、自動車の輸出が多いのはカナダである。これはアメリカの自動車会社がカナダで自動車を生産しているからである。

D Dはヨーロッパの国で、第3位に野菜・果実があることからスペインと想像がつく。スペインの [**D**　　　　] 類の輸出量は世界の4分の1程度。

E 南アメリカの国で鉄鉱石の輸出が多いのはブラジルである。近年は原油や [**E**　　　　]、肉類の輸出が多い。

　以上より、5つの国は、タイ、オーストラリア、カナダ、スペイン、ブラジルとわかる。このうち、日本との時差が5時間以内なのは、タイ、オーストラリア。首都より人口の多い都市は、カナダ（首都オタワ）のトロント、ブラジル（首都ブラジリア）のサンパウロ、オーストラリア（首都キャンベラ）のシドニーがある。

　夏季オリンピックは、オーストラリア（シドニー）、カナダ（モントリオール）、スペイン（バルセロナ）、ブラジル（リオデジャネイロ）で行われている。

　首都が北回帰線より北なのは、カナダ、スペインの2国ある。

　5つの国のうち、一番人口が多いのはブラジルであり、**5** が正答となる。

🔑 Point

☐ 地図にはいろいろな種類の地図があり、それぞれ長所と短所を持っている。地図の中心（たとえば東京）からの距離と方位が正しく描かれた正距方位図法、普段よく目にするメルカトル図法、そして中緯度のひずみの少ないモルワイデ図法などである。メルカトル図法の世界地図では、高緯度の地域が異常に大きく描かれる欠点がある。

A：タイ、**B**：オーストラリア、**C**：ロシア、**D**：オレンジ、**E**：大豆

政令指定都市

次のA，B，Cは，政令指定都市に関する
記述であるが，それぞれの位置を図中の
ア〜オから選んだものの組合せとして
最も妥当なのはどれか。

平成23年度
国税専門官・改

A 県内（道内）を流れる２つの大きな河川の下流域に広がる平野部に位置し，中
　新潟市
心市街地は川の河口部に形成されている。江戸時代から物流拠点として栄え，
　　　　阿賀野川，信濃川　　　　　　　　　　　　　越後平野
幕末には日米修好通商条約による開港５港の一つとなった。国際空港や高速道
路網などが整備された交通拠点であると同時に，水田面積が市の面積の約４割
　　　　　　　　　　　　　　　　　　　　　　　　　　　米どころ
を占める農業都市でもある。

B 県内（道内）を流れる３つの大きな河川によって形成された沖積平野の中央部
　岡山市
に位置しており，年間日照時間の平年値は2,000時間を超える。この地域では
　　吉井川，旭川，高梁川　　　　　　　　　　　　　　岡山平野
江戸時代から明治時代にかけて大規模な干拓事業が行われ，現在でも干拓地が
　瀬戸内海式気候
市域の約13％を占めている。干拓地を利用した稲作のほか，丘陵地ではぶど
うなどの果樹栽培が行われている。

C 県内（道内）の西端に位置し，四方を海，川，山，湖に囲まれている。近年の
　浜松市
周辺市町村との合併により，2020年４月現在，全国で２番目に面積の広い市
　　　　太平洋，天竜川，赤石山脈，浜名湖　　　　　　１番は高山市
となっている。江戸時代には宿場町として栄えたが，第二次世界大戦後は楽器
や輸送用機械などの製造業が発達し，大工業地域を形成している。
　　　　　　　　　　　　　　　　　東海工業地域

	A	B	C
1	ア	ウ	エ
2	ア	オ	ウ
3	イ	エ	ウ
4	イ	オ	エ
5	オ	ウ	エ

国家総合職　国家一般職　国家専門職　裁判所　地方上級　市役所　警察官　消防官

A 新潟市についての説明。阿賀野川と信濃川が流れる越後平野の中に位置している。1858年にアメリカとの間に結ばれた日米修好通商条約では，箱館（函館），新潟，[**Ⓐ**　　　]，神戸，長崎の5港が開港された。水田面積は全国一の広さの24,900ha（2020年）で，市の全面積の約4割を占めている。米の収穫量は，県別に見ると，新潟（8.6%），北海道（7.7%），秋田（6.8%）の順で多くなっている（2020年）。

B 岡山市についての説明。吉井川，旭川，高梁川が流れる岡山平野の中に位置している。沖積平野は，河川の堆積作用によって作られた平野である。気候は，温暖な[**Ⓑ**　　　]に属する。ぶどうの生産量は，県別に見ると，山梨（21.4%），長野（18.4%），山形（9.5%）に次いで第4位（9.1%）が岡山県である（2019年）。

C 浜松市についての説明。太平洋，天竜川，赤石山脈，浜名湖に囲まれている。2005年に周辺市町村を合併して広域化し，2020年4月現在，岐阜県高山市に次いで面積の広い市である。ピアノなどの楽器やオートバイ（自動二輪車）の生産が盛んである。[**Ⓒ**　　　]工業地域に属する。

よって，**3**が正答となる。

🔑 Point

□ 政令指定都市の制度は，地方分権の推進を目的として1956年に施行された。2020年4月現在，以下の20市。札幌市，仙台市，さいたま市，千葉市，横浜市，川崎市，相模原市，新潟市，静岡市，浜松市，名古屋市，京都市，大阪市，堺市，神戸市，岡山市，広島市，北九州市，福岡市，熊本市。

□ 指定都市の人口要件は50万人以上である。実際には「100万人以上，または近い将来超える見込み」の運用基準であったが，「平成の大合併」以降に指定された市は，さいたま市を除き100万人を下回る。

Ⓐ：横浜（神奈川），Ⓑ：瀬戸内式気候，Ⓒ：東海

都市の種類

都市に関する記述として，妥当なのはどれか。

1 <u>メガロポリス</u>とは，広大な都市圏を形成し，周辺の都市や地域に大きな影響力
メトロポリス（巨大都市）
をもつ大都市といい，<u>メトロポリス</u>とは，多くの大都市が鉄道，道路や情報な
メガロポリス（巨帯都市）
どによって密接に結ばれ，帯状に連なっている都市群地域をいう。

2 <u>コンパクトシティ</u>とは，国や地域の中で，政治や経済，文化，情報などの機能
プライメートシティ（首位都市）
が極端に集中し，人口規模でも第2位の都市を大きく上回っている都市のこと

をいう。

3 <u>プライメートシティ</u>とは，都市の郊外化を抑え，都心部への業務機能の高集積
コンパクトシティ
化や職住近接により移動距離を短縮し，環境負荷を減らして生活の利便性の向
➋ロンドンのニュータウンの基本方針。ベッドタウンではない
上をめざした都市構造のあり方のことをいう。

4 日本では，1950年代半ば頃からの高度経済成長期に都市人口が急激に増大し，

郊外では住宅地が無秩序に広がる<u>ドーナツ化現象</u>が起こり，都心部では地価高
スプロール現象
騰や環境悪化によって定住人口が減る<u>スプロール現象</u>が見られた。
ドーナツ化現象

5 早くから都市化が進んだ欧米の大都市の中では，旧市街地から高所得者層や若

者が郊外に流出し，高齢者や低所得者層が取り残され，コミュニティの崩壊や

治安の悪化などが社会問題となっている<u>インナーシティ</u>問題が発生している。
➋スラム化

解説　難易度 ★★☆　重要度 ★★☆

1 [Ⓐ　　　]は巨大都市と呼ばれ，数百万人以上の人口を持ち，政治・文化・産業などの中心をなす都市のことである。東京・ニューヨーク・ロンドンなどがその例である。メガロポリスは巨帯都市と呼ばれ，アメリカ東海岸のボストンから[Ⓑ　　　]に見られる。連続する大都市が交通・通信などによって結ばれ，密接な関係を保ちながら経済・文化などが発達していく地域をいう。

2 プライメートシティ（首位都市）の説明である。人口2位以下の都市とは圧倒的に格差があり，一極集中型で交通渋滞や飲料水不足などの[Ⓒ　　　]も起こりやすい。リマやサンティアゴ，カイロ，バンコク，ソウルなどが有名である。

3 コンパクトシティの説明である。都市の郊外化を防ぎ，都心部に生活に必要な諸機能を集めることで，効率的で[Ⓓ　　　]な都市を構築する都市政策のこと。

4 [Ⓔ　　　]現象とは，虫食い現象とも呼ばれ，都市が郊外に拡大する過程で起こる無秩序な都市開発のことを指す。[Ⓕ　　　]現象とは，都市の発達に伴って都心から郊外へ人口が流出した結果，都心より郊外の人口が多くなる現象のこと。

5 正しい。先進国の大都市では都市の拡大に伴って，旧市街地の人口が減少し，商工業も衰退して都市機能が低下する現象が生じた。住宅の老朽化や[Ⓖ　　　]化による犯罪の増加などの諸課題が発生し，これらの現象を[Ⓗ　　　]問題という。

Point

□ メガロポリスは，フランスの地理学者ジャン・ゴットマンが提唱した考え。アメリカ東海岸のメガロポリスのほか，東海道メガロポリス（東京・名古屋・大阪の三大都市圏をつなぐ）やヨーロッパメガロポリス（ロンドン・フランクフルト・ミラノをつなぎ「ブルーバナナ」とも呼ばれる）などがある。

Ⓐ：メトロポリス，Ⓑ：ワシントンD.C.，Ⓒ：都市問題，Ⓓ：持続可能，Ⓔ：スプロール，Ⓕ：ドーナツ化，Ⓖ：スラム，Ⓗ：インナーシティ

中　国

中国に関する記述として，妥当なのはどれか。

平成30年度
地方上級

1 中国は，1953年に，市場経済を導入したが，経済運営は順調に進まず，1970
　　　　　　　　　　計画
年代末から計画経済による改革開放政策が始まった。
　　　　　市場

2 中国は，人口の約7割を占める漢民族と33の少数民族で構成される多民族国
　　　　　　　　約9割　　　　　　　　　　55
家であり，モンゴル族，マン族，チベット族，ウイグル族，チョワン族は，それ
　　　　⤵内モンゴル自治区　ホイ族　⤵チベット　⤵シンチャン　⤵コワンシーチョワン
ぞれ自治区が設けられている。　　　　　　　自治区　ウイグル自　族自治区
　　　　　　　　　　　　　　　　　　　　　　　　　治区

3 中国は，1979年に，夫婦一組に対し子どもを一人に制限する「一人っ子政策」
を導入したが，高齢化や若年労働力不足などの問題が生じ，現在は夫婦双方と
　　　　　　　　　　　　　　　　　　　　　　　　2014年に　　片方
も一人っ子の場合にのみ二人目の子どもの出産を認めている。
　　　　⤵「二人っ子政策」

4 中国は，外国からの資本と技術を導入するため，沿海地域に郷鎮企業を積極的
　　　　　　　　　　　　　　　　　　　　　　　　　　　経済特区を設け
に誘致し，「漢江の奇跡」といわれる経済発展を遂げている。
　　　　世界の工場　⤵韓国の経済成長を表す言葉

⑤ 中国は，沿海地域と内陸部との地域格差を是正するため，西部大開発を進めて
おり，2006年には青海省とチベット自治区を結ぶ青蔵鉄道が開通している。

解説 ×月○日　難易度 ★★　重要度 ★★★

1 改革開放政策とは，文化大革命後の経済を立て直すため，経済特別区の設置，[**A**　　　]の解体，海外資本の積極的な導入などが行われ，市場経済への移行が推進された。鄧小平を中心指導家として実施された。

2 人口の約92％が[**B**　　　]で圧倒的に多い。ホイ族はニンシヤホイ族自治区を形成している。自治区では，それぞれ民族の言語や文字を使用するなどの権利が認められている。また，チベット族・モンゴル族はチベット仏教を，ウイグル族・ホイ族は[**C**　　　]教を，チョワン族は道教を信仰している。

3 人口の急増を問題視し，1979年に導入された人口抑制政策。出生率は低下し，人口増加も抑えられたが，男女比のアンバランスや戸籍のない子ども（黒孩子〈ヘイハイズ〉）の増加など様々な問題が噴出していた。2016年，すべての夫婦に2人目の出産を認め，2021年には3人まで認めるとした。

4 1979年以降，改革開放政策の一環として経済特区が沿岸のアモイ・[**D**　　　]・シェンチェン・チューハイ・ハイナン島の5地域に設けられた。その後，[**E**　　　]区も指定され中国経済を支えている。[**F**　　　]とは中国の農村地域（鎮・郷）において集団または農家によって設立された企業のことである。

5 正しい。開発の遅れた西部の内陸地域を発展させ，沿岸部との経済格差を是正するための計画が西部大開発である。青蔵鉄道はその目玉プロジェクトの一つであり，青海省の西寧とチベット自治区の[**G**　　　]の2都市を結ぶ高原地域を走る鉄道である。

Point

- [ ] 中国は改革開放政策によって市場経済を導入して，経済特区や経済技術開発区を設置し，先進諸国の高い技術を導入した。豊富な労働力を背景に，現在では「世界の工場」と呼ばれている。

- [ ] 中国の生産量が世界1位のものには，自動車・粗鋼・工作機械・冷蔵庫・洗濯機・薄型テレビ・自転車・パソコン・タブレット端末・携帯電話・デジタルカメラなどがある。

A：人民公社，**B**：漢族，**C**：イスラム，**D**：スワトウ，**E**：経済技術開発，**F**：郷鎮企業，
G：ラサ

中国の経済

**中国の経済に関する次の記述のうち,
妥当なものはどれか。**

平成27年度
地方上級

1 中国の経済成長は著しく,経済成長率は~~2010年代に入っても毎年10%台を維~~
  　　　　　　　　　　　　　　　　　　　　2011年以降は10%台を割り込み
  ~~持し続けており,~~ GDP も~~アメリカを抜いて世界一~~となっている。
  　　　　　　　　❸国内総生産　　　世界第2位

2 中国の工業は北部の北京を中心に発達してきた。一方,~~長江流域やそれより南~~
  　　　　　　　　中部・南部の沿岸部　　　　　　　　　黄河流域　　　内陸地域
  ~~の地域には工業地域がなく,~~所得水準や生活水準も低く,経済の~~南北~~格差が問
  　　　　　　　　　　　　　　　　　　　　　　　　　　　　　　東西
  題となっている。

❸ 中国は,1970年代後半からの対外経済開放政策により外国の資本や技術を導
  入し,急激な経済成長を実現した。特に製造業の成長が著しく,今やパソコン
  の生産量（生産台数）は世界一である。

4 中国では,農村から都市への人口流入が著しい。そのため人件費は~~低いままの~~
  　　　　　　　　　　　　　　　　　　　　　　　　　　　　　　　　上昇
  ~~横ばい状態~~が続いている。

5 中国では,経済の発展に伴いエネルギー消費量が増大している。~~しかし,石炭・~~
  ~~石油の生産が豊富で消費量を上回る生産量があるため,輸入はほぼしていない~~
  石炭・石油ともに輸入は世界第1位
  ~~状態である。~~

解 説 ×月○日

難易度 ★★★　重要度 ★★☆

1 経済成長を遂げた中国は2010年，日本を抜いて【Ⓐ　　　　　】が第2位となった。これはアメリカ合衆国に次ぐ順位である。しかし経済成長率は2011年以降，10％台を割り込み年々低下しており，2018年は6.6％であった。2019年は「米中貿易戦争」，2020年は新型コロナウイルス感染症の影響により，さらに低下。

2 中国の経済発展は沿岸部が中心であり，経済の中心は首都の北京ではなく，長江流域の【Ⓑ　　　　　】となっている。また南部の広東省などの経済特区でも工業化が進み，経済発展に大きく貢献した。近年は内陸部と沿岸部の東西の経済格差が問題化していて，その解消のため西部大開発も行われている。

3 正しい。中国は文化大革命などで経済が停滞したため，1970年代後半から【Ⓒ　　　　　】を推進した。その後の製造業の発展により，新しい「世界の工場」と呼ばれるようになった。パソコンのみならず，2010年代には自動車の生産台数も世界一となった。

4 中国では経済成長により【Ⓓ　　　　　】も上昇していて，そのため中国に進出していた日本の企業の中には，より安い東南アジアのベトナムなどに生産拠点を移すところも出てきている。

5 中国は世界有数の石炭生産国であり，【Ⓔ　　　　　】の生産量も増加している。しかし供給が需要に追いつかず，石炭の輸入は世界第1位であるが，2018年は【Ⓔ　　　　　】の輸入も第1位となった（2018年）。

Point

□ 中国は社会主義国であるが経済が停滞したため，1970年代後半から対外経済開放政策をとり，1990年代から社会主義市場経済を導入した。その結果，製造業を中心に経済成長を遂げ，2010年代にはアメリカ合衆国に次ぐ世界第二の経済大国となった。

□ 中国の経済成長により，人件費の上昇や地域間の経済格差の拡大など新たな問題も発生している。また石炭，石油のエネルギー消費量も増えていて，大気汚染など環境問題への対策も求められている。

Ⓐ：GDP（国内総生産），Ⓑ：上海，Ⓒ：対外経済開放政策，Ⓓ：人件費，Ⓔ：石油

中国の民族

中国は多民族国家で，人口の約92%を占める漢族のほかにさまざまな少数民族が暮らしている。A～Dは，主な少数民族の伝統的な生活様式を記述したものであるが，該当する民族名の組合せとして最も妥当なのはどれか。

平成19年度
国家Ⅱ種

A 草原地帯に住み，牧畜を中心とした生活を営んでいる。家畜の乳からは，さまざまな乳製品がつくられる。ゲルと呼ばれるフェルトでつくられた円筒型のテントに居住し，
◉モンゴル族の特徴
仏教を信仰している。夏には，ナーダムと呼ばれる祭典が催される。

B 標高が高く，乾燥した地域に住んでいる。生業は農業と放牧が主であるが，標高が高いところでは，ヤクを飼育している。仏教を信仰し，サンスクリット文字をもとにし
◉チベット族の特徴
た表音文字を用いている。かつては，ヒマラヤ山脈を越えて交易に従事する者が多かった。

C トルコ系の民族で，アラビア文字をもとにした表音文字を用い，イスラム教を信仰し
◉ウイグル族の特徴
ている。砂漠と草原が続く乾燥地帯に居住し，牧畜やオアシスにおいて灌漑農業に従事する者が多い。彼らの居住するオアシス都市は，かつてシルクロードなど東西交易
◉ウルムチやトルファン，カシュガルなど
の中継地として栄えた。

D 中国の少数民族の中で最も人口の多い民族である。社会・文化両面にわたり，漢化が著しい。宗教は祖霊信仰，祖先崇拝が中心であるが，道教や仏教も受け入れている。

水稲耕作を基盤にした多彩な季節祭や農耕儀礼が特徴的である。
◉南部の民族である

	A	B	C	D
1	チベット族	モンゴル族	ウイグル族	チョワン（壮）族
2	チベット族	ウイグル族	モンゴル族	チョワン（壮）族
3	ウイグル族	チベット族	チョワン（壮）族	モンゴル族
4	モンゴル族	チベット族	ウイグル族	チョワン（壮）族
5	モンゴル族	チベット族	チョワン（壮）族	ウイグル族

解 説   難易度 ★★★ 重要度 ★★★

A ゲルの記述がポイントとなりモンゴル族とわかる。なお，中国では ゲルのことを [**Ⓐ**   ] と呼び日本ではこの呼び名が一般的 である。ナーダムはモンゴル族のスポーツの祭典（モンゴル相撲，競馬，弓）であるが，Ａはナーダムを知らなくてもモンゴル族と特定できる。

B 仏教を信仰していて，標高が高い地域に住んでいることからチベット族とわかる。さらに，ヒマラヤ山脈に近いことで特定できる。チベット族の居住する地域はチベット自治区となっている。しかし，中国は漢民族のこの地への移住を奨励し，現在はチベット自治区でもチベット族は少数派になっている。チベット族の精神的指導者である [**Ⓑ**   ] 14 世は 1959 年インドに亡命しているなど，チベット族の中国からの独立問題は長年くすぶっている。2008 年 3 月にもこの問題が表面化し中国の対応が世界的に非難を受けた。

C イスラム教を信仰しているという記述からウイグル族であることがわかる。ウイグル族はシンチャンウイグル自治区に居住している。ここ にも漢族の移住が多いが，漢族とウイグル族との経済格差も多く [**Ⓒ**   ] として中国からの独立運動も根強い。2009 年 7 月には，数千人規模の暴動も起こっている。

D A，B，Cがわかれば，選択肢から，Dはチョワン（壮）族であるとわかる。チョワン族は，中国南部や [**Ⓓ**   ] に住むタイ系の民族である。選択肢にあるように，中国の少数民族としては最大の人口であるが，知名度がチベット族や他の民族より低いのは，秦漢時代から中国の王朝の支配下にあり，漢民族への同化も早かったからと考えられる。

🔑 Point

☐ 中国の約 92％は漢民族であるが他に 55 の少数民族がある。少数民族は主に国土の周辺の自然環境の厳しいところに住んでいて，人口規模によって，自治区や自治州になっていて，独自の文化を保っている。

☐ 自治区は，シンチャンウイグル自治区，チベット自治区，内モンゴル自治区，コワンシーチョワン（広西荘）族自治区，ニンシヤホイ（寧夏回）族自治区の 5 つがある。

☐ 自治州は，少数民族に自治権が与えられた地域規模の行政体で現在 30 ある。さらにそれより規模の小さい少数民族に対しては，自治県や自治郷というものもある。

Ⓐ：パオ，Ⓑ：ダライ＝ラマ，Ⓒ：東トルキスタン，Ⓓ：ベトナム

中国の農業

中国の農業に関する次の記述のうち，妥当なものはどれか。

平成10年度
地方上級

1 華中の長江流域や華南の平地や盆地では，米作りが盛んで，二期作も行われている。

2 黄河流域の華北や東北では，さとうきびやバナナの栽培が盛んである。
華南では

3 人民公社を中心とする生産体制が継続され，土地や家畜の共同管理が行われている。
は1982年に解体した

4 中国の穀物の生産量に占める小麦の割合は，米の割合より大きい。
米の割合は，小麦の割合より

5 内陸部の乾燥地帯では，こうりゃん，大豆の栽培が盛んである。
東北地方

解 説 難易度 ★☆☆ 重要度 ★★☆

１ 正しい。[**Ⓐ**   ] 線（年降水量 750 ～ 1,000mm）が，畑作地域と稲作地域の境界に当たる。米の二期作（一つの耕地で 1 年間に 2 度同じものを作る）は華南で行われている。緯度でいうと 25°より低い，つまり経済特区のアモイより南の地域である。

２ 華北や東北地方は冬の寒さは厳しく，南国の作物バナナは栽培できないので誤りであることはすぐわかる。さとうきびは，米の二期作地方と同地域とクンミンなどの [**Ⓑ**   ] で栽培されている。バナナの栽培は海南島など，いずれも [**Ⓒ**   ] である。
華北では小麦，東北地方ではこうりゃん，とうもろこし，豆類の栽培が盛んである。

３ 人民公社は 1978 年の [**Ⓓ**   ] の導入により機能しなくなりつつあったが，1982 年の憲法改正により解体した。
人民公社が解体して，1984 年以降に発展した郷鎮企業（農村の小規模企業）は，農業，工業，建設業などで重要な役割を果たしている。

４ 小麦，米とも中国の生産量は世界一であるが，米の生産量のほうが多い。米は 209,614 千 t，小麦は 133,596 千 t（2019 年）である。中国で生産量が多い穀物は，世界第 2 位の [**Ⓔ**   ]（260,779 千 t）である。なお，さつまいもとじゃがいもも生産量は世界一である。

５ こうりゃんの栽培が盛んなのは [**Ⓕ**   ] である。大豆も中国ではこの地方で栽培されている。こうりゃんは乾燥に強い作物といわれているが，乾燥している内陸部では栽培されていない。
内陸部ではわずかに小麦が栽培されている地域もあるが，ほとんどが牧畜地域である。

Point

☐ 中国の農作物としては，綿花の生産も世界一であるが，綿花の栽培は黄河，長江沿いと，山東省などの華北平原に多い。なお，綿花の輸入量は世界 2 位であり，世界の輸入量の約 16%（2017 年）に当たる。1 位はベトナム。

☐ 中国の茶の生産は世界一で華中の長江沿いと，雲南省に多い。

☐ 中国では，東北地方で大豆は栽培されているものの，輸入量は多く，世界の輸入量の約 64%（2017 年）に当たる。

Ⓐ：チンリン山脈・ホワイ川，**Ⓑ**：雲南省，**Ⓒ**：華南，**Ⓓ**：生産責任制，**Ⓔ**：とうもろこし，**Ⓕ**：東北地方

韓　国

韓国の地理に関する記述として，妥当なものはどれか。

平成22年度
警察官・改

1 韓国は朝鮮半島の南半分に位置する~~ので~~，気候は~~比較的温暖~~で特に気温の年較
が　　　　　　　　　　　　　　　⤷日本の同緯度の地域に比べ厳しい
差はわが国よりも~~小さい~~。
大きい

2 韓国と北朝鮮との軍事境界線は，~~朝鮮半島を東西に分断するように走る~~テベク
北緯38度線が目安になる
（太白）山脈~~に~~沿っている。
は韓国の東部を南北に

3 ソウルは首都機能のみで，人口および経済や文化機能は国際空港を持つインチ
⤷一極集中が進み，韓国の人の5分の1はソウル市民といわれている
ョンや港湾都市プサンに分散して~~いる~~。
いない

4 ソウル周辺やテジョンなど~~一部~~の地域で工業が~~急成長~~しているが，全国的には
多く　　　　　　　　　　　　　　　　　発達
ウルサン，ポハン
第一次産業の比重が~~高い~~。
低い　⤷韓国は工業国といえる

5 貿易の中心となる港湾はプサン港で，世界各国の船舶が集中し，コンテナ取扱
量は東京や横浜を上回る。

解 説

難易度 ★★☆　重要度 ★☆☆

1 韓国の南部は温暖湿潤気候であるが，北部は冷帯冬季少雨気候であり気温の年較差は大きい。韓国は緯度でいうと日本の大阪や静岡から仙台の間に該当するが，冬は大陸からの【**A**　　　　】で寒く，日本の北海道のような寒さになる。そのため，オンドルという韓国独特の暖房設備が古い家屋やアパートなどにある。

2 韓国と北朝鮮との軍事境界線は北緯【**B**　　　　】度線といわれている。テベク山脈は韓国の東岸に沿って南北に走っているが，韓国の最高峰はチェジュ島にあるハルラ山の1,950mである。

3 韓国の人口5,126.9万人（2020年）に対してソウルの人口は981.4万人（2018年）であり，国内の約20％の人口がソウルに集中している。2番目に人口の多いのは【**C**　　　　】で345.5万人である（2018年）。経済や文化も同様で，ソウルが中心となっている。

4 韓国は独立以前は農業を中心とした地域であり，目ぼしい工業は見られなかったが，戦後，外貨導入による輸出指向型の工業化に努め，1960年代後半から高度経済成長を実現した。これを「漢江（ハンガン）の奇跡」という。鉄鋼，機械，造船，化学，エレクトロニクスなど広い分野で産業を発展させた。ウルサンの工業地域やポハンの製鉄所などが代表的である。この工業の発展により，1996年にアジアで2番目に経済協力開発機構（【**D**　　　　】）に加盟するほどになった。

5 正しい。プサン港のコンテナ取扱量は，【**E**　　　　】，シンガポール，シンセン（シェンチェン），ニンポーに次ぐ世界第5位である。東京の取扱量はプサンの約40％，横浜の取扱量は約25％である（2018年）。2020年11月以降，世界的なコンテナ不足におちいった。その原因はコロナ禍，欧米の巣ごもり需要が急伸して港湾の対応が困難になったためである。

🔑 Point

- [ ] 韓国の農業は南部および西部で稲作，東部および北部で畑作が行われている。

- [ ] 韓国の国際連合への加入は遅く，北朝鮮と同時に1991年である。これは，冷戦中は韓国の加盟をソ連が，北朝鮮の加盟をアメリカ合衆国がそれぞれ反対していたからである。

- [ ] 韓国の1人当たりのGNIは，3万2610ドルと，日本の4万1150ドルの約79％である（2018年）。

A：季節風，**B**：38，**C**：プサン（釜山），**D**：OECD，**E**：シャンハイ

東南アジアの国々（1）

**東南アジアに関する記述として
最も適当なものはどれか。**

1 インドネシア・シンガポール・タイ・マレーシア・ミャンマーの5か国は，イ
〔フィリピン〕
ンドシナ半島の社会主義勢力に対抗するために，1967年にASEAN（東南アジ
ア諸国連合）を結成した。ASEAN諸国では一様に工業化政策が採用されたが，
❷輸出指向型の軽工業中心
いち早く工業化に成功したのはシンガポールであった。シンガポールは輸入代
輸出指向型
替型の工業化政策により，アジアNIESの一員にまで成長した。

2 19世紀以降，欧米諸国による植民地支配の下で，商品作物を大量に生産するプ
ランテーションが開発された。フィリピンではアメリカ合衆国の資本によって，
〔や日本〕
広大なバナナ園が開かれた。マレーシアやインドネシアのスマトラ島やカリマ
ンタン島では，アブラヤシの生産が拡大している。プランテーションで生産さ
❷天然ゴムなどからの転作
れた一次産品の多くは，国営企業を通じて輸出されている。
多国籍企業

3 東南アジアは，インド洋と南シナ海とをつなぐ交通の要所にあるため，民族や
文化が複雑に融合している。マレーシアは，多数を占めるマレー系住民のほかに，
❷ブミプトラ政策で優遇
中国系，タミル系，山岳部の少数民族から構成されている。半島部のミャンマ
❷インド系
ーではインドから伝来した仏教を信仰する人の割合が最も高いのに対して，オ
❷上座部仏教
ランダの植民地支配を受けたインドネシアではキリスト教を信仰する人の割合
15～16世紀にイスラム王朝が栄えた　　　　　　　　　　イスラム教
が最も高い。

4 タイでは伝統的に，雨季が近づくと水牛を使って田を起こし，直播きによる稲
作が行われてきた。1960年代半ばから緑の革命と呼ばれる農業改革が始まり，
収量を増やす取組みが拡大した。新しい品種の開発や化学肥料の投入，農業機
❷国際稲研究所（IRRI）の新品種（IR8）をタイ政府が改良
械の普及などにより，米の収量は飛躍的に増加し，タイの中央を流れるチャオ
❷最近まで米輸出1位だった。1位はインド（2019年）
プラヤ川周辺の低地は，アジアでも有数の穀倉地帯となった。
❷デルタ地帯

5 インドシナ半島では，第二次世界大戦以降も各地で紛争が続いたこともあり，
工業化が遅れた国が多い。ベトナムでは，ベトナム戦争終結時からドイモイと
　　　　　　　　　　　　　　　　　　　　　1986年
呼ばれる閉鎖的な統制経済が続けられていた。1980年代にアメリカ合衆国がベ
社会主義型市場経済をめざす開放政策　　　　　　1990年代
トナムへの経済制裁を解除し，ベトナムのASEANへの加盟が実現すると，日本・
❷1995年に加盟
韓国・シンガポールなどの東アジア諸国からの投資が増加した。

解説 難易度 ★★★ 重要度 ★★★

1 ミャンマーが ASEAN（東南アジア諸国連合）に加盟したのは 1997 年である。また，シンガポールは，[**A**　　　　]工業地域に輸出加工区を設置するなど，外資系の企業を国内に積極的に誘致する[**B**　　　　]型の工業化政策を推し進めた。

2 現在，インドネシアやマレーシアのプランテーションで生産される一次産品の多くは，[**C**　　　　]によって輸出されている。独立当初は，国営企業が独占していたが，WTO への加盟など農業の自由化・民営化を進める中で外国資本が流入し，アグリビジネスの舞台となっている。アブラヤシはその果実からパーム油が採取され，石けんや食料品など幅広い製品に使用されるため近年需要が高まっている。

3 インドネシアは，15 〜 16 世紀にイスラム王朝が成立したことから，現在もイスラム教を信仰する人々が多い。割合は，イスラム教 77％，キリスト教 13.2％，ヒンドゥー教 3.2％などである（2017 年）。キリスト教はオランダの植民地支配を受けた影響で，ヒンドゥー教は[**D**　　　　]島に信者が多い。

4 正しい。従来，雨季に粗放的に行われてきたタイの稲作は，1960 年代半ばからの緑の革命により，改良品種や灌漑・排水施設などを導入して[**E**　　　　]にも稲作を行ったため収量は激増した。輸出に関しては政府の米政策転換の影響も大きく，近年は米の輸出国第 1 位ではなく 2 位となっている。

5 ベトナムのドイモイは「刷新」を意味する言葉で，社会主義体制を維持したまま[**F**　　　　]を導入する開放的な経済政策をさし，1986 年に議会で採択された。アメリカ合衆国がベトナムへの経済制裁を解除したのは，クリントン政権時代の 1994 年である。1991 年のソ連解体により，ベトナム政府の全方位外交が強化されたことなどを受けてのこととされる。

Point

☐ マレーシアやインドネシアでは，プランテーション農業から脱却しようと，農業の自由化をはじめとする対外開放政策を推し進めた。しかし，このことが多国籍企業の参入につながり，輸出用作物の栽培が強化されたことに注意する。同時に熱帯林破壊の一因となっている。

A：ジュロン，**B**：輸出指向，**C**：多国籍企業，**D**：バリ，**E**：乾季，**F**：市場経済

東南アジアの国々（2）

次の文は，東南アジアに関する記述であるが，
文中の空所A〜Cに該当する語または
国名の組合せとして，妥当なのはどれか。

平成25年度
地方上級

東南アジアは，インドシナ半島からマレー半島の大陸部とそれに連なる島し
➡ユーラシア大陸
ょ部からなる。大陸部には， A 川やメコン川などの大きな河川が流れ，
➡タイを流れる ➡チベット高原からベトナムを流れる
それらの下流部に形成された広大で肥沃な B は，東南アジアの重要な
➡三角州のこと
稲作地帯となっている。また，島しょ部は，火山活動が活発な地域が多い。
➡環太平洋造山帯とアルプス・ヒマラヤ造山帯が合流する

この地域において，インドネシア，マレーシア，シンガポール，フィリピン，

C の5か国で1967年に発足した東南アジア諸国連合（ASEAN）は，
➡ジャカルタに本部がある
その後加盟国が増加し，政治・経済面で協力関係を強めている。
➡10か国

	A	B	C
1	チャオプラヤ	エスチュアリー ➡三角江	タイ
2	チャオプラヤ	エスチュアリー	ベトナム
③	チャオプラヤ	デルタ	タイ
4	ガンジス ➡南アジア	エスチュアリー	ベトナム
5	ガンジス	デルタ	タイ

解説

難易度 ★☆☆　重要度 ★★★

A チャオプラヤ川は，タイ中央部を流れ，南シナ海に注いでいる。ガンジス川はインド東部から【**A**　　　　】にかけて流れ，インド洋に注ぐ。両河川とも雨季には増水し，特に下流の低湿帯は広範囲に水没する。これらの地域では，増水に合わせて茎が伸び，水面上に穂をつける浮稲という品種の稲が栽培され，草丈は数mから十数mにもなる。

B デルタは【**B**　　　　】とも呼ばれ，上流から運ばれた土砂が河口付近に堆積してできた低平な地形。南米のアマゾン川や北米のミシシッピ川，中国の長江などの河口にも見られる。発達すると大規模な平野を形成するため，都市が建設されることが多い。エスチュアリーは【**C**　　　　】ともいい，河川の河口が沈水してできたラッパ状の入り江で，港に向いている。イギリスのテムズ川やドイツのエルベ川，カナダのセントローレンス川，アルゼンチンのラプラタ川などの河口に見られるものが有名。インドネシアのスマトラ島からスラウェシ島まではアルプス・ヒマラヤ造山帯，スラウェシ島で環太平洋造山帯と接している。

C タイは東南アジア諸国の中で唯一欧米の【**D**　　　　】とならなかった国で，早くから経済が発展してきた。首都のバンコクは，近年，自動車産業が集積し，「東南アジアのデトロイト」と呼ばれる。ベトナムは1967年当時，【**E**　　　　】の最中であった。【**E**　　　　】は，1965年のアメリカの北爆開始により戦闘が激化し，サイゴン陥落によって終戦を迎えたのは1975年。

Point

☐ ASEAN は AFTA（ASEAN 自由貿易圏）を形成して，関税の引下げ・撤廃などで経済協力を強め，国際競争力を増している。

☐ TPP（環太平洋経済連携協定）は，シンガポール，ブルネイ，チリ，ニュージーランドの4か国間で2006年に発効，日本は2013年から交渉に参加。2016年12月，参加12か国がTPP協定文書に署名した。2017年にアメリカのトランプ政権はTPP離脱を宣言。なお，2021年，イギリスが加盟を申請した。

A：バングラデシュ，**B**：三角州，**C**：三角江，**D**：植民地，**E**：ベトナム戦争

地理069

新しい独立国

次のA，B，Cは，わが国が2000年以降に国家承認をした国に関する記述であるが，それぞれに当てはまる国の組合せとして最も妥当なのはどれか。

平成24年度
国家総合職・改

A 16世紀以降ポルトガルの植民地であったが，20世紀後半には<u>インドネシアの実効支配</u>を受け，その後，国連の管理下に入り，2002年に独立した。国連には独立した年に加盟している。同国では，<u>旧宗主国</u>であるポルトガルの統治の影響により，住民の多くはカトリック教徒で，ポルトガル語が公用語になっている。

B 旧ユーゴスラビア解体後，2003年に成立したセルビアとの国家連合からの分離独立の可否を問う国民投票の結果を受け，2006年に独立した。国連には独立直後に加盟している。同国は，分離独立後も複数の民族と言語を有する<u>多民族国家</u>で，キリスト教徒（正教徒）が多数派を形成し，イスラム教徒が次いで多い。

C 1965年以来，外交と防衛を<u>ニュージーランド</u>に委任する自由連合国であったが，2001年にニュージーランドとの共同宣言で主権独立国家として外交を行うことを表明した。2017年現在，同国は国連には加盟していないが，WHOやUNESCOなどの国際機関には加盟している。

	A	B	C
1	東ティモール	アルバニア	ケイマン諸島
2	東ティモール	モンテネグロ	クック諸島
3	パラオ	アルバニア	ケイマン諸島
4	パラオ	モンテネグロ	クック諸島
5	東ティモール	アルバニア	パラオ

解説　難易度 ★★☆　重要度 ★★☆

A インドネシアの実効支配を受けていたという記述から，東ティモールであることがわかる。パラオも地理的にはインドネシアに隣接してはいるが，第二次世界大戦後は【**Ⓐ**　　　　　】の信託統治を受けており，それ以前もポルトガルの植民地だったことはない。パラオの独立は東ティモールの独立よりも早い 1994 年である。

B 旧ユーゴスラビア社会主義連邦共和国は，【**Ⓑ**　　　　　】，クロアチア，ボスニア・ヘルツェゴビナ，セルビア，モンテネグロ，マケドニアの 6 つの共和国からなっていた。モンテネグロは 2003 年に国家連合のセルビア・モンテネグロに移行したが，2006 年に独立した。したがって，モンテネグロが正しい。
アルバニアはモンテネグロも位置するバルカン半島にある国家であるが，独立は 1912 年であり，イスラム教徒が 68％と多く，キリスト教徒（正教徒 22％，カトリック 10％）を大きく上回っている。

C ケイマン諸島は西インド諸島にあり，【**Ⓒ**　　　　　】の海外領土であるので違う。パラオも前述したように，【**Ⓐ**　　　　　】の信託統治国であったので該当しない。したがって，クック諸島が正しい。
クック諸島は，15 の島々からなり，ニュージーランドの北東に位置している。キリスト教徒が 86.4％である。

よって，**2** が正答である。

🔑 Point

- [ ] 2020 年 3 月末現在，日本が承認している国の数は 195 か国である。2015 年に南太平洋のニウエを国家として承認した。承認していない主な国としては朝鮮民主主義人民共和国（北朝鮮），パレスチナ自治政府などがある。

- [ ] 最近の独立国としては，アフリカの南スーダン共和国がある。2011 年 7 月，スーダン共和国から独立した。

- [ ] コソボはセルビアに属する自治州であったが，2008 年に独立を宣言し，日本も承認した。ただし，独立を承認しているのは国連加盟国の半数あまりで国連加盟は未定である。

Ⓐ：アメリカ合衆国，Ⓑ：スロベニア，Ⓒ：イギリス

東南アジア・南アジアの国々(1)

次のA，B，Cは東南・南アジア諸国に関する記述であるが，それぞれに当てはまる国の組合せとして最も妥当なのはどれか。

平成29年度
国家専門職

A この国は，大半が変動帯に属する約7,000余りの島から成り，地震・火山災害が多く，台風にもしばしば襲われる。農業が盛んであるが，輸出指向型の工業化を進め，電機・電子などの工業が成長した。また，スペインの植民地となった時期にキリスト教の影響を強く受け，国民の多数がキリスト教徒である。

➡19世紀末の米西戦争で宗主国がアメリカ合衆国に代わった

B この国は，古くから水田耕作を中心とする農業が盛んである。1960年代半ばに国土の約半分を占めていた森林が，その後30年間で減少して，洪水が南部を中心に頻発し，同国政府は天然林の伐採を原則禁止した。

➡木材の輸出目的のほか，ゴム園・農地造成，スズ採掘のため

➡かつてはチーク材の伐採が盛んだったが，1989年より禁止

C この国では，自然環境は熱帯雨林，モンスーン林から各種サバンナを経て，北西部の砂漠や北端の氷河を頂く高山まで多様である。独立後は灌漑施設整備や耕地整理等で食糧増産を図り，1960年代後半には小麦・米の高収量品種導入で「緑の革命」を推進した。また，経済成長に伴い，ミルクや鶏肉などの需要が高まり，特にミルクの需要に対する生産の増加は「白い革命」と呼ばれている。

➡インドである

➡2018年の牛乳生産量はアメリカに次ぐ世界第2位

	A	B	C
1	インドネシア	タイ	パキスタン
2	インドネシア	ベトナム	インド
3	フィリピン	タイ	インド
4	フィリピン	バングラデシュ	パキスタン
5	フィリピン	ベトナム	ネパール

解説　難易度 ★★☆　重要度 ★★☆

A 「国民の多数がキリスト教徒」からフィリピンと判断できる。かつて宗主国だったスペイン支配の影響でカトリックである。ちなみに隣国のインドネシアでは【**Ⓐ**　　　】教徒が多い。

B バングラデシュ・ベトナム・タイの3か国とも水田耕作が盛んで，世界4～6位（2019年）の生産量を占める。ベトナムであればベトナム戦争に関連する記述があるのが自然であり，バングラデシュであれば，洪水は低平地な国土とモンスーン気候による自然災害として頻発していると類推して，Bはタイと判断する。タイでは【**Ⓑ**　　　】流域で稲作が盛んである。

C 国土に熱帯，乾燥帯，高山地域をすべてもつのはインドのみ。北西部の砂漠は【**Ⓒ**　　　】流域の大インド（タール）砂漠で隣国のパキスタンにまたがる。その中流域の【**Ⓓ**　　　】地方は灌漑施設が整備され世界的な小麦産地となっている。インドは米・小麦とも中国に次ぐ生産量世界第2位（2019年）。

🔑 Point

- [ ] フィリピンの旧宗主国は，19世紀末までスペイン，のちにアメリカ合衆国で，1946年に独立した。1949年に独立が認められたインドネシアの旧宗主国はオランダであった。
- [ ] ベトナムではホン川，メコン川，タイではチャオプラヤ川，ミャンマーではエーヤワディ川の沖積平野で稲作が盛ん。
- [ ] 「緑の革命」は1940年代から1960年代に発展途上国の食料事情を改善するために，穀物の大量増産を達成させたことをいう。アジアではフィリピンに設立された国際稲研究所が開発した稲「IR8」が普及した。

Ⓐ：イスラーム，Ⓑ：チャオプラヤ川，Ⓒ：インダス川，Ⓓ：パンジャブ

東南アジア・南アジアの国々(2)

東南アジアまたは南アジアに位置する国に関する記述として最も妥当なのはどれか。

平成25年度
国家専門職

1 ブータンは，インドと中国に挟まれている立憲君主制の王国である。同国は，
＊2008 年に王制から移行した
隣国のインドとの関係が深く，長らく国の対外政策に関してインドの助言を受
＊1949 年のインド・
ける関係にあった。国民総幸福量（Gross National Happiness）を国家政策の指
ブータン条約による。助言に関する条項は 2007 年に廃止
標としている国としても知られている。

2 ミャンマーは，南シナ海に面した南北に細長い国土を有しており，国土の大部
　　　　　　　　インド洋
分はサバナ気候である。同国では，1962 年以来長らく閉鎖的な社会主義経済政
　　　熱帯雨林
策がとられてきた。1988 年のクーデターにより成立した軍事政権以降も，同様
の閉鎖的な経済政策が堅持され，現在も軍事独裁政権が続いている。
　　　　　　　　　　　　ていたが，2011 年に文民政権が発足し，2016 年に NLD に
　　　　　　　　　　　　よる新政権が発足した。2021 年現在は再び軍事政権。

3 バングラデシュは，国土の大部分がガンジス川とインダス川の両大河川が形成
　　　　　　　　　　　　　　　　　　　　　　　　ブラマプトラ
した肥沃なデルタ地帯となっている。同国では，肥沃な土地を利用したジュー
＊ガンジス川デルタ
トや米の栽培が盛んであり，いずれも世界有数の生産量となっている。また，
生産された米の多くは輸出され，同国の貴重な外貨獲得源となっている。
　　　　　　　　　　国内で消費される

4 スリランカは，国土は熱帯に位置し，国名は現地語で「光り輝く島」の意味を
　　　　　　　　　＊北部の一部を除いて大部分が熱帯雨林気候
持つ。同国では，長らくムスリムが中心の多数派タミル人と仏教徒が中心の
　　　　　　　　　　ヒンドゥー教徒　　　　　　少数派
少数派シンハラ人との対立があり，2009 年まで内戦状態が続いた。内戦終結
多数派
後も国内の経済は低迷しており，コーヒーやカカオなどのプランテーション作
　　　　　　　　　　は　　　　が拡大し，工業化が進められている
物を中心とする農業依存型経済が続いている。

5 ネパールは，ヒマラヤ山脈の南に位置する立憲君主制の王国である。同国は，
　　　　　　　　　　　　　　　　　　　　連邦民主共和制の国
山間部は高山性の気候であるが，南部の地域は降水量の多い温帯気候である。
特に南東部のアッサム地方では，肥沃な土壌と温暖な気候を利用した茶と米の
　　　＊南部の平野地帯。アッサム地方はインド北東部　　　　　　　や小麦など
栽培が盛んである。

解 説

難易度 ★★★　重要度 ★★★

1 正しい。ブータンは 2008 年にこれまでの王制から議会制民主主義を基本とする立憲君主制に移行した。産業の中心は【❹　　　　　】と林業で，主要な貿易相手国はインドである。国民総幸福量とは，「持続可能で公平な社会経済開発」「環境保護」「文化の推進」「良き統治」を 4 つの柱に，「国民の幸福」の実現をめざす考え方の指標である。

2 ミャンマーは西をインドとバングラデシュ，東をタイに挟まれた国で，インド洋に面している。1988 年以降，軍事独裁政権が続いていたが，2010 年の総選挙の結果を受けて 2011 年に文民政権が発足し，国名もミャンマー連邦からミャンマー連邦共和国に変更された。2015 年の総選挙を経て，2016 年に国民民主連盟（NLD）が新政権を発足させた。2020 年の総選挙も NLD が大勝したが，軍部のクーデターで再び軍事政権となる。

3 バングラデシュは肥沃なガンジス川デルタでの稲作が盛んだが，農業生産性は低く，米は自給用が中心。主な輸出品は衣類などの繊維製品で，ジュートも製品加工され輸出されている。【❺　　　　　】教徒が多く，1947 年にパキスタン（東パキスタン）として英領インドから独立し，1971 年にはバングラデシュとして独立した。

4 スリランカは，独立後に政府が多数派のシンハラ人を優遇する政策を行ったことから，北部・東部に居住する少数派のタミル人との対立を生み，1970 年代から過激派による武装闘争が開始され内戦に発展した。2009 年に内戦が終結した後は，経済が拡大して工業化が進展し，【❻　　　　　】が輸出の約 40％を占めるようになった。農業の中心は，米のほか【❼　　　　　】，天然ゴム，ココやしなどのプランテーション作物である。

5 ネパールは 2008 年に王制から連邦民主共和制に移行した。北部に世界最高峰の【❽　　　　　】など高峻な山々が連なり，国土の約 8 割を丘陵や山地が占める。主産業は農業と観光業で，特に観光業は重要な外貨獲得源である。南部の平野地帯は肥沃な土壌と夏の降水に恵まれる温暖冬季少雨気候から穀倉地帯となっている。

🔑 Point

□ 民主化の進むミャンマーは欧米諸国による経済制裁が解かれたこともあり，海外企業の進出が活発化している。仏教徒が約 9 割を占めるが，少数民族との対立も問題となっている。

□ インドの東に位置するバングラデシュを流れるのはガンジス川，西に位置するパキスタンを流れるのがインダス川である。ガンジス川は洪水が多発することで知られ，上流から肥沃な土壌をもたらすと同時に，近年は増加する居住地域の浸水被害が問題となっている。

❹：農業，❺：イスラム，❻：衣類，❼：茶，❽：エベレスト（チョモランマ）

インドと国境を接する国

アジアの国々に関するA～Eの記述のうち，
インドと陸続きで国境を接している国のみを
すべて挙げたものとして最も妥当なのは
どれか。

平成22年度
国税専門官

A パキスタン
インダス川流域をはじめ国土の大部分は乾燥気候に属する。イスラム教の宗教
→インダス川が流れているのはパキスタン
原理に基づいて誕生した国である。北部に位置するガンダーラでは，紀元2～

3世紀に，ギリシャ文化の影響を受けた仏教芸術が栄えた。
　　　　　　　　　　　　　1947年インド内のヒンドゥー教とイスラム教の争いか
　　　　　　　　　　　　　ら，パキスタンとしてイスラム教の国が分離独立した
B 中国
人口の90%以上を漢族が占めるが，他に50以上もの少数民族が居住しており，

チベット，ウイグルなどの自治区が設けられている。経済の発展が著しい一方

で，大気汚染などの環境問題が深刻化している。

C スリランカ
国全体が熱帯気候に属し，モンスーンの影響が大きい。茶・天然ゴムなどが主

要産物であるが，近年工業化が進み，衣料品が最大の輸出品に成長している。

主な民族は仏教徒のシンハラ人とヒンドゥー教徒のタミル人である。
　　　　　　　　　　── スリランカの特徴 ──

D イラン
国土の大半が乾燥気候に属しているが，北部のカスピ海沿岸では地中海性気候

である。原油および天然ガスの埋蔵量は世界有数であり，わが国へも輸出され

ている。イスラム教シーア派が多数を占めている。
　　　　　　→シーア派が多数を占めるのはイランとイラク
E バングラデシュ
ベンガル湾に面し，国土の大部分は，ガンジス・ブラマプトラ両河川が形成し
　　　　　　　　　　　　　→両河川が流れているのはバングラデシュ
た肥沃なデルタ地帯である。イスラム教が国教となっている。サイクロンの襲

来，洪水など災害に見舞われることも多い。

1 ⋯⋯ A，B，E

2 ⋯⋯ A，C，D

3 ⋯⋯ A，D

4 ⋯⋯ B，C

5 ⋯⋯ C，D，E

国家総合職　国家一般職　**国家専門職**　裁判所　地方上級　市役所　警察官　消防官

解 説　難易度 ★★☆　重要度 ★★☆

A インダス川が流れていることと，イスラム教の宗教原理に基づいて誕生した国であることから，パキスタンとわかる。パキスタンは，今のバングラデシュを含めて，パキスタンとして 1947 年にイギリス領［**Ⓐ**　　　　　］から分離独立したが，後にインドの東側がバングラデシュとなった。

B 漢族が約 92％の国は［**Ⓑ**　　　　　］である。チベット，ウイグルなどの自治区があることからもわかる。

C インド周辺で衣料品が最大の輸出品というと［**Ⓒ**　　　　　］であるが，茶，天然ゴムが主要産物ではない。
シンハラ人とタミル人から，両者の紛争で有名になってしまったスリランカと特定できる。

D アジアで原油の埋蔵量が多いのは［**Ⓓ**　　　　　］，イラン，イラク，クウェートなどである。また，イスラム教国でシーア派が多いのはイラン（86％），イラク（62％）だけであり，あとは［**Ⓔ**　　　　　］派が多い。これらの国でカスピ海に面しているのはイランである。

E ガンジス川，ブラマプトラ川が流れているのはバングラデシュである。低地のため甚大な水害に見舞われることが多い。

インドと陸続きで国境を接している国は，ミャンマー，バングラデシュ，ブータン，ネパール，中国，アフガニスタン，パキスタンの 7 か国である。したがって，正答は **A**，**B**，**E** の **1** になる。

🔑Point

- □ インドは 7 か国と国境を接しているが，カシミール地方でパキスタンと，カシミール地方とアッサム州の東部で中国と国境の問題が生じている。
- □ パキスタンは国土の大半が乾燥気候であり，少ない農地（国土の 30％弱）では小麦の栽培が行われている。また，森林はほとんどなく国土の 2.5％である。
- □ パキスタンの首都はイスラマバードであるが，人口はパキスタンの都市の中では，10 番目（97.2 万人）であり，カラチ（1,338.6 万人）より大幅に少ない（2015 年）。パキスタンはアフガニスタンからの難民の流入や高出産率などで人口が増え続けている。

Ⓐ：インド, Ⓑ：中国, Ⓒ：バングラデシュ, Ⓓ：サウジアラビア, Ⓔ：スンニ

インド

**インドに関する記述として
最も妥当なのはどれか。**

平成23年度
裁判所・改

1 インドは世界有数の牛の飼育頭数を誇る。牛は田畑で役畜となり，その糞は燃
➡世界第2位（2018年）
料や肥料として利用される。牛はヒンドゥー教で神の化身とされるため，牛肉
は食されないが，乳はバターに加工される。近年では都市において牛乳の消費
も拡大したことから，生乳の生産量が増加している。近年のインドにおける酪
農の発展は白い革命と呼ばれる。

2 モンスーンの影響により夏季の降水量が多くなる南西部では，米が広く栽培さ
➡沿岸は海からの南西季節風の風上にあたる
れている。1960年代に進められた農地改革によって米の収量が増加したが，
➡「緑の革命」
インドは食料自給を達成するに至っていない。また，多収量品種は大量の肥料
した
と水を必要とするため，その導入は灌漑設備と農業機械を持つ地主に限られた。
その結果，農村では貧富の差が拡大した。

3 1990年代の経済自由化以降，IT産業の伸びがめざましく，重要な輸出産業と
80　　　　　　　　　　　　　（耐久消費材産業，ソフトウェア）
なった。IT産業が発展した要因は，数学の教育に力を入れていること，英語
に堪能な人材が多いこと，アメリカ合衆国やヨーロッパが夜の間に仕事を引き
受けることができることなどにある。インドにおけるIT産業発展の中心は，
北西部に位置するイスラマバードである。
南　　　　　　バンガロール

4 インドの地形は，インド半島，ヒンドスタン平原，ヒマラヤ山脈に分けられる。
中央部のインド半島には，安定陸塊のデカン高原が広がる。デカン高原では，
玄武岩が風化した黒色のレグールが分布し，綿花が広く栽培されている。東部
のヒンドスタン平原は，インダス川によって作られた沖積平野であり，インド
ガンジス
で最も人口密度の高い地域である。

5 インドには13億を超える人々が住み，100以上の言語が使われている。公用
語はヒンディー語であり，準公用語は英語である。多くの人々が，伝統的な特
（ヒンドゥー教徒）
定の職業と関連づけられた世襲集団であるジャーティに属している。ヒンドゥ
ー教が人口の8割を超えるが，イスラム教や，仏教とヒンドゥー教が融合した
イスラム教
シーク教を信仰する人も増加している。
ヒンドゥー教徒79.8%，イスラム教徒14.2%，キリスト教徒2.3%

解 説

難易度 ★★★　重要度 ★★☆

1 正しい。「[Ⓐ　　　　　]」は，乳牛の改良や流通網の整備によって，牛乳の生産・消費が伸びたことをさす。牛乳の生産量は，アメリカ合衆国，インド，ブラジル（2018年）の順に多い。

2 稲作が盛んなのは，南東部のほか，東部や沿岸部で年降水量がおおむね1,000mm以上となる地域である。インドの米の生産量は，中国に次いで第2位である。輸出量は2019年はタイを抜いて世界第1位。1960年代の農地改革の結果として，インドは1970年代には食糧自給を達成している。この農地改革は「[Ⓑ　　　　　]」と呼ばれている。

3 経済自由化は1980年代から部分的には始まっていた。インドでIT産業が発展したのは，国際的に賃金が安いことに加え，数学の教育に力を入れていること，[Ⓒ　　　　　]に堪能な人材が多いこと，時差を利用してアメリカやヨーロッパ諸国の夜間に仕事ができることなどが挙げられる。

4 デカン高原では[Ⓓ　　　　]の栽培が盛んである。[Ⓓ　　　　　]の生産量は，中国（610万t）が1位で，インド（469万t）が2位である（2018年）。ヒンドスタン平原の東部はガンジス川によって作られた沖積平野で，稲作地帯になっている。インドの人口の約3分の1は北部に集まっている。

5 インドには，ヒンドゥー教の教えに基づく[Ⓔ　　　　　]制という制度がある。この制度は，ヴァルナ（四姓）とジャーティ（世襲的職業身分集団）によって社会を分割している。

Point

□ インドでは，東部や沿岸部では稲作，西部では小麦，デカン高原では綿花，アッサムやダージリン地方では茶の生産を行っている。

□ インドは，政府主導の工業化が進められ，巨大な市場や豊かな労働力もあることから，BRICS（ブラジル，ロシア，インド，中国，南アフリカ）の一国として注目を集めている。

Ⓐ：白い革命，Ⓑ：緑の革命，Ⓒ：英語，Ⓓ：綿花，Ⓔ：カースト

ヨーロッパの民族・言語・宗教

ヨーロッパの民族・言語・宗教に関する
次の記述のうち，妥当なのはどれか。

平成23年度
市役所

1 ~~ラテン民族~~は，主にスペイン，イタリア，~~ギリシャ~~などに居住し，~~プロテスタ~~
◆ギリシャ系民族は，ラテン系にもゲルマン系にもスラブ系にも属さない　　　カトリック教徒
~~ント~~が多い。

2 ~~ゲルマン民族~~は，イギリス，ドイツ，ノルウェーなどに多く居住し，~~カトリッ~~
　　　　　　　　　　　　　　　　　　　　　　　　　　　　　　　プロテスタント
~~ク教徒~~が多い。

3 EU（欧州連合）の市民を対象にしたアンケートによると，ドイツ語を母語とす
る人が最も多く，母語以外として使用できる人も含めると，ドイツ語を話すこ
とができる人は全体の50%を超え~~る~~。◆英語を話す人は全体の50%を超える
　　　　　　　　　　　　　　　　　ない

④ ヨーロッパでは，インド・ヨーロッパ語族の言語を公用語とするところがほと
んどだが，ハンガリーやフィンランドなどそれ以外の語族を公用語とする国も
　　　　　　◆ウラル語族
ある。

5 唯一神アッラーの信仰を説くイスラム教の信者は，北アフリカから西アジア・
中央アジアにかけての乾燥地域に限ら~~れ~~，ヨーロッパでは~~ほとんど見られない~~。
　　　　　　　　　　　　　　　　ず　　　　　　　　　　　も見ることができる↑
　　　　　　　　　　　　　　インドネシアなどの東南アジアにも多い

解説

難易度 ★★☆　重要度 ★★☆

1 ラテン系民族は，主に南ヨーロッパの地中海沿岸に居住している。ギリシャは約90%が［**A**　　　］系民族である。

また，ラテン系民族は，プロテスタントでなく，カトリック教徒が多い。

なお，東ヨーロッパにはスラブ系の民族が多く，ギリシア正教の信者が多い。ただし，ポーランドにはカトリック教徒が多く例外である。

2 ゲルマン系民族は，主に北西ヨーロッパに居住しているので前半の記述は正しい。イギリスはゲルマン系民族である［**B**　　　　］系が多い。また，ゲルマン系民族は，カトリック教徒ではなく，プロテスタントが多い。

3 ドイツ語を母語とする者が最も多いというのは正しいが，後半は誤りである。半数以上の人が話せるのは［**C**　　　］語である。

4 正しい。ハンガリーの公用語であるマジャール語（ハンガリー語），フィンランドの公用語であるフィンランド語はいずれもウラル語族に属し，インド・ヨーロッパ語族ではない。ウラル語族に属する言語としては，他にエストニア語がある。

5 イスラム教の信者は，ヨーロッパの人口の5～10%程度を占めている。中でも，アルバニアをはじめとする［**D**　　　］半島で多い。そのほかドイツやフランスでも移民の増加とともにイスラム教信者が増えている。

Point

□ スペインの北東部とフランスの北西部にかけてのバスク地方には，系統の不明なバスク人がいる。

□ ヨーロッパの言語は，ゲルマン系，ラテン系，スラブ系に大別されるが，ハンガリーやフィンランド，バルト3国などでは異なっている。細かな言語分布は地域・地方によりさまざまに入り混じっている。

□ ヨーロッパでドイツ語を公用語としている国は，ドイツ，オーストリア，リヒテンシュタインである。公用語何種類かのうちの一つとしてドイツ語があるのは，スイス，ルクセンブルク，ベルギー，イタリア（南チロル地方）である。

A：ギリシャ，**B**：アングロサクソン，**C**：英，**D**：バルカン

西ヨーロッパの国々（1）

ヨーロッパに関する記述として最も適当なのはどれか。

平成25年度
裁判所

1 伝統的な工業地域は，炭田と結びついて発達したものが多い。なかでもルール工業地帯は，豊富な石炭とライン川の水運に恵まれて，ヨーロッパ最大の工業地域となった。第二次世界大戦後，石油へのエネルギー転換や先端技術の発展
　　➡ルール炭田
により，工業立地が変化し，ロッテルダムやルアーブルなどの石油の輸入港には，
　　　　　　　　　　➡オランダ，ライン川河口　　➡フランス，セーヌ川河口
大規模な臨海工業地帯が発達した。

2 西ヨーロッパではカトリックとプロテスタントが多く，東ヨーロッパではギリシャ正教やロシア正教などの東方正教が多い。バルカン半島には，イスラム教の地域があり，カトリックや東方正教との接触地域となっている。宗教と言語の境界線は国境と一致することが多いため，国ごとの文化的な差異は明確である。
　　　　　　あまり　　せず，国境周辺の地域では文化的な類似性が多く見られる

3 西ヨーロッパでは，北緯60度を越えるノルウェーの海岸地域まで温帯気候が広がっている。ロシアのナルヴィクやノルウェーのムルマンスクは，冬も結氷し
　　　　　　　　　　ムルマンスク　　　　　　　　ナルヴィク
ない不凍港として知られる。このように高緯度の地域が比較的温暖になるのは，暖流である北大西洋海流と，その影響を内陸にもたらす季節風の影響による。
　　　　　　　　　　　　　　　　　　　　　　　　　　偏西風
それに対して，東ヨーロッパは冬の寒さが厳しい大陸性気候である。

4 夏に雨が少ない地中海沿岸では，乾燥に強いオリーブの栽培を中心とする地中海式農業が早くから行われてきた。スペインのバレンシア地方で行われているオレンジ栽培は，夏に多量の灌漑用水が供給できるようになって，19世紀末から盛んになった園芸農業である。灌漑の普及によって，ぶどうや小麦などの夏
　　もその一つである　　　　　　　　　　　　　　　イタリア北部では稲作が行
作物も，地中海沿岸で広く見られるようになった。
われるようになった

5 EU（ヨーロッパ連合）では，域内の自由な交流を通じて，「一つのヨーロッパ」という理想を具体化することに努めてきた。その結果，多くの域内国境では検問が廃止され，人や貨物が自由に行き来するようになった。2002年からは，単
　　　　　　　　　　　　　　　　　　　　　　　　　　　　1999
一通貨のユーロが導入され，すべての加盟国で流通するようになった。加盟国
　　　　　　　　　　　　　　大部分
の閣僚が集まり，政策を決定するEU理事会はスイスに置かれている。
　　　　　　　　　　　　　　　　　　　　ベルギー（ブリュッセル）

解説　難易度 ★★☆　重要度 ★★★

1 正しい。ヨーロッパの工業立地は，石炭から石油へのエネルギー革命により，石炭の産出地である内陸部から，【**Ⓐ**　　　　　】部へと変化した。また先端技術産業は都市近郊などに立地している。ロッテルダムはユーロポートとも呼ばれ，EU最大の国際貿易港である。

2 ヨーロッパの国々はキリスト教徒が多く，イギリスやドイツ北部，北欧などに【**Ⓑ**　　　　　】，ポーランドやハンガリー，南欧などに【**Ⓒ**　　　　　】，東欧やロシアなどに東方正教（正教会）が多い特徴を持つ。アメリカ大陸やアフリカ大陸など，ヨーロッパの旧植民地では，旧宗主国の宗教・言語の影響を受けている国が多い。

3 西ヨーロッパの大西洋沿岸地域は暖流と【**Ⓓ**　　　　　】の影響で，冬でも緯度の高い割に温和な地域が多い。冬でも結氷せず航行が可能な不凍港は，交通や軍事の要衝として古くから重要視されてきた。

4 地中海性気候は，夏が高温・少雨で乾燥し，冬にある程度の降水がある気候である。地中海式農業は，乾燥に強いぶどうやオリーブ，柑橘類の栽培が特徴。また，冬の降水を利用した【**Ⓔ**　　　　　】栽培も行われる。

5 単一通貨ユーロは1999年に導入され，2002年より紙幣・硬貨の流通が始まった。EUの運営は，EU理事会のほか，行政を執行する欧州委員会，法令や条約を司る【**Ⓕ**　　　　　】，立法を行う閣僚理事会・欧州議会などの各機関や専門機関などによって行われている。

Point

☐ EUはイギリスが離脱したので，2021年現在，加盟国は27か国となった。現在も複数の国との加盟協議が行われている。

☐ 2014年9月にイギリスからのスコットランド独立の是非を問う住民投票が実施された。世論調査では賛成と反対が拮抗したが，最終的には反対票が55％という結果で，独立は否決された。

☐ 2016年6月にイギリスのEU離脱の是非を問う国民投票が実施された。EU離脱派の得票が残留派を上回り，イギリスのEU離脱が決定し，2020年1月31日に離脱した。2021年，イギリスはTPPへの加盟を申請。

Ⓐ：臨海，Ⓑ：プロテスタント，Ⓒ：カトリック，Ⓓ：偏西風，Ⓔ：小麦，Ⓕ：欧州司法裁判所

西ヨーロッパの国々(2)

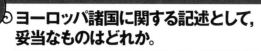

ヨーロッパ諸国に関する記述として，
妥当なものはどれか。

平成24年度
警察官・改

1 ~~ベルギー王国~~は，ルール炭田の石炭とライン川の水運により，ルール工業地域
ドイツ連邦共和国　❷ドイツにある炭田　　　　　　　　　　❷ドイツにある工業地域
を中心に近代工業が発達している。

2 ノルウェー王国は，北海油田の開発により石油や天然ガスを産出しており，世
界でも有数の輸出国である。

3 オランダ王国は，~~EU最大の農業国で穀物・酪製品を輸出し~~，また鉄鉱石・ボー
　　　　　　　　　　❷EU最大の農業国はフランス
~~キサイト~~などの資源にも恵まれる。
❷オランダは鉱物資源に乏しい

4 ~~デンマーク王国~~は，干拓地ポルダーでの酪農，砂丘地帯での園芸農業が盛んで，
オランダ王国　　　　　　　　❷オランダの特徴
チューリップ栽培が有名である。
❷オランダの特徴

5 ~~スウェーデン王国~~は，時計などの精密工業，IC関連機器などの機械工業，薬品・
スイス連邦　　　　　　　　　❷スイスの特徴
化学工業など高付加価値産業が発達しており，国際金融業も有名である。
　　　　　　　　　　　　　　❷スイスの特徴

解説 ^{×月○日}

難易度 ★★☆　重要度 ★★☆

1 ルール炭田があるのはドイツであるから，誤りである。また，ライン川はオランダの [**Ⓐ**　　　　] 付近で分流が北海に注いでおり，ベルギーは通っていない。

ベルギーは重化学工業を中心に近代工業が発達しており，その部分の記述は正しい。

2 正しい。ノルウェーの原油の輸出量は，世界第12位（2018年）。天然ガスの輸出は，[**Ⓑ**　　　　]，カタールに次ぐ世界第3位である（2017年）。

3 オランダは，ロッテルダムの新マース川（ライン川分流）河口付近に [**Ⓒ**　　　　] などの大工業地帯を擁する工業国であり，大企業も多い。高度の集約化・機械化により農業の生産性は高いが，EU最大の農業国はフランスなので誤りである。

ヨーロッパで鉄鉱石の産出が多いのはスウェーデン，ボーキサイトはギリシャである。

4 ポルダー，チューリップというオランダのキーワードがあるのですぐ誤りであることがわかる。オランダ風土の約4分の1がポルダー。

デンマークの酪農は有名であるが，北海油田からの資源も豊富である。また，全発電量の約42％（2017年）を [**Ⓓ**　　　　] 発電でまかなう。2035年までに84％を目指すという。

5 記述は [**Ⓔ**　　　　] のものである。時計と金融がキーワードになっている。

スウェーデンは，鉱物資源や水力資源を背景に工業が盛んである。農業は，国土のほとんどが冷帯に属しているため盛んではない。

🔑 Point

□ ベルギーは言語問題で北部と南部に分かれており，連邦制を敷いている。

□ ベルギー，オランダ，ルクセンブルクのベネルクス3国の関税同盟，経済同盟がもとになって，EC（欧州共同体）が創設された。EUの本部はベルギーの首都ブリュッセルに置かれている。

□ 国民1人当たりのGNI（国民総所得）が多い国はヨーロッパに上位が多く，人口10万人以上の国ではスイス，ノルウェー，ルクセンブルク，カタール，デンマーク，スウェーデン，オランダと続く（2017年）。

Ⓐ：ロッテルダム，Ⓑ：ロシア，Ⓒ：ユーロポート，Ⓓ：風力，Ⓔ：スイス

西ヨーロッパの国々(3)

世界の各地域に関する次の記述A〜Dのうち, 妥当なもののみを挙げているのはどれか。

平成25年度
国家総合職・改

A 東南アジアの多くの国々では, ~~輸入代替型~~工業を採用した工業化政策が功を奏
　　　　　　　　　　　　輸出指向型
して, 1980年代末から「世界の成長センター」と呼ばれる経済発展を遂げた。
　　　　　　　　　　 ➡ASEAN諸国
経済の発展段階は国ごとに異なるが, 近年では, ドイモイ政策を採用して経済
➡1人当たりGNIは高い順からシンガポール, ブルネイ, マレーシアの順　➡「刷新政策」。1986年から始められた
発展を進めている~~カンボジア~~が注目されている。東南アジアは世界的な稲作地
　　　　　　　 ベトナム
帯でもあり, タイと~~フィリピン~~は世界有数の米輸出国である。
　　　　　　　 ベトナム

B ヨーロッパは, 2度にわたる世界大戦で多大な戦禍を被ったが, 紛争のもとにな
ってきた石炭資源と鉄鋼業を共同管理下に置くことを目的にヨーロッパ石炭鉄
　　　　　　　　　　　　　　　　　　　　　　　　　➡ECSC
鋼共同体が設立され, これが現在のEUの基礎となった。EUでは共通通貨とし
てユーロを利用しているが, 英国やスウェーデンのようにEUに加盟しながら
➡1999年導入。現金の流通は2002年から
もユーロには参加していない国もある。

C 北アメリカの開拓は, 英国から来た~~カトリック~~教徒の入植によって始まり, 現
　　　　　　　　　　　　　　　　プロテスタント
在までのアメリカ合衆国の歴代大統領のほとんどは~~カトリック~~教徒である。北
　　　　　　　　　　　　　　　　　　　　　　プロテスタント
アメリカの山岳地帯としては, ~~古期~~造山帯に属するロッキー山脈が西海岸沿い
　　　　　　　　　　　　　　新期
を縦走しており, また, 東南部には, ~~新期~~造山帯に属するアパラチア山脈がある。
　　　　　　　　　　　　　　　　古期

D アフリカの気候について見ると, おおむね高緯度に向かって帯状の気候分布が
　　　　　　　　　　　　　　➡赤道を中心に南北に広がる
見られる。すなわち, 赤道付近のコンゴ盆地やギニア湾岸は熱帯雨林気候で,
その高緯度側にはサバナ気候が分布し, さらにその高緯度側にはステップ気候,
次いで砂漠気候が分布する。アフリカで最も人口の多い国はナイジェリアであ
　　➡サハラ砂漠南縁の半乾燥地域はサヘル地域と呼ばれる　　　　➡OPEC加盟国
り, アフリカで唯一人口が2億人を超えている。

1 ⋯⋯ A, B

2 ⋯⋯ A, C

3 ⋯⋯ B, C

4 ⋯⋯ B, D

5 ⋯⋯ C, D

国家総合職　国家一般職　国家専門職　裁判所　地方上級　市役所　警察官　消防官

解説

難易度 ★★☆ 重要度 ★★★

A 東南アジア諸国は，国により時期・段階の差はあるものの，第二次世界大戦後からの経済復興の中で多くの国が消費財の国産化をめざす輸入代替型の工業化を，続いて輸出が目的の労働集約的な工業を誘致する輸出指向型の工業化を進めた。その先駆がシンガポールで，1980年代にはタイ・マレーシアが飛躍的に発展した。また，東南アジア諸国は【**A**　　　　　】を組織して地域協力を進め，世界での重要性を増している。ベトナムのほか，長い軍事政権時代を経て2011年に民主政府が発足した【**B**　　　　　】も近年注目を集める。

B EU（ヨーロッパ連合）は，1967年にヨーロッパ石炭鉄鋼共同体・ヨーロッパ経済共同体・ヨーロッパ原子力共同体の3つが合併した【**C**　　　　】（ヨーロッパ共同体）が前身である。発足当初6か国だった【**C**　　　　】は，1986年までに12か国になり，1993年にEUへ移行した。2004年にはバルト3国や東欧諸国が加盟。2013年7月にクロアチアが加盟し，EU加盟国は28か国となったが，イギリスは2020年をもってEUを離脱したため加盟国は27か国。

C ピルグリム・ファーザーズと呼ばれるイギリスのピューリタン（プロテスタントの一派）が1620年に北アメリカ大陸に到達し，開拓を始めた。アメリカ合衆国の大統領は，第35代大統領ケネディを除き全員がプロテスタント(2017年現在)。ロッキー山脈は【**D**　　　　】造山帯に属しており高峻で，古生代に形成されたアパラチア山脈は低くなだらかなのが特徴。

D アフリカ大陸の気候は赤道を中心として帯状におおむね南北対称となっているのが特徴。コンゴ盆地やギニア湾岸には熱帯林が広がり，ニジェール川やコンゴ川が流れる。サバナ気候のケニアやタンザニアにはサバナと呼ばれる草原が広がり，野生動物を見物するツアー（サファリ）が人気。北半球の砂漠気候区には世界最大の砂漠であるサハラ砂漠が広がる。また，北部の地中海沿岸には地中海性気候，南部には西岸海洋性気候と地中海性気候も見られる。アフリカで最も人口が多いのは【**E**　　　　】，面積が最大なのは【**F**　　　　】。

　　よって，B，Dの組合せの **4** が正答である。

Point

☐ EUでは原加盟国を含めた加盟年度の早い国々と，近年加盟した国々での域内経済格差が問題となっている。特に2004年以降に加盟した東欧諸国では，ギリシャをはじめ経済問題を抱える国が多い。

A：東南アジア諸国連合(ASEAN)，**B**：ミャンマー，**C**：EC，**D**：環太平洋，**E**：ナイジェリア，**F**：アルジェリア

西ヨーロッパの国々(4)

次のA, B, Cは, アジアまたはヨーロッパに位置する王国に関する記述であるが, それぞれに当てはまる国の組合せとして最も妥当なのはどれか。

平成26年度
国家専門職

A この国は, 国土面積がわが国よりも小さく, 1919年以降英国の委任統治領であ
　↪ヨルダン　↪8.9万km² (2019年)
ったが, 1946年に独立した。国民の大半はイスラム教徒である。また, 中東地
　　　　　　　　　　　　↪ムスリムとも呼ぶ。スンニ派が9割以上
域の穏健勢力としてアラブ・イスラム諸国との協調, 全方位等距離外交の推進
を基調としており, 1994年にはイスラエルとの平和条約に署名し, 外交関係を
樹立している。

B この国は, 国土面積が約4万平方キロメートルほどであり, 欧州連合 (EU) の
　↪オランダ　　　　　↪4.2万km² (2019年)
前身である欧州共同体 (EC) の原加盟国である。わが国とは長い交流の歴史が
　　　　　　　↪フランス・西ドイツ・イタリア・オランダ・ベルギー・ルクセンブルク
あり, 通商関係は約400年前に始まった。また, 同国の王室とわが国の皇室も
　　　　　↪1609年, 平戸にオランダ商館 (1641年, 長崎出島へ)
緊密な交流があり, 2013年の新国王の即位式には, わが国の皇太子同妃両殿下
　　　　　　↪ウィレム＝アレキサンダー国王
が出席した。

C この国は, スカンジナビア半島の西岸に位置しており, 暖流の影響で高緯度の
　↪ノルウェー　　　　　　　　　　　　　↪北大西洋海流
割には気候は温暖である。欧州自由貿易連合 (EFTA) の加盟国であるが, 欧
　　↪中南部沿岸域に西岸海洋性気候
州連合 (EU) には加盟していない。また, 近海の海底油田から産出する石油・
　　　　　　　　　　　　　　　↪北海油田
天然ガスが主要な輸出品目であるが, わが国へは魚介類が最も多い輸出品目に
　　　　　　　　　　　　　　↪サケ・マスやサバなどが多い
なっている。

	A	B	C
1	サウジアラビア	オランダ	ノルウェー
2	サウジアラビア	スペイン	スウェーデン
3	ヨルダン	スペイン	ノルウェー
④	ヨルダン	オランダ	ノルウェー
5	ヨルダン	スペイン	スウェーデン

国家総合職　国家一般職　国家専門職　裁判所　地方上級　市役所　警察官　消防官

解説

難易度 ★★☆　重要度 ★★☆

A ヨルダンは正式には，ヨルダン・ハシェミット王国といい，東をサウジアラビア，西をイスラエルと接する国である。国土の大半が砂漠で，面積8.9万km²（2019年），人口1,020万人（2020年）。人口の98％が【**Ⓐ**　　　　】人（パレスチナ系が半数以上）で，イスラム教スンニ派が95％を占める。衣類やりん鉱石が主要輸出品だが，失業率が高く，貧困率や財政赤字の高さが問題となっている。近年では，「【**Ⓐ**　　　　】の春」の影響を受けて民主化デモが発生し，2011年に憲法が改正された。

サウジアラビアは日本の5倍以上の国土面積を持つ国である。アラブ・イスラム諸国との協調はとりつつも，欧米諸国の協力強化も基本としているため，イスラエルとの外交関係は開かれていない。

B オランダは，英語表記ではネーデルランドといい，国土の約4分の1を海抜0メートル以下の土地が占める国である。面積4.2万km²（2019年），人口1,713万人（2020年）。ベルギー・ルクセンブルクと合わせて【**Ⓑ**　　　　】3国と呼ばれ，1948年に3か国が結んだ関税同盟は，後の欧州連合（EU）につながるヨーロッパ統合の先駆ともいわれる。日本との通商関係は，1600年のリーフデ号漂着をきっかけに，1609年のオランダ商館設置に始まり，鎖国中も通商を続けたヨーロッパ唯一の国である。

スペインは，面積が50.6万km²（2019年）で，【**Ⓒ**　　　　】半島の大半を占める国である。日本とは南蛮貿易により通商関係を持っていたが，江戸時代の鎖国政策下では商船の来航は禁じられていた。

C ノルウェーは，面積32.4万km²（2019年），人口542万人（2020年）の王国。経済が安定していることや，漁業・農業などへの影響を懸念する声が強いことなどから，欧州共同体（EC）・欧州連合（EU）への加盟はいずれも国民投票で否決されてきた。【**Ⓓ**　　　　】制度が充実していることでも有名。日本へは，サケ・マスやサバなどの魚介類が多く輸出されている。

スウェーデンは，スカンジナビア半島東側に位置し，ボスニア湾・バルト海に面した国である。1995年に欧州連合（EU）に加盟しているが，【**Ⓔ**　　　　】は導入していない。

Point

☐ イスラエルの周辺国で外交関係を持っているのは，主にヨルダンとエジプトで，他の多くのアラブ諸国とは外交関係を持っていない。

Ⓐ：アラブ，**Ⓑ**：ベネルクス，**Ⓒ**：イベリア，**Ⓓ**：社会保障，**Ⓔ**：ユーロ

西ヨーロッパの国々（5）

表は，地中海に面しているアルジェリア，ギリシャ，トルコ，フランスの4か国に関するデータを示したものであり，A〜Dは，これらのいずれかの国である。これらの国々に関する記述として最も妥当なのはどれか。

平成27年度
国家専門職・改

国	面積(千・km²) (2019 年)	人口(万人) (2020 年)	1 人当たり GNI(US＄) (2018 年)
A	2,382	4,385	3,960
B	784 一番大きい	8,433	10,420
C	552	6,527 一番多い	41,080
D	132	1,042	19,620 一番多い

(注) 面積および人口は国連統計，1 人当たり GNI は「The World Bank：World Development Indicators」による。また，面積および人口は，海外領土を除いた数値である。

1 A〜D国のうち，その首都が最も北に位置するのはC国，最も東に位置するのはB国である。

2 C国とD国の首都は，いずれもドナウ川の流域に位置している。
　　　　　　　　　　ドナウ川流域に位置していない

3 A国には世界保健機関(WHO)の本部が，C国には欧州連合(EU)の本部がそれ
　　　　　❸ジュネーブ(スイス)　　　　　　　　❸ブリュッセル(ベルギー)
ぞれ置かれている。

4 国民全体に占めるイスラム教徒の割合が5割を超えているのは，B国とD国である。

5 2017 年において合計特殊出生率がわが国と比べて低いのは，A国とC国である。
　　　　　　　　❸1 人の女性が生涯に産むであろう平均子供数

国家総合職　国家一般職　国家専門職　裁判所　地方上級　市役所　警察官　消防官

解説

難易度 ★★☆　重要度 ★★☆

　表から，Aは4か国中最も面積が大きいのでアルジェリア。Bは人口が最大なのでトルコ。Cは1人当たりGNI（国民総所得）が最大なのでフランスである。したがって，Dはギリシャである。1人当たりGNIを参考にしても解ける。C＞D＞B＞Aとなる。

1 正しい。首都が最も北に位置するのは，Cのフランス（パリ）。最も東に位置するのは，Bのトルコ（アンカラ）である。

2 C（フランス）の首都パリは[**A**　　　　　　]川に臨む。D（ギリシャ）の首都アテネには大河はない。なお，ドナウ川に臨む首都は，上流からウィーン（オーストリア），ブラチスラバ（スロバキア），[**B**　　　　]（ハンガリー），ベオグラード（セルビア）である。

3 世界保健機関（WHO）の本部はスイスの[**C**　　　　　　]，欧州連合（EU）の本部はベルギーの首都[**D**　　　　　]に置かれている。

4 イスラム教徒の割合が国民の大多数を占めている国は，A（アルジェリア）とB（トルコ）である。なお，C（フランス）は[**E**　　　　　]が過半数を，D（ギリシャ）はギリシャ正教が大多数を占めている。

5 合計特殊出生率は，日本が1.42，Aが3.02，Bが2.07，Cが1.88，Dが1.35（2018年）で，Dだけ日本より低い。

Point

□ トルコはEUへ加盟申請中であるなど自国をヨーロッパの国としているが，首都アンカラを含む国土の96％がアジアのアナトリア半島にあり，人口もアジア側が9割弱を占める。

□ ドナウ川はドイツのシュヴァルツヴァルトに端を発し，10か国を通ってルーマニアから黒海に注ぐ国際河川である。

A：セーヌ，**B**：ブダペスト，**C**：ジュネーブ，**D**：ブリュッセル，**E**：カトリック

北欧の国々

○ スウェーデン，ノルウェー，デンマークに関する次の記述のうち，妥当なものはどれか。

平成26年度
地方上級・改

1 この3か国はいずれも高緯度で<del>冷帯</del>に属しており，スウェーデンでは，冬は海
冷帯および温帯
の水が凍って船の運航ができなくなる。

2 この3か国はいずれも<del>カトリック</del>系のゲルマン民族が多い。
プロテスタント

3 この3か国はいずれも社会保障制度が充実しているが，1人当たりの国民総所
⤵GNI
得はドイツ，フランスよりも<del>少ない</del>。
多い

4 この3か国はいずれもヨーロッパ統合に積極的で，<del>EU加盟国</del>であり，また共
⤵ノルウェーはEU加盟国ではない
通通貨ユーロを<del>導入している</del>。
していない

5 スウェーデンは自動車工業などの機械工業が，デンマークは酪農が盛んである。
ノルウェーは水産業が盛んで，石油の産出・輸出量が多い。
⤵北海油田

解説　難易度 ★★☆　重要度 ★★★

1 スウェーデン，ノルウェー，デンマークのうち，デンマーク全土，ノルウェー沿岸，スウェーデン南部は，暖流の【Ⓐ　　　　】のため冬でも温和な【Ⓑ　　　　】である。ノルウェー内陸部と南部以外のスウェーデンは冷帯湿潤気候である。なお，スウェーデン・ノルウェー間にあるボスニア湾は冬季に凍結するので，砕氷船が就航している。

2 この3か国はゲルマン民族が多いが，信仰している宗教は，スウェーデンがスウェーデン国教会，ノルウェーがノルウェー国教会，デンマークがデンマーク国教会でいずれも【Ⓒ　　　　】系である。

3 この3か国は【Ⓓ　　　　】が充実している。なお，1人当たりの国民総所得（GNI）（2018年）は，スウェーデン55,620ドル，ノルウェー80,640ドル，デンマーク60,920ドルで，ドイツ47,150ドル，フランス41,080ドルよりも多い。

4 ノルウェーは【Ⓔ　　　　】に加盟していない。スウェーデンとデンマークは加盟しているが，ユーロは導入していない。スウェーデンはスウェーデンクローナ，ノルウェーはノルウェークローネ，デンマークはデンマーククローネを使用している。

5 正しい。スウェーデンの主要輸出品は，機械類，自動車。ノルウェーは，【Ⓕ　　　　】，天然ガス。デンマークは機械類，医薬品である。酪農が農業の中心である。風力発電に力を入れている。

Point

- ☐ 高緯度地域でも沿岸に暖流が流れていると，冬に凍結しない。
- ☐ EUに加盟していてもユーロを導入していない国は，スウェーデン，デンマーク以外にポーランド，ハンガリー，チェコ，ブルガリア，ルーマニア，クロアチアの8か国である。
- ☐ ノルウェーの主要輸出品は，北海油田があるため，原油，天然ガスである。水産業がさかんで魚介類の輸出は3番目に多い。日本はノルウェーからさけ・ますを輸入。

Ⓐ：北大西洋海流，Ⓑ：西岸海洋性気候，Ⓒ：プロテスタント，Ⓓ：社会保障制度，Ⓔ：EU（ヨーロッパ連合），Ⓕ：原油

ヨーロッパの農業

近年の EU（欧州連合）主要国の農業に関する記述として最も妥当なのはどれか。なお，文中の食料自給率はすべて 2011 年のカロリーベース（試算値）とする。

平成25年度
国家一般職・改

1 ドイツは，国土の約半分が農用地となっているが，気候が冷涼なために小麦や大麦などの穀物栽培には適さず，てんさいやじゃがいもを栽培する畑作が中心
〔加えて〕 〔混合農業〕
となっており，EU 全体の農業生産額に占める同国の割合は~~低い~~。また，EU 最
〔高い〕
大の人口を擁していることもあり，同国の食料自給率は EU 諸国の中では~~最も~~
~~低くなっている。~~
◆小麦，いも類，肉類，牛乳・乳製品などの自給率は 100％を超えている

2 フランスは，EU 最大の農用地面積と農業生産額を有する農業国である。国土の多くが平地で肥沃な農地に恵まれていることから，小麦や大麦などの穀物栽培が盛んで，小麦の生産量は EU 最大である。また，同国の食料自給率は 100％を
◆世界第5位（2019年） 130％
超えており，小麦や大麦などの穀物は国外にも輸出されている。 （2017年）
◆穀物自給率は 170％（2017年）

3 英国は，高緯度に位置しながらも，暖流の影響により国土のほぼすべてが温帯
◆北大西洋海流 ◆西岸海洋性気候
に属している。このため，~~伝統的に小麦，大麦，ライ麦などの穀物の栽培が盛~~
〔酪農や混合農業が行われている〕
~~んで，酪農による乳製品の生産や牧畜はあまり行われていない。~~また，同国の
食料自給率は，豊富な穀物生産により~~100％を超えている。~~
◆68％で超えていない。小麦は 97％（2017年）

4 イタリアは，丘陵地や山岳地が多く，国土面積に占める平地の割合は低いが，丘陵地や山岳地も農用地として利用されているため，国土面積に占める農用地の割合は約半分と高い。~~近年，政府の農業改革によって農用地の集約化・大規~~
◆イギリスの説明。イタリアの経営規模は小規模なものが多い
~~模化が図られた結果，1農家当たりの経営規模が EU 諸国の中ではフランスに次~~
~~ぐ2番目の大きさとなった。~~

5 スペインは，国土の多くが温帯の地中海性気候に属しており，地中海沿岸の地
◆北部は西岸海洋性気候
域では，オリーブ，ぶどう，オレンジなどの栽培が盛んである。他方，国土の
中央部は メセタ と呼ばれる高原台地が広がっており，大規模な酪農や牧畜が行
われている。同国の乳製品や肉類の生産量は~~EU 最大であり，酪農の盛んなデ~~
◆最大はドイツ
~~ンマークと同様，牛肉とチーズ~~が主要な輸出農産物となっている。
〔野菜や果樹〕

解説 **難易度** ★★★ **重要度** ★★☆

1 ドイツでは土壌によって農業が異なる。北部は土地がやせているため酪農や畜産が中心だが，中南部には肥沃な土壌（【**Ⓐ**　　　　】）が広がっており，小麦やじゃがいも，てんさいなどの混合農業が行われている。麦類は寒さに強い植物で，特に大麦やライ麦は寒さと乾燥に強い。

2 正しい。フランスは EU 最大の農業国で，EU をはじめ各国に穀物などを輸出している。[**Ⓑ**　　　　　] 地形を形成するパリ盆地では，小麦やじゃがいも，ぶどうなどが生産されている。

3 イギリスは高緯度の割に冬は比較的温暖で夏が冷涼な [**Ⓒ**　　　　　] 気候であるため，牧草の生育に適しており，牧畜や酪農が中心に行われている。グレートブリテン島南東部は混合農業地帯。

4 イタリアでは，地中海沿岸を中心に零細な地中海式農業が行われ，柑橘類やオリーブなどの生産が盛ん。北部のポー川流域のパダノ＝ヴェネタ平野では小麦など大規模な商業的混合農業が行われており，一部で [**Ⓓ**　　　　] 作も行われている。

5 スペインはオレンジなど柑橘類やふどう，オリーブ，トマトなどの生産が盛ん。特にオリーブの生産量は世界第 [**Ⓔ**　　　　] 位。北部から内陸にかけての西岸海洋性気候の地域では，畜産や酪農が行われており，食肉（肉類）の生産量は EU 内ではドイツに次ぐ第2位，牛乳はドイツ，フランスが第1，2位である（2018 年）。

Point

☐ EU は共通農業政策という政策をとっており，EU 各国間で農作物の統一価格を設定し，EU 外からの輸入作物が安ければその差額を課徴金として課したり，EU 内の農作物の価格が下がれば買い支えたり，補助金を支給したりして EU 諸国の農業を支えている。

☐ ドイツの食料自給率は 95%（2017 年）と高く，じゃがいもや小麦，牛乳などは輸出もされている。

☐ フランスは 1960 年代から経営規模の拡大を図り，パリ盆地を中心とした小麦栽培地域では自作農による商業的混合農業が発達している。地中海沿岸では地中海式農業，南東部の山岳地帯では酪農が行われており，零細な農場が多い。

Ⓐ:レス, Ⓑ:ケスタ, Ⓒ:西岸海洋性, Ⓓ:稲, Ⓔ:1

ロシア連邦（1）

ロシア連邦に関する記述として，妥当なのはどれか。

1 ロシア連邦は，ソビエト連邦が解体してつくられた<u>独立国家共同体</u>の中で，面積および人口が最大の国であり，独立国家共同体には，独自の憲法および議会が~~あり，ロシア連邦が中心になって議会を運営している。~~
はない

2 ロシア連邦は，人口の約80％がロシア人であるほか，<u>タタール人，ウクライナ人</u>など多数の民族からなる多民族国家であり，ロシア人は，~~ゲルマン系~~民族に属し，<u>キリスト教徒に比べてイスラム教徒が多い。</u>
スラブ系
➡ロシア正教　➡イスラム教，仏教，ユダヤ教などがある

3 シベリアは，~~ピレネー山脈~~以東の北極海に面した広大な地域であり，北極海沿岸に近いツンドラ帯には~~植物は生えず~~，その南のタイガ帯には~~広葉樹林~~が広がっている。
ウラル山脈
➡短い夏にコケ類が生育することがある　針葉樹林

④ シベリアは，石油，石炭，鉄鉱石が豊富であり，油田や炭田が開発され，<u>バム鉄道</u>が敷かれ，石油や天然ガスのパイプラインが敷設されている。
➡バイカル・アムール鉄道のこと

5 ロシア連邦の農業は，ソビエト連邦時代の集団農場である<u>コルホーズ</u>および国営農場である<u>ソフホーズ</u>を存続させ，~~個人農場は認められていない。~~
も認められており，集団農場より生産性が高い

解説 　難易度 ★★★　重要度 ★★☆

1 旧ソビエト連邦は 15 の共和国の連邦国家であった。ソビエト連邦崩壊時にバルト三国（エストニア，[**Ａ**　　　　]，リトアニア）とグルジア（現ジョージア）を除く 11 か国で独立国家共同体（CIS）を設立した（後にグルジアも加わり 12 か国になった）。この独立国家共同体は緩い国家連合体であり，憲法や議会はない。

これらの国のうちで，面積，人口，経済力の面で群を抜いているロシア連邦が，国連の安全保障理事会の [**Ｂ**　　　　] などの国際的な旧ソビエト連邦の権利や義務を受け継いでいる形になっている。

2 ロシア人は [**Ｃ**　　　　] 系の民族である。宗教では，ロシア正教が最も多いが，イスラム教や仏教，ユダヤ教の信者もおり多彩である。

3 シベリアは [**Ｄ**　　　　] 山脈以東である。ピレネー山脈はフランスとスペインの国境となる山脈である。

ツンドラ帯は永久凍土に覆われているが，夏にはそれが解けてコケなどが生えるところもある。また，タイガはロシア語で，シベリア地方の針葉樹林という意味である。

4 正しい。バム鉄道はタイシェットでシベリア鉄道と分岐して東に向かう。[**Ｅ**　　　　] 湖の北側を通り，シベリア鉄道の約 600 〜 700km 北を走り，日本海に面したソヴェーツカヤ・ガバニに至る。

5 旧ソビエト連邦時代のコルホーズ（集団農場）形態も残っているが，個人農場も認められている。なお，ダーチャと呼ばれる家庭菜園付きの別荘を所有している人が多い。

🔑 Point

☐ CIS は，2009 年にグルジアが脱退，2014 年にはウクライナが脱退宣言しており，結束力は弱まっている。ソ連時代のなごりで各国にはロシア系の人々も多く居住しており，紛争の原因となることもある。2014 年には，ロシア系住民の多いウクライナ南部のクリミアを，住民投票の後ロシアが強引に編入を表明し，欧州諸国をはじめとする各国の反発を招いている。

☐ ロシアの石油パイプラインで有名なのは，ボルガ＝ウラル油田と東ヨーロッパ各国を結ぶ総延長約 5,500km のドルジバパイプラインであり，世界最長である。

☐ 地域間の紛争があると，パイプラインを封鎖することが制裁の手段にもなる。ロシア・ウクライナ間ではガス料金の問題があり，2006 年・2009 年には天然ガスのパイプラインが閉鎖され，ロシアから東欧諸国に一時天然ガスが供給されなかった。

Ａ：ラトビア，**Ｂ**：常任理事国，**Ｃ**：スラブ，**Ｄ**：ウラル，**Ｅ**：バイカル

ロシア連邦（2）

ロシア連邦に関する次の記述のうち，妥当なものはどれか。

平成17年度
市役所

1 ~~カトリック~~が大半を占めているが，100を超す民族からなる多民族国家であり，
　　ロシア正教　　　　　　　　　　　160以上
イスラム教の信者も多い。

2 最近では食生活が多様化しているが，主食は黒パンで，スープは~~トマトとクレ~~
　　　　　　　　　　　　　　　　　　　　　　　　　　　赤かぶ（テーブルビート）
~~ソン~~で赤くしたボルシチである。

3 ~~チェチェン共和国では隣接する自治区との境界~~を巡って紛争が起きた。
　　　　　　　　　　　ロシア連邦からの独立

4 ~~タイガ~~と呼ばれる~~草原地帯では放牧~~が行われている。
　　　　　　　森林地帯では伐採

5 ペレストロイカによって市場経済を導入した。近年では極東，シベリアなどの
　➡グラスノスチとともに旧ソビエト連邦の改革のスローガンであった
東部開発が精力的に進められている。

解 説

難易度 ★★☆ 重要度 ★★★

1 ロシア連邦ではロシア正教が多いのは前に述べたとおり。ロシア連邦の民族は 160 を超えており，多いほうから，【**Ⓐ**　　　　】（約 79.8%），タタール人（3.8），ウクライナ人（2.0），バシキール人（1.2），チュバシ人（1.1），チェチェン人，アルメニア人と続く。

2 ロシア連邦の主食が黒パンであるのは正しい。ボルシチはウクライナ地方の料理であったが，現在ではロシア連邦の代表的な料理（スープ）になっている。ボルシチの赤色はトマトでなく赤かぶと呼ばれるテーブルビートによる色づけである。地理の問題で料理の材料を問われ，そこのみが誤りというのも珍しいが，各国の代表的な料理と主な材料は知っておきたい。

3 チェチェン共和国はカフカス地方のロシア連邦の 1 自治区である。チェチェンにおける紛争は隣接する自治区との争いでなく，対【**Ⓑ**　　　　】との独立を巡る争いである。一部過激派がテロリズムに走り，2002 年のモスクワ劇場占拠事件，2004 年ベスラン学校占拠事件などで多数の市民が犠牲となって，国際的な非難を浴びた。

4 タイガは【**Ⓒ**　　　　】であり，この選択肢は誤りとすぐわかる。草原地帯は【**Ⓓ**　　　　】である。

5 正しい。ペレストロイカ（改革）は，1985 年に旧ソビエト連邦の共産党書記長に就任した【**Ⓔ**　　　　】が，【**Ⓕ**　　　　】（情報公開）とともに提唱したものである。市場原理の導入，企業の自主性の拡大などの目的があったが，国内経済はなかなか好転しなかった。この改革や共産党一党独裁の禁止などにより，民主化の圧力が強まってソビエト連邦の崩壊につながった。

Point

□ ペレストロイカ以前のソビエト連邦では，社会が硬直し，国営農場などでの生産意欲や生産効率が極端に悪く，国民に必要な食料まで不足する状態であった。一方，西側諸国は発展していき次第に国力に差が生じており，必然の結果としてペレストロイカが提唱された。

Ⓐ：ロシア人，Ⓑ：ロシア連邦，Ⓒ：針葉樹林，Ⓓ：ステップ，Ⓔ：ゴルバチョフ，Ⓕ：グラスノスチ

旧ソビエト連邦の国々

次の文はかつてソ連邦に属していた国々に
ついて述べたものである。下線部分の
国名ア〜オのうち，正しいものはどれか。

平成9年度
市役所・改

ソ連邦崩壊前に独立を宣言したバルト3国のリトアニア，ラトビア，ァモルドバ
エストニア
は，独立国家共同体（CIS）には属していない。

ィベラルーシは肥沃な穀倉地帯であるうえ，炭田，鉄山，水力にも恵まれ，大
ウクライナ　　　　➡チェルノーゼム（黒土）
工業地帯が形成されている。しかし1986年にこの国のチェルノブイリで起こった

原発事故の後遺症は今なお深刻である。

中央アジアのステップ地帯の大半を占めるゥカザフスタンはCISのイスラム系

諸国の中心的存在で，豊かな農産物とともに地下資源にも恵まれており，輸出額

の8割以上を地下資源とその加工品が占めている。また旧ソ連の核実験場があっ
➡81.2％（2019年）
たために核汚染が問題になっている。この国の南に隣接するェアゼルバイジャンの
ウズベキスタン
農業は綿花のモノカルチャー構造を持ち，アラル海の縮小・汚染に多大な影響を

及ぼしている。

旧ソ連の重要な油田地帯であったバクーを首都に持つォジョージアは油田開発
アゼルバイジャン
に外資の導入を図っており，日本の企業もカスピ海の油田開発に乗り出している。

1 …… ア

2 …… イ

③ …… ウ

4 …… エ

5 …… オ

難易度 ★★★　重要度 ★★☆

ア バルト3国は，バルト海に面しているリトアニア，ラトビア，【**A**　　　　】である。モルドバはウクライナとルーマニアに挟まれた黒海に近い国である。

イ チェルノブイリはベラルーシでなく隣国ウクライナの都市である。ウクライナは土壌が肥沃な【**B**　　　　】であるため，穀倉地帯になっており，石炭，鉄鉱石に恵まれ工業も発達している。ウクライナの北側に位置するベラルーシは，ライ麦，じゃがいもの生産が世界有数である。

ウ 正しい。カザフスタンは，CISの中ではロシア連邦に次ぐ2番目に国土の広い国である。したがって，南北により気候も異なるが，乾燥しているという共通点はあり，カザフステップと呼ばれる大平原を有する。大陸性で気温の日較差は大きい。

カザフスタンは鉱物資源に恵まれており，ウランの生産は世界一(2018年)で，そのほかボーキサイト8位(2017年)，亜鉛9位(2017年)で，クロム2位(2019年)，バナジウムなどの【**C**　　　　】の埋蔵量も多い。

エ アゼルバイジャンはカザフスタンと【**D**　　　　】を挟んだ対岸のカフカス地方にある。カザフスタンの南側は【**E**　　　　】である。

オ 首都がバクーなのは【**F**　　　　】である。大規模なバクー油田は1900年代の初めには世界一の産油量を誇るなど古くからある油田である。バクーから地中海を結ぶ1,800kmあまりのBTCパイプラインは世界第2位の長さがある。

🔑 Point

- [ ] CIS(独立国家共同体)の本部はベラルーシの首都であるミンスクに置かれている。

- [ ] チェルノブイリはウクライナの北部，ベラルーシとの国境の近くにあるため，1986年の事故ではベラルーシにも多大な被害を及ぼした。また，この事故の後，ドイツやイタリアで原子力発電撤廃の国民投票が実施されるなど，歴史的に大きな影響を及ぼしている。イタリアは2011年の福島第一原発事故後，国民投票で政府の原発再開計画を否決した。

- [ ] カザフスタンの東北に，旧ソビエト連邦のセミパラチンスク核実験場があり(1989年に閉鎖)，大気中での核実験も100回以上行われたため，周辺地域への核汚染が激しく，現在も住民の健康問題などがある。なお，セミパラチンスクの地名は現在はセメイになっている。

A：エストニア，**B**：チェルノーゼム，**C**：レアメタル，**D**：カスピ海，**E**：ウズベキスタン，**F**：アゼルバイジャン

アメリカ合衆国

アメリカ合衆国に関する記述として，最も適当なのはどれか。

平成20年度
裁判所

1 北緯 37 度線以南の州は<u>サンベルト</u>と呼ばれ，航空宇宙産業やエレクトロニクス産業などの先端技術産業が 1970 年代から発展した。それに対して，<u>五大湖沿岸や北東部に立地する重工業を主とする工業地帯は<u>スノー</u>（フロスト）<u>ベルト</u>と呼ばれ，1980 年代には資源の枯渇や諸外国との競争などによって産業が衰退した。

2 1950 年代に主要都市を結ぶインターステートハイウェーが建設されると，モータリゼ
　　　　　　　　　　　　　　　　　　　　　　　　　　　の整備が開始
ーションが急速に進展し，それまで都心部にあったショッピングセンターなどの都市
　　　　　　　　　　　　　　ショッピングセンターという新しい商業形態が生まれた
機能が郊外へ移転した。その結果，都心部の建物が老朽化したり，職を失った住民が
スラムを形成したりするなど，都市の<u>スプロール現象</u>が社会問題になった。
　　　　　　　　　　　　　　　　　➡市街地が無秩序に拡大する現象

3 アメリカ合衆国の地形的な特徴は，西部の新期造山帯に属する山岳地帯，中央部の広
　　　　　　　　　　　　　　　➡環太平洋造山帯に属するロッキー山脈
大な平原地帯，東部の古期造山帯に属する丘陵に分けることができる。西部にあるロ
　➡プレーリー　➡アパラチア山脈　　　　　　　　　　東部のアパラチア山脈
ッキー山脈から産出される石炭や鉄鉱石などの豊富な地下資源は，19 世紀に鉄鋼業を
はじめとする重工業が発展する基盤となった。

4 多民族国家であるアメリカ合衆国では，イギリス系を基礎とした社会に多くの移民が
融合する「<u>人種のサラダボウル</u>」が理想の住民構成であるとされてきた。しかし，現
　　　　　　人種のるつぼ
実には移民以前からの文化的伝統を保持している国民も多く，人種や民族の分布にも
明らかな偏りが見られるため，「<u>人種のるつぼ</u>」とたとえられることが多くなった。
　　　　　　　　　　　　　　　人種のサラダボウル

5 五大湖の南部からアイオワ州にかけては<u>コーンベルト</u>と呼ばれ，伝統的にとうもろこ
しや大豆などの農作物の栽培と豚の肥育を行う混合農業地帯であった。コーンベルト
　　　　　➡牛も飼育している
よりも西部では，年間降水量が 500mm と少ないことから，<s>農作物の栽培はふるわず，</s>
　　　　　　　　　　　　　　　　　　　　➡穀倉地帯である
<s>フィードロットと呼ばれる放牧地で肉牛を飼育する畜産業が盛んである。</s>
➡フィードロットは，さらに西のグレートプレーンズで行われている

解説 ×Æ○B　難易度 ★★☆　重要度 ★★★

1 正しい。[Ⓐ　　　　　]州を中心とするスノーベルト地帯は重厚長大型の製造業が中心であったが，1980年代に主に日本との競争に敗れて工場の閉鎖が相次いだ。しかし，ハイテク産業に転換して，生き残ったケースもある。

2 アメリカ合衆国のモータリゼーションは1920年代から始まっていた。また，インターステートハイウェー（州間高速道路）は，アメリカ合衆国が連邦補助高速道路法という法律を1956年に制定して，それまで各州独自に計画・建設していた高速道路を，州をまたいで整備したもので，完成までに35年かかった。
ショッピングセンターという新しい商業形態は，車を1度停めるだけですべての商品がそろうという売り文句で，郊外から生まれた。なお，後半の都市のスプロール現象の記述は正しい。

3 前半の記述は正しいが，地下資源の豊富なのは，東部の[Ⓑ　　　　　]山脈の西側であり，アパラチア炭田がある。アパラチア炭田は，古くからあるアメリカ合衆国最大の炭田であり，バーミンガムの鉄山とともにアメリカ合衆国北東部の工業化の基礎となった。なお，ロッキー山脈にも炭田があるが，付近では重工業は発展していない。

4 「人種のサラダボウル」と「人種のるつぼ」が入れ替わった選択肢である。るつぼというのは，高温の炉などに入れる容器で，この中に何種類かの物質を入れて溶かして混ぜ合わせるのに使う。それから，融合させる意味に使っている。しかし，現実として，各素材が溶け合うことなく混在するサラダのボウルにたとえられている。

5 コーンベルトの記述は正しい。コーンベルトの西は[Ⓒ　　　　　]であり，降水量は少ないが小麦などの穀倉地帯である。さらに西の[Ⓓ　　　　　]では，フィードロットが行われている。フィードロットとは，出荷前の肉牛を囲い込んで肥育する施設のことであり，アメリカ合衆国のほかに，オーストラリアなどで行われている。

🔑 Point

☐ アメリカ合衆国の炭田としては，中央部に中央炭田もある。

☐ グレートプレーンズには豊富な地下水による大規模な灌漑施設がある。

Ⓐ：オハイオ，Ⓑ：アパラチア，Ⓒ：プレーリー，Ⓓ：グレートプレーンズ

北米・中南米の産業

北・中・南米諸国の商工業と資源に関する記述として最も妥当なのはどれか。

平成30年度
国家専門職・改

1 米国では，20世紀まで，豊富な石炭・鉄鉱石などの資源と水運を利用した工
〔前半〕　　➡アパラチア炭田　➡メサビ鉄山　　　　　　➡五大湖
業が発達した南部が同国の工業の中心であったが，21世紀に入ると，北東部
　　　　　北部　　　　　　　　　　　　　　　1970年代以降
のスノーベルトと呼ばれる地域に工場の中心が移り，ハイテク産業や自動車産
南部のサンベルト　　　　　　　　　　　　　　　　　　　　　　航空・宇宙
業などが進出した。

2 カナダは，鉱産資源や森林資源に恵まれ，ウランやニッケル鉱の産出が多く，

パルプ・紙類などの生産が盛んである。また，豊かな水資源を利用した水力発

電が盛んで，水力発電が国全体の発電量の半分以上を占めている。

3 メキシコは，輸出額のうち，石油が約5割を占め，機械類や自動車などの工業
　　　　　　　　　　　　➡石油は5％程度（2019年）
製品が約2割を占めている。同国の最大の貿易相手国は米国であるが，1980
　　　　　約8割
年代以降，輸出額に占める対米輸出額の割合は年々減少傾向にある。
　　　　　　　　　　　　　　　　　　　　　　　　増加

4 ブラジルは，ロシア，カナダに次ぎ世界で3番目の面積を持つ国であり，輸出
　　　　　　　　　　　　　　　　　　　5番目
額のうち，肉類，砂糖，コーヒー豆を合わせた輸出額が約5割を占めている。
　　　➡ブラジル高原のテラローシャという土壌で生産が盛ん　　約15％
一方，石油資源に乏しく，その大半を輸入に依存している。
　　　　　にも恵まれ，石油輸出国でもある

5 チリは，鉄鉱石が輸出額の約4分の1を占めている。同国の中心に位置するア
　　　　　銅鉱
タカマ砂漠には世界有数の埋蔵量を誇るカラジャス鉄山，イタビラ鉄山があり，
　➡寒流のペルー海流の影響で形成される　　エスコンディーダ銅山　チュキカマタ銅山
鉄鉱石の産出高が世界一である。また，マラカイボ油田が同国の石油産出の中
銅鉱石　　　　　　　　　　　　　　　➡マラカイボ油田はベネズエラの油田であり，チリは
心地となっている。　　　　　　　　　　南部に油田はあるものの，大規模な油田はなく，原
　　　　　　　　　　　　　　　　　　油の輸入国である

解説 難易度 ★★☆ 重要度 ★★★

1 20世紀初め，五大湖周辺で鉄鋼業を中心とした重工業が発達した。しかし，現在この地域は製造業が衰退し，ラストベルト（さびついた工業地帯）と呼ばれている。一方で1970年代以降，カリフォルニア州からノースカロライナ州に至る北緯【**Ⓐ**　　　】度以南の地域である【**Ⓑ**　　　】では航空機やエレクトロニクス産業が発達している。

2 正しい。カナダのウラン鉱の産出は世界2位（12.9%）（2019年），ニッケル鉱は世界3位（11.6%）（2016年）である。その他，【**Ⓒ**　　　】やパラジウムなどのレアメタルは世界3位の産出量を誇る。発電は水力発電（59.6%）が最も多く，火力発電（18.9%），原子力発電（15.4%）（2017年）と続いていく。

3 メキシコにとっての最大の貿易相手国はアメリカである。これは関税撤廃を謳った1994年の【**Ⓓ**　　　】発効後拍車がかかっている。また，輸出額の約8割が自動車や電気機器などの工業製品である。

4 国の面積は，ロシア，カナダ，アメリカ，中国，ブラジル，オーストラリア，インドの順である。ブラジルは【**Ⓔ**　　　】の一員であり，鉄鉱石などの一次産品のほか近年では自動車や航空機なども輸出しているため，特定の農作物だけで輸出額が5割ということはあり得ない。2019年は大豆の輸出が増大し，輸出品のトップとなっている。2位が原油で，3位が鉄鉱石である。

5 輸出額の約25%を銅鉱が占めている。世界最大の銅鉱の埋蔵量を有し，かつ産出国（30.2%）（2015年）である。世界最大の【**Ⓕ**　　　】銅山をはじめ，コジャワシ銅山，エルテニエンテ銅山などが有名である。

Point

☐ アメリカのサンベルトを代表する都市として，シリコンバレーのサンノゼや宇宙開発のヒューストンが有名である。

☐ ブラジルはサトウキビの生産（41.2%）（2017年）が世界1位で，砂糖の生産（21.1%）（2014年）も世界1位である。また，サトウキビからバイオエタノールを作っている国としても知られている。

Ⓐ：37，**Ⓑ**：サンベルト，**Ⓒ**：コバルト，**Ⓓ**：北米自由貿易協定（NAFTA），**Ⓔ**：BRICS，
Ⓕ：エスコンディーダ

都市計画

都市計画に関する記述として，最も妥当なのはどれか。

平成27年度
消防官

1 ロンドン近郊の**ドックランズ**は，第二次世界大戦以降にドックなど大規模な港湾施設が次々と建設されたが，2000年代に入ると衰退し，現在は~~スラム化が問題になっている。~~ 再開発が進んで

2 ロサンゼルスなどの大都市では，都心内部の人口減少により住宅環境が悪化するなどして，都市空間としての機能が低下する**インナーシティ**問題が発生している。

3 都市の発展に伴って都心部の人口が減少し，周辺部の人口が増加する現象を~~ジェントリフィケーション~~といい，ニューヨークなどがその典型例である。
ドーナツ化現象

4 **大ロンドン計画**とは，ロンドンの人口~~減少~~による弊害を解消するために策定された大規模な都市計画であり，イギリスのみならず諸外国の都市計画にも大きな影響を与えた。
増大

5 フランスでは，伝統的な建築物の保護と景観保護のために，パリおよび近郊のモンパルナス地区，~~ラ＝デファンス地区~~における高層建築物の建設を現在でも許可していない。
➡ラ＝デファンス地区は都市再開発地区で，超高層ビルが林立している

国家総合職　国家一般職　国家専門職　裁判所　地方上級　市役所　警察官　**消防官**

解 説 難易度 ★★☆ 重要度 ★★☆

1 ロンドンでは [**A**　　　　　] 問題を解決するため，都心部の再開発が進んでいる。港湾施設が閉鎖された跡地に再開発が行われたドックランズはその代表例で，現在は金融機関や企業，住宅等の高層ビルが林立し，多くの人々でにぎわっている。

2 正しい。先進国の大都市では，都心部の人口減少により [**A**　　　　　] 問題が発生している。しかし，都心部の再開発により解決しつつある都市も多い。

3 大都市圏では，都心部とその周辺部の地価高騰や環境悪化が進み，居住人口の減少が見られる。一方，郊外では人口が増加する [**B**　　　　　] 現象が顕著になった。近年，荒廃した都心部や臨海部が再開発され，超高層マンションなどの建設により，都心部への人口回帰現象が進んでいる。これを [**C**　　　　　] という。

4 大ロンドン計画とは，ロンドン市街地の過密化を防ぐため，郊外に [**D**　　　　　] を設置し，その外側に [**E**　　　　　] を建設して，人口や産業の誘致を図る計画である。これにより，ロンドンの人口は約 80 万人も減少した。

5 フランスでは，都市計画と文化財保護の統一を規定したマルロー法がある。パリを流れる [**F**　　　　　] 左岸のモンパルナス地区は，高層建築物は見られないが，副都心のラ＝デファンス地区は高層建築物が林立し，現代的景観を見せている。

🔑 **Point**

☐ ロンドンのドックランズは，荒廃した港湾施設を再開発し，インナーシティ問題を解決した代表例である。

☐ 荒廃したインナーシティを再開発し，人口が流入する現象をジェントリフィケーションという。

A：インナーシティ，**B**：ドーナツ化，**C**：ジェントリフィケーション，**D**：グリーンベルト，**E**：ニュータウン，**F**：セーヌ川

中米の国々

次はそれぞれキューバ，グアテマラ，ハイチ，コスタリカ，メキシコのいずれかに関する記述である。該当する国の地図上の位置を正しく示しているものはどれか。

平成10年度
地方上級・改

大西洋

ユカタン半島

メキシコ湾

A
メキシコ

G ハイチ

H ドミニカ共和国

F・
キューバ

カリブ海

C
B　　D
グアテマラ

ホンジュラス

E
コスタリカ

ニカラグア

1 スペイン到来以前はマヤ文明が栄え，現在も先住民が人口の半分以上を占める。貧富
　→ユカタン半島で栄えた文明
の差が激しく，長年内戦が続き，政情は不安定であるが，近年ようやく民主化への兆
しが見えてきた。 ……A

2 19世紀初頭に黒人国家として独立し，黒人が90％以上を占めており，フランス領で
あった歴史からフランス語を公用語とする。極貧国で貧富の差が激しく，政情は不安
　→中南米でフランス語を公用語にするのはハイチだけ
定で，1995年には国連が介入した。 ……F

3 南部にマヤ文明とアステカ文明が栄えた土地で，メスチソが人口の60％を占める。政
　→メキシコ南部で栄えた文明
情は比較的安定しているが，1994年に通貨危機に見舞われ，大規模な国際支援を受け
た。 ……D

4 白人が人口の77％を占める。民主政治の伝統の下で政情は安定しており，平和憲法に
よって軍隊を持たず，教育に力を入れている。産業は農牧業・観光が中心で財政は安
定している。……E

5 中南米唯一の共産国である。砂糖のモノカルチャーを脱せず，ソ連崩壊とアメリカの
経済封鎖の強化により経済は逼迫，1994年には大量の難民流出が起こった。 ……G

解説　難易度 ★★★　重要度 ★★☆

1 マヤ文明は，【**Ⓐ**　　　　　　　】半島を中心にしたメキシコ南東部とグアテマラで紀元前500年から13世紀にかけて栄えた文明であり，1521年に破壊された。マヤ文明のキーワードだけでは，メキシコかグアテマラかは判別できないが，民族の構成や内戦が続き政情が不安定の箇所でもグアテマラとわかる。メキシコの民族は，メスチソ約60％，インディヘナ約30％，白人（スペイン系）約9％に対し，グアテマラは，ラディーノ約60％，マヤ系先住民族約39％，その他先住民族約0.2％である。

グアテマラの位置は，地図ではBである。

2 ハイチの独立は1804年であり，アメリカ大陸としてはアメリカ合衆国に次ぎ2番目に早く，世界で最初の黒人の共和国。ジャマイカも黒人の割合が多く90％を超えているが，同じイスパニョーラ島の隣国【**Ⓑ**　　　　　】は黒人は約11％しかいない。

ハイチの位置は，地図ではGである。

3 14世紀から【**Ⓒ**　　　　　】世紀に栄えたアステカ文明はメキシコの南部である。

メキシコは1982年と1994年に経済破綻して，急激なインフレと失業が多くの国民を悩ませた。

メキシコの位置は，地図ではAである。

4 正しい。中米で白人が77％を超えるのはコスタリカである。

コスタリカは1949年，憲法で軍隊を持たないとして軍隊を廃止した。このため，中米の国々でそれ以後たびたび起きた軍事クーデターはコスタリカでは起こることはなかった。2010年以降経済は安定。

コスタリカの位置は，地図ではEである。

5 中米で共産国といえばキューバである。2015年7月，アメリカとの国交回復。2016年3月，オバマ氏が88年ぶりに大統領としてキューバを訪問した。キューバの位置は，地図ではFである。

🔑Point

☐ ホンジュラスは，アメリカ資本のバナナのプランテーション栽培が盛んである。

☐ パナマ運河はアメリカ合衆国が管理してきたが，2000年にパナマに返還された。

Ⓐ：ユカタン，Ⓑ：ドミニカ共和国，Ⓒ：16

ラテンアメリカの国々（1）

表は，南アメリカ大陸に位置するアルゼンチン，コロンビア，チリ，ブラジルおよびボリビアの人口，民族構成，公用語，主要な輸出品を示したものである。A，Cに該当する国の組合せとして妥当なのはどれか。

平成22年度
国家Ⅱ種・改

国名	人口（千人）	民族構成	公用語	主要な輸出品
ブラジル	212,559	白人 53.7%，ムラート 39%，黒人など 7%	ポルトガル語 ←ブラジルの特徴	大豆, 原油, 鉄鉱石, 機械類, 肉類
A	50,883	メスチソ 58%，白人 20%，ムラート 14%，黒人・サンボなど 8%	スペイン語	原油, 石炭, 石油製品, コーヒー豆, 金 ←コロンビアの特徴
B	45,196	白人 86.4%，その他 13.6% ←アルゼンチンの特徴	スペイン語	植物性油かす（大豆飼料）, とうもろこし, 自動車, 肉類
C	19,116	白人およびメスチソ 94%，インディオ 5%	チリの特徴→ スペイン語 地中海性気候がある	銅鉱, 銅, 野菜と果実, 魚介類, パルプ・古紙
D	11,673	インディオ 55%，メスチソ 30%，白人 15% ←ボリビアの特徴	スペイン語, ケチュア語, アイマラ語など	天然ガス, 亜鉛鉱, 金（非貨幣用）, 植物性油かす（大豆飼料）, 銀鉱

（注）人口は2020年，主要な輸出品はボリビア（2018年）以外は2019年のデータに基づくものである。

	A	C
1	アルゼンチン	チリ
2	アルゼンチン	ボリビア
3	コロンビア	チリ
4	コロンビア	ボリビア
5	ボリビア	コロンビア

解説 難易度 ★★☆ 重要度 ★★★

A Aの国の特徴は，主な輸出品が原油，石炭であることである。南米で原油が産出されるのは，ベネズエラ，[**Ⓐ**　　　　]，コロンビア，アルゼンチン，エクアドルであるが，ベネズエラは問題の5か国に入っていないので，Aはコロンビアかアルゼンチンである。次に，石炭を考えると，コロンビアの石炭の生産量は世界9位（2017年）で南米一である。また，コロンビアはコーヒー豆の輸出が，ブラジル・ベトナムに次いで3位（2017年）。Aはコロンビアとわかる。

B Bの国の特徴は，白人が97％を占めるということである。南米で白人の多い国は，アルゼンチン（86.4％），[**Ⓑ**　　　　]（88％），ブラジル（54％）であるから，Bはアルゼンチンである。また，主要な輸出品に植物性油かす（大豆飼料）があるのもアルゼンチンの特徴といえる。

C Cの国の特徴は，主な輸出品が銅，銅鉱というところにあり，銅といえばチリである。さらに，輸出品に果実や魚介類もある。チリの魚介類の輸出は世界5位（2018年）で，日本はチリからさけ・ますを輸入。これより南米では，[**Ⓒ**　　　　]やチリが該当するが，5か国の中にあるチリが確定する。また，白人およびメスチソが95％であることからチリを確定することもできる。

D Dの国の特徴は，公用語が3つあり，インディオが55％の構成になっていることである。南米で先住民の多い国は，ボリビア（55％）と[**Ⓓ**　　　　]（45％）であるが，5か国のうちに入っているボリビアがDに該当する。
なお，南米で天然ガスの産出というと，アルゼンチンが多いので，主な輸出品だけからDを推定しようとすると難しいかもしれない。

🔑 **Point**

☐ 南米でよく出題される国は，上の5か国のほかにベネズエラ，ペルーがある。それぞれの特徴は，ベネズエラは，原油，石油製品の輸出が輸出額の中の約98％（2015年）ほど輸出品目が偏っていることである。ペルーは金鉱，銀鉱，銅鉱，亜鉛鉱などを多く産出し，金（非貨幣用）や銅鉱の輸出も盛んである。漁獲量も多く世界5位（2019年）。

- -

☐ 南米で白人の多いアルゼンチンはスペイン人の移民が多く，ウルグアイはイタリアからの移民が多い。

- -

☐ ペルーの公用語もボリビアと同じ，スペイン語，ケチュア語，アイマラ語である。

Ⓐ：ブラジル，Ⓑ：ウルグアイ，Ⓒ：ペルー，Ⓓ：ペルー

ラテンアメリカの国々(2)

**ラテンアメリカに関する記述として,
妥当なのはどれか。**

令和2年度
地方上級

1 ~~大西洋~~側には, 最高峰の標高が~~8000~~mを超えるアンデス山脈が南北に広がり,
太平洋　　　　　　　　　　6000
その~~南部~~には, 世界~~最長~~で流域面積が世界第~~2~~位のアマゾン川が伸びている。
北　　　　　　2位の長流　　　　　　　1

2 アンデス山脈の~~マヤ~~, メキシコの~~インカ~~, アステカなど先住民の文明が栄えて
インカ　　　　　　　マヤ
いたが, 16世紀に~~イギリス, フランス~~の人々が進出して植民地とした。
スペイン

3 アルゼンチンの中部にはパンパと呼ばれる大草原が広がり, 小麦の栽培や肉牛
➡ラプラタ川流域の温帯の大草原
の飼育が行われており, アマゾン川流域にはセルバと呼ばれる熱帯林がみられ
➡世界最大の熱帯雨林。天然ゴムの原産地
る。

4 ブラジルやアルゼンチンでは, ~~自作農による混合農業~~が発達しており, コーヒ
大土地所有制による大農園
ーや畜産物を生産する農場は~~アシエンダ~~と呼ばれている。
ブラジルはファゼンダ, アルゼンチンは
エスタンシア, アシエンダはメキシコや
ペルーの大農場

5 チリには~~カラジャス鉄山~~や~~チュキカマタ鉄山~~, ブラジルには~~イタビラ銅山~~がみ
➡カラジャス鉄山はブラジル　　　　　銅山　　　　　　　　　　鉄山
られるなど, 鉱産資源に恵まれている。

解説　難易度 ★☆☆　重要度 ★★☆

1 南アメリカ大陸の太平洋側には，長さ約7500kmの世界一長いアンデス山脈がある。この山脈は，【Ⓐ　　　】造山帯に属し，火山や地震による災害が多発する。最高峰はアコンカグア山で6959mある。アンデス山脈に源を発し，ブラジル北部を東流して大西洋に注いでいるのが，世界最大の流域面積をもつアマゾン川である。長さは【Ⓑ　　　】川に次いで第2位。この川の流域には【Ⓒ　　　】と呼ばれる熱帯雨林が広がり，天然ゴムの原産地としても知られている。

2 アンデス山脈には【Ⓓ　　　】帝国が，メキシコのユカタン半島には【Ⓔ　　　】文明，メキシコ高原にはアステカ文明が栄えていたが，いずれも16世紀にスペイン人に征服され，滅亡した。

3 正しい。アルゼンチンの中部には，【Ⓕ　　　】と呼ばれる肥沃な温帯の大草原が広がっている。年降水量500mmを境に，東側の湿潤【Ⓕ　　　】では牛の飼育やとうもろこし・小麦の栽培が行われている。西側の乾燥【Ⓕ　　　】では大農場の【Ⓖ　　　】による牛や羊の放牧が盛んで，ガウチョと呼ばれる牧夫が働いている。

4 ブラジルのコーヒー生産は，【Ⓗ　　　】と呼ばれる大農園で，地主がコロノ（契約労働者）を使用して栽培している。さとうきびや大豆，とうもろこしの栽培が多く，特にブラジルとアルゼンチンの大豆生産（2019年）は急速にのび，ブラジルはアメリカを抜いて世界1位，アルゼンチンは3位である。

5 【Ⓘ　　　】は世界最大の銅産出国で，チュキカマタやエスコンディーダの銅山が特に産出量が多い。ブラジルの鉄鉱石の産出は【Ⓙ　　　】に次いで世界第2位で，カラジャス鉄山とイタビラ鉄山はブラジルの代表的な鉄山で，採掘された鉄鉱石はアメリカや日本などに輸出されている。

Point

□ 世界の河川：①長さ　　ナイル川，アマゾン川，長江（揚子江）
　　　　　　　②流域面積　アマゾン川，コンゴ川，ナイル川

□ 主要な鉄山：メサビ（アメリカ），カラジャス（ブラジル），キルナ（スウェーデン），マウントホエールバック（オーストラリア）

Ⓐ：新期，Ⓑ：ナイル，Ⓒ：セルバ，Ⓓ：インカ，Ⓔ：マヤ，Ⓕ：パンパ，Ⓖ：エスタンシア，
Ⓗ：ファゼンダ，Ⓘ：チリ，Ⓙ：オーストラリア

ラテンアメリカに関する記述として, 最も妥当なのはどれか。

平成30年度 消防官

1 ラテンアメリカは, メキシコ, 中央アメリカ, 西インド諸島, 南アメリカから 構成され, 赤道をまたいで南北に広がる広大な地域である。そのほとんどの地 域が~~イギリス~~や~~フランス~~の植民地となった歴史があり, 言語や宗教などの文化
　　　　スペイン　　ポルトガル　　　　　　　　　　　　　　●カトリックを信仰
を現在も共有している。

2 アマゾン川流域を中心に熱帯が分布し, セルバとよばれる熱帯雨林が広がって いる。

3 1908年に日本からラテンアメリカへの移民が開始され, ブラジルには現在~~100~~
　　　　　　　　　　　　　　　　　　　　　　　　　　　　約190万人
~~万人~~を超える日系移民が生活している。一方, かつての移民の子孫である日系
ブラジル人が1990年の出入国管理法の改正により, 日本への出稼ぎが~~できな~~
●ブラジル人街として群馬県大泉町が有名　　　　　　　　　容易になった
~~くなった。~~

4 15世紀末にコロンブスが西インド諸島に到達する以前から, 南北アメリカ大
　　　　　　　　　　●バハマ, ドミニカ, キューバなど
陸には先住民が生活していた。現在では, インディオ (インディヘナ) とよば れる南米の先住民とヨーロッパ系白人移住者の混血が多く見られるが, 彼らの ことを~~ムラート~~という。
　　　　メスチソ

5 グローバル化におけるアメリカ合衆国主導の経済自由化への警戒感から, 1995 年に南米南部共同市場 (MERCOSUR) が, ラテンアメリカ全体の経済統合と 自由貿易市場の確立を目的にして発足した。そこで重要な役割と地位を占めて
　　　　　　　　●メキシコはMERCOSURの加盟国ではない
いるのはメキシコである。

1 ラテンアメリカはコロンブスの大陸発見以降，ラテン系民族である スペイン人や【Ⓐ 　　　】人が移住し開発を進めたため，ラテン文 化が根づいた。ブラジルは【Ⓐ 　　　】語，その他の地域は一部を 除いてスペイン語を使用する。

2 正しい。セルバは，南アメリカのアマゾン盆地に広く分布する常緑 樹からなる熱帯雨林。東南アジアやアフリカの熱帯雨林は 【Ⓑ 　　　】と呼ぶ。焼畑農業が行われている地域だが，ハイウェー の建設が進み，近年急速に開発が進んでいる。

3 1990年6月の出入国管理法改正により，日系3世およびその家族に 対しての査証の発給が認められ，日本での労働者としての活動が認 められた。これにより，ブラジルや【Ⓒ 　　　】の日系人の労働者 が増加した。

4 ウルグアイやアルゼンチンは白人，ボリビアやペルーは【Ⓓ 　　　】， パラグアイ・チリ・メキシコなどはメスチソの割合が高くなってい る。なおムラートとは，ヨーロッパ系移民とアフリカ系移民の混血 をいう。

5 南米南部共同市場は1995年に【Ⓔ 　　　】・ウルグアイ・パラグア イ・ブラジルの4か国で発足した経済連携組織。メキシコはオブザー バーとして関わっているが加盟はしていない。

🔑Point

- ☐ アマゾン盆地の熱帯雨林をセルバ，オリノコ川の熱帯草原をリャノ， ブラジル高原の熱帯草原をカンポ，ラプラタ川河口付近の温帯草原を パンパという。

- ☐ 植民地時代の大土地所有制が残っており，その農園をファゼンダ（ブ ラジル），アシェンダ（メキシコやペルー），エスタンシア（アルゼン チン）と呼ぶ。

- ☐ ブラジルはBRICSの一員として急速な発展を遂げている一方で，都 市にみられるファベーラ（スラム）や累積債務が課題となっている。

Ⓐ：ポルトガル，Ⓑ：ジャングル，Ⓒ：ペルー，Ⓓ：インディオ，Ⓔ：アルゼンチン

ブラジル

**ブラジルに関する記述として
最も適当なものはどれか。**

1 かつてブラジルは，モノカルチャー経済の農業国だった。しかし，1960 年代
には工業化政策によって「ブラジルの奇跡」と呼ばれるほどの経済成長を達成
した。近年では，自動車，小型航空機，機械類などの工業製品の輸出額が増加
したことにより，ロシア・中国・インド・南アフリカ共和国とともに新興工業
国（NIES）の仲間入りを果たし，世界経済への影響を強めている。
ブリックス
BRICS

2 16 世紀に南アメリカ大陸に到達したポルトガル人は，ブラジルを植民地とし
た。その後，さとうきび農場や金鉱山の労働力として，先住民やアフリカ人の
奴隷が使われるようになった。ブラジルでは，これらの民族の間で混血が進ん
だ。ヨーロッパ系と先住民の混血はメスチソと呼ばれ，ヨーロッパ系とアフリ
カ系との混血はムラートと呼ばれる。

3 ブラジルでは海岸部と内陸部の経済格差が大きい。内陸部の農村から海岸部の
都市へ流入した人々の多くは，居住には適さない急斜面や低湿地などを不法占
拠して貧民街を形成し，電気・ガス・上下水道のない不便で不衛生な生活を送
っている。一方，農村部では，国有地の開放を求めて，土地なし農民による農
大・中地主の土地
地解放運動が拡大している。

4 ブラジルはさまざまな金属資源に恵まれている。特に鉄鉱石の産出量と埋蔵量
➡2位　➡2位
は，世界でも有数の規模である。鉄鉱石は，内陸のカラジャス鉄山やイタビラ
鉄山から海岸部へ鉄道で輸送され，世界中に輸出されている。石油の産出量も，
サンパウロ州のサントス沖に海底油田が開発されたことで飛躍的に増大し，石
発見　　➡生産は 2010 年末から
油の自給率は5割に達しようとしている。
100％を超えて

5 農業はブラジルの重要な産業である。世界でも有数の生産量を誇る農作物には，
コーヒー，オレンジ，さとうきび，サイザル麻などがある。1970 年代以降，
➡1位(2018年)➡2位(2018年)➡1位(2018年)　➡世界の 40.4％の生産量 (2018年)
ブラジル中部に位置するパンパでは，大規模な農地が開発され，広い面積で大
セルバ
豆が栽培されるようになった。最近では，バイオエタノールの原料となるとう
もろこしの生産が増加している。
さとうきび

解 **説** 　難易度 ★★★　重要度 ★★☆

1 前半の記述は正しい。近年経済発展が著しいブラジル, ロシア, 中国, インド, 南アフリカ共和国の 5 か国は, それぞれの国の頭文字を取って, 【**A**　　　　　】と呼ばれている。

NIES は, 新興工業経済地域のことで, ブラジルも入ってはいるが, ロシア, 中国, インドは入っていない。

2 正しい。ブラジルでは【**B**　　　　　】系を中心とした白人が最も多く53.7%で, 混血 (ムラートやメスチソ) 38.5%, アフリカ系とアジア系をあわせ6.7% (2000年) である。

3 前半の記述は正しい。ブラジルでは農村から都市部への人口流入が多いが, そのような人々が占拠するのは, 公有地や係争中の土地などで, 急斜面などあまり居住に適さない場所である。そのような場所に無断で狭い小屋などを建ててしまう。電気・ガス・水道などは通っていないが, 電線から勝手に電気を取ってしまうところもある。農村部での農地解放運動は, 国有地の開放でなく, 大・中【**C**　　　　　】の土地の解放を訴えているものである。

4 前半の記述は正しい。2007 年にサントス沖 2,000m に大規模な海底油田が発見されたが, 深海で固い岩盤であることから, 開発は難航している。ブラジルでは, この油田発見前から石油の自給率は 100 ％前後に達している。

5 前半の記述は正しい。コーヒーは生産量・輸出量とも世界一 (2018 年) であるし, さとうきび, サイザル麻も世界一 (2018 年) の生産である。オレンジ類の生産は, 1 位が【**D**　　　　　】, 2 位がブラジル (2018 年) となっている。

ブラジル中部に位置するのはパンパでなく, 【**E**　　　　　】である。また, バイオエタノールの主な原料は, ブラジルではさとうきび, アメリカ合衆国ではとうもろこしである。

☐ ブラジルは南米最大の経済規模を誇るが, 経済格差が大きく, 2014 年にサッカーワールドカップがブラジルで開催された際には, 公共サービスの改善を求める大規模デモが発生した。2016 年には, リオデジャネイロで夏季オリンピック・パラリンピックが開催された。

A：BRICS, **B**：ポルトガル, **C**：地主, **D**：中国, **E**：セルバ

西アジアの国々

西アジアに関する次の記述のうち，最も適当なのはどれか。

平成24年度
裁判所

1 西アジアの砂漠では，ラクダなどの乾燥に強い家畜を飼育する遊牧が行われてきた。ベドウィンは，この地域の代表的な遊牧民であるが，近年では遊牧をやめて定住する傾向にある。オアシスなどの水を利用できる地域では農業も行われている。近年では河川水を利用したカナート（カレーズ）と呼ばれる灌漑水
　　　　　　　　　　　地下　　　　　　　　　　　　　　　　　　　　　　　地下
路が発達し，ナツメヤシの栽培と稲作が盛んになった。
　　　　　　➡この地方の特産品　➡稲作は行われていない

2 ユダヤ人国家の建設をめざすシオニズム運動を背景に，パレスチナに移住するユダヤ人が増加し，アラブ系民族との対立が深まった。ユダヤ人国家であるイスラエルの建国が宣言されると，周囲のアラブ人国家との間で中東戦争が起こった。その結果，パレスチナの大部分がイスラエルの支配下となり，大勢のパ
　　　　　　　　　　地域の名称
レスチナ難民が出た。

3 亜熱帯高圧帯に覆われることから，広い地域が乾燥気候に属する。アラビア半島にはナフード（ネフド）砂漠や，ルブアルハーリー砂漠などの広大な砂漠がある。砂漠地帯を貫流するティグリス川とユーフラテス川は，トルコのザクロ
　　　　　乾燥
ス山脈を主な水源とする。これらの河川は，乾燥した季節には水がほとんどな
　　　　　　　　　　　　　　　➡外来河川のため乾季でも水がある
くなるため，ワジ（涸れ川）と呼ばれる。

4 サウジアラビアやアラブ首長国連邦など，ペルシャ湾を中心とする西アジアには，石油資源に恵まれた国が多い。この地域には第二次世界大戦以前から，外
　　　　　　　　　　　　　　　　　　　　　　　　　　　　　　　　以後
国の国際石油資本（メジャー）が進出してきた。しかし産油国は，こうした資源ナショナリズムの動きに反発し，石油輸出国機構（OPEC）やアラブ石油輸出
　　　　　　　　　　　　　　を強め
国機構（OAPEC）を結成して，石油価格を自国で決定するようになった。

5 西アジアには，イスラム教を信仰する人が多く，断食や豚肉を食べないなどの伝統的な習慣が守られている。その教典であるコーランには，聖地メッカに向
　　　　　　　　　　　　　　➡聖典ともいう
かって祈ることが戒律として記されている。近年では，サウジアラビアやイラ
　　　　　　　　　　　　　　　　　　　　　　　➡サウジアラビアやイラン
ンのように，政教分離の考え方を取り入れた近代化政策の下で，古い習慣や戒
は，いまだに政教一致の政策をとっている
律にとらわれない住民が急増している。

国家総合職　国家一般職　国家専門職　**裁判所**　地方上級　市役所　警察官　消防官

解説

難易度 ★★☆　重要度 ★★★

1 前半の記述は正しい。ベドウィンは，西アジアの遊牧民族である。カナートは，河川水を利用するのでなく，地下水を利用するものである。カナートから地上に出る部分では，【Ⓐ　　　　】になり，乾燥に強いナツメヤシなどが栽培されているが，大量の水が必要な稲作は行われていない。したがって，誤りである。

2 正しい。「エルサレムにあるシオンの丘に再び帰る」という意味のシオニズム運動は重要な用語であるから，覚えておこう。

3 亜熱帯高圧帯は，緯度20°から30°に位置し，年間を通じての高気圧地帯である。砂漠名を含め前半の記述は正しい。
ティグリス川・ユーフラテス川ともに，ザクロス山脈を主な水源としており，乾燥地帯を貫流してはいるが，ワジ（涸れ川）ではなく【Ⓑ　　　　】である。したがって，誤りである。
ワジは，アラビア半島や【Ⓒ　　　　】に見られるもので，乾燥期には干上がっており，交通路になっている。

4 石油メジャーの進出は第二次世界大戦後からであるから，誤り。また，【Ⓓ　　　　】とは，自国の資源を自国で管理・開発しようとする動きであり，OPEC などによる石油価格の操作はその表れである。

5 前半の記述は正しい。サウジアラビアやイランは，政教一致の政策を崩していない。したがって，誤りである。

Point

- □ アラブ石油輸出国機構（OAPEC）は，イラク，サウジアラビア，アラブ首長国連邦，クウェート，バーレーン，シリア，エジプト，アルジェリア，リビア，カタールの 10 か国が加盟している。

- □ トルコはイスラム教国であるが，憲法で政教分離原則を明確に定めている。

- □ 2010 年末から発生したアラブ世界における反政府運動は，2017 年に入っても継続しており，シリアではアサド政権と反体制派の間で内戦が続いている。特に，2014 年以降はイスラム過激派の活動も活発化し，シリアとイラクにまたがる地域でいわゆるイスラム国（ISIL）が国家樹立を宣言するなど，状況は悪化した。

Ⓐ：オアシス，Ⓑ：外来河川，Ⓒ：アフリカ，Ⓓ：資源ナショナリズム

西アジア・アフリカの国々

紅海・アデン湾沿岸各国（地図のA〜E）に関する次のア〜オの記述のうち，妥当なものをすべて挙げているのはどれか。

平成22年度
地方上級・改

ア Aはサウジアラビアである。原油の輸出量は，世界第1位である。西部にはイスラム教の聖地「メッカ」がある。

イ Bはイエメンである。原油の生産が~~多く，国民の生活が向上し~~，1人当たりの
少なく
GNI（国民総所得）はサウジアラビアと~~ほぼ同様~~である。
の23分の1程度

ウ Cはエジプトである。首都は「カイロ」である。国民の多数はイスラム教の~~シー
スンニ派
ア派~~である。

エ Dはスーダンである。アフリカでは~~最も面積が大きい国~~である。ナイル川が国
南スーダンの独立により，アルジェリアに次いで第2位となった
土を貫流し，河岸に首都「ハルツーム」がある。

オ Eはソマリアである。「アフリカの角」と呼ばれている。政情が不安定で，沿岸に海賊が出没していた。
2013年頃から沈静化

1 …… ア，エ

2 …… ア，オ

3 …… イ，ウ

4 …… イ，エ

5 …… ウ，オ

解 説　難易度 ★★☆　重要度 ★★☆

ア 正しい。原油の輸出量は,サウジアラビア (16.3%),ロシア (11.6%),イラク (8.4%)(2018 年)で,産出量は,アメリカ合衆国 (15.1%),ロシア (13.7%),サウジアラビア (12.3%)(2020 年),埋蔵量は,ベネズエラ (17.5%),サウジアラビア (17.2%),[**Ⓐ**　　　　](9.8%)の順に多い (2019 年)。

イ イエメンは,[**Ⓑ**　　　　]の生産が盛んな農業国であり,原油は貴重な輸出品目だが生産はさほど多くない。イエメンの 1 人当たりの GNI (国民総所得) は 940 ドル (2018 年) で,サウジアラビアの 21,600 ドルの 23 分の 1 程度 (2018 年) である。アラブ諸国でも最貧国の一つに挙げられる。2011 年には反政府運動が激化し,大統領が退陣した。

ウ エジプトの国民には,イスラム教の最大多数派である[**Ⓒ**　　　　]が多い。シーア派はイランに多い。[**Ⓒ**　　　　]とシーア派がイスラム教の二大宗派である。2011 年にムバラク大統領が退陣し長期独裁体制が終了した。

エ スーダンは,アフリカで最も面積が大きい国であったが,2011 年 7 月の南スーダンの分離独立により,アルジェリアに次いで第 2 位となった。

オ 正しい。ソマリアは,[**Ⓓ**　　　　]とアデン湾に面する国で,1991 年に内戦が勃発して以降,事実上の無政府状態が続いた。現在も国内は統一されていない。

よって,**ア**,**オ**の組合せの **2** が正答である。

Point

☐ 1 人当たりの GNI は,人口 10 万人以上の国ではスイスが第 1 位であり,西アジア・アフリカにおいては,カタール,クウェート,アラブ首長国連邦などの産油国が高くなっている (2017 年)。

☐ 世界の宗教人口は,キリスト教 (32.9%),イスラム教 (23.2%),ヒンドゥー教 (13.4%),仏教 (7.1%) となっている (2015 年)。エジプトの国民の宗教は,イスラム教が 84.4%(その大多数がスンニ派),キリスト教 15.1% (2000 年) という内訳になっている。

Ⓐ:カナダ, Ⓑ:コーヒー豆, Ⓒ:スンニ派, Ⓓ:インド洋

アフリカの国々（1）

アフリカ諸国に関する記述として，最も妥当なのはどれか。

平成21年度
国家Ⅱ種

1 ~~アルジェリア~~は，中央を走る<u>アトラス山脈</u>を中心に気候が分かれ，北部および
モロッコ
西部の海岸平野は地中海性気候で，夏の高温期に乾燥する。また，南部は乾燥
気候となっている。<u>リン鉱石</u>，鉛が中心の鉱業とオリーブ栽培などの農業が主
要産業である。主な宗教は<u>イスラム教スンニ派</u>である。
➡約99%

2 ~~ジンバブエ~~は，国土の大半が砂漠気候で，降水量は極めて少ない。農業人口は
エジプト
多いものの，耕地は<u>大河流域</u>に限られており，外貨獲得資源は，海外出稼ぎ労
➡ナイル川のこと
働者からの送金，観光収入，<u>運河通航料収入</u>などである。主な宗教はイスラム
➡スエズ運河のこと
教，キリスト教である。

3 ~~エジプト~~は，北部が温帯気候で，南部は乾燥気候となっている。主な農産物は，
ジンバブエ
とうもろこし，さとうきび，葉たばこであり，クロム鉱，ニッケル鉱，銅，金
などの<u>鉱物資源</u>にも恵まれている。主な宗教はキリスト教，伝統宗教である。

4 ~~モロッコ~~は，地中海沿岸が地中海性気候，中央部がステップ気候，南部は砂漠
アルジェリア
気候となっている。可耕地が国土の10%と少なく，農業は振るわないが，<u>石油</u>，
➡南部はサハラ砂漠である。近年灌漑により農地を増やす傾向にある
天然ガスが豊富である。主な宗教は<u>イスラム教スンニ派</u>である。
➡アルジェリアの特徴 ➡99%以上

❺ ケニアは，国内を赤道が通り，標高，緯度の違いにより，熱帯気候や乾燥気候
が見られる。農業が中心産業で，<u>コーヒー</u>，茶，<u>サイザル麻</u>が主要農産物であ
➡強靭な繊維でロープの主原料
る。観光収入は重要な外貨獲得源である。主な宗教はキリスト教，伝統宗教，
イスラム教である。

解説

難易度 ★★☆ **重要度** ★★★

1 選択肢はモロッコの説明である。アトラス山脈が中央を走っているのはモロッコであり，アルジェリアでは，北西部に当たる。[**A**　　　　]の加盟国でもあるアルジェリアであれば，鉱業では必ず石油が挙がるはずであるので誤りとわかる。

2 選択肢はエジプトの説明である。ジンバブエはアフリカ大陸の南部に位置する内陸国であり，大半が砂漠気候ということはない。また，観光収入は[**B**　　　　]やスフィンクス，運河通航料は[**C**　　　　]運河，大河は[**D**　　　　]川とエジプトの特徴的な面を表している。

3 選択肢はジンバブエの説明である。北部が温帯気候というところでエジプトでないことがわかるはずである。ジンバブエはアフリカ大陸の南部に位置し，鉱物資源が豊富でかつては農業も盛んな国であったが，現在は超インフレで経済は破綻している。

4 選択肢はアルジェリアの説明である。石油，天然ガスの記述からモロッコではなくアルジェリアとわかる。アルジェリアは，[**E**　　　　]やリン鉱石の資源も豊富である。アフリカ大陸の北部ではイスラム教を信仰する人が多いが，アルジェリアでは，99％以上の人がイスラム教を信仰している。

5 正しい。アフリカ大陸で赤道が通る国は，西からガボン，コンゴ，コンゴ民主共和国，ウガンダ，ケニア，[**F**　　　　]である。赤道に近いとはいえ，首都ナイロビは内陸の高地にあるため，年平均気温が 15 ～ 20℃と過ごしやすい。一方，インド洋に面した地域では，サバナ気候であり暑い。

🔑 Point

□ ギニア湾に面するナイジェリアは，16 世紀初頭のポルトガル人到来後，奴隷貿易が行われ，現在のトーゴ，ベナンを合わせた海岸地方は奴隷海岸と呼ばれた。商品を扱う海岸名としては，ガーナの黄金海岸，コートジボワールの象牙海岸という呼び名もあった。

- -

□ 南アフリカは，ダイヤモンドやレアメタルの産出で有名であるが，アフリカ大陸ではダイヤモンドの生産はコンゴ民主共和国（2,324 万カラット）やボツワナ（2,055 万カラット）のほうが，南アフリカ共和国（831 万カラット）（2016 年）より多い。また，コンゴ民主共和国はレアメタルのコバルトでは世界の 56.6％（2019 年）の生産量をあげている。

Ⓐ：OPEC，Ⓑ：ピラミッド，Ⓒ：スエズ，Ⓓ：ナイル，Ⓔ：鉄鉱石，Ⓕ：ソマリア

アフリカの国々（2）

次の図と文は，アフリカの地図とアフリカに関する記述であるが，文中の空所A〜Dに当てはまる国名または地図上の位置を示すカタカナを選んだ組合せとして，妥当なのはどれか。

平成27年度
地方上級

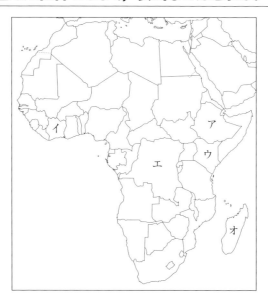

| A | は，1914 年当時，ベルギー領で，地図上 | B | に位置し，盆地には熱帯雨林が見られ，鉱工業ではコバルトやダイヤモンドの主要産出国である。

| C | は，1914 年当時，イギリス領で，地図上 | D | に位置し，植民地時代には茶やコーヒーの栽培が行われ，現在も茶は主要な輸出品である。高地では花の栽培が盛んで，園芸作物も輸出している。

⤷バラなどを日本にも輸出

	A	B	C	D
1	タンザニア連合共和国	ア	ケニア共和国	イ
2	タンザニア連合共和国	エ	マダガスカル共和国	オ
3	コンゴ民主共和国	ウ	エチオピア連邦民主共和国	ア
4	コンゴ民主共和国	エ	ケニア共和国	ウ
5	マダガスカル共和国	オ	エチオピア連邦民主共和国	イ

A アフリカ諸国で，ベルギーから独立した国は，コンゴ民主共和国（旧ザイール）だけである。コンゴ民主共和国の中心に広がる [**Ⓐ**　　　]盆地は，赤道直下にあり，熱帯雨林気候で，焼畑農業が見られる。鉱工業では，コバルト（世界第1位）（2019年），ダイヤモンド（世界第2位）（2016年）の生産が多い。

タンザニアは，[**Ⓑ**　　　]領，イギリス委任・信託統治領を経て，1961年に独立した。金（非貨幣用）や貴金属鉱の輸出が盛んな国である。

マダガスカルは，1960年[**Ⓒ**　　　]から独立した。アフリカ大陸から分離したため，独自の進化を遂げた生態系がみられる。主な民族はマレー・ポリネシア系で，サイザル麻は世界第4位（2018年）である。

B・D 地図上の国は，アはエチオピア，イはコートジボワール，ウはケニア，エはコンゴ民主共和国，オはマダガスカルである。**B**はエが，**D**はウが該当する。

C アフリカ諸国でイギリスから独立した国は，エジプト，スーダン，ケニア，ザンビアなど数多い。その中で茶が最大の輸出品である国はケニアである。高地は快適な気候で，イギリス人の居住者が多く，[**Ⓓ**　　　]と呼ばれている。近年，園芸農業が盛んになっている。エチオピアはアフリカ最古の独立国である。エリトリア，ジブチが独立したため[**Ⓔ**　　　]になった。南部のカッファ州は [**Ⓕ**　　　]の原産地である。最大の輸出品は[**Ⓕ**　　　]である。宗教はキリスト教（コプト派）が最も多い。

よって，**4** が正答である。

🔑 Point

☐ アフリカ諸国は，イギリスおよびフランスから独立した国が多い。ベルギーから独立した国は，コンゴ民主共和国，信託統治領だったルワンダとブルンジである。

- -

☐ ケニアは茶の生産量が中国，インドに次いで世界第3位（2018年）と多く，同国の最大輸出品である。

Ⓐ：コンゴ，Ⓑ：ドイツ，Ⓒ：フランス，Ⓓ：ホワイトハイランド，Ⓔ：内陸国，Ⓕ：コーヒー豆

アフリカの国々（3）

アフリカ諸国に関するA～Eの記述のうち，妥当なもののみを挙げているのはどれか。

平成20年度
国税専門官

A エジプトは，アフリカ大陸の北東に位置する砂漠を中心とした国である。国土の南北を貫流するナイル川中流に建設された~~イタイプダム~~（アスワンハイダム）周辺や河口付近に広がる三角州を中心に小麦の栽培が盛んで~~あり，~~（だが）世界有数の~~輸出国~~（輸入国）となっている。（と綿花）

B コートジボワールは，~~インド洋~~（大西洋）に面した国であり，コーヒー豆とカカオ豆の生産量は世界有数であるが，モノカルチャー経済の弊害により物価は安定せず，2001年に世界銀行から重債務貧困国の認定を受け，経済再建に取り組んでいる。

C ナイジェリアは，ギニア湾岸に位置し，アフリカ第1位の産油国である。湾岸都市ポートハーコート付近に存在する油田を中心に原油が産出されており，石油輸出国機構（OPEC）にも加盟している。

D 南アフリカ共和国は，アフリカ大陸の南端に位置する国であり，天然資源が豊富である。鉱業では，金，プラチナなどの貴金属やダイヤモンドの埋蔵量・生産量が世界有数であり，外貨の収入源となっている。

E モロッコは，アフリカ大陸の~~南東~~（北西）に位置する農業主体の国である。世界第1位の埋蔵量を誇る~~コバルト鉱~~（リン鉱石）の産出が盛んであり，また，~~2000年に発見された大規模な炭鉱の開発にも期待がかかっている。~~

1 …… A , C

2 …… A , E

3 …… B , D

4 …… B , E

5 …… C , D

国家総合職　国家一般職　**国家専門職**　裁判所　地方上級　市役所　警察官　消防官

解 説 ×月○日

難易度 ★★☆ 重要度 ★★☆

A イタイプダムは南米の【**A**　　　　　】とパラグアイにまたがるダムであり，エジプトにあるダムはアスワンハイダムである。アスワンハイダムの完成による灌漑施設の充実により，小麦，綿花の栽培が盛んになったが，小麦は世界第2位の輸入国である（2017年）。なお，第9位は日本である。また，三角州（デルタ）では稲作も行われており，精米が輸出品になっている。

B コートジボワールは【**B**　　　　　】湾岸に位置し大西洋に面している。カカオ豆の生産は世界一であり，世界の約38%（2018年）を生産している。重債務貧困国に指定されており，内戦にも苦しんでいる。

C 正しい。ナイジェリアはアフリカ一の人口を持ち，世界でも7番目に多い国である。OPECへは1971年から加盟している。アフリカで加盟している国は，ほかに，【**C**　　　　　】，アルジェリア，アンゴラがある。
ポートハーコートは，石炭の積み出し港から発展して，現在は石油が産出することから石油産業が盛んである。なお，この地はニジェール川の支流の河口から内陸60kmの位置にあり，ニジェール川の河口ではない。

D 正しい。南アフリカ共和国が資源の多い国であることは前に述べた。資源も多く工業も発展しているが，中央部の【**D**　　　　　】と呼ばれる高原地帯はステップの草原になっており，羊や牛の放牧が行われている。

E モロッコはアフリカ大陸の北西部にあり，北は【**E**　　　　　】海峡である。農業は盛んであり，小麦，大麦，たまねぎ，トマト，オレンジなどの栽培が行われている。
鉱物資源としては，リン鉱石の埋蔵量は世界の72%程度あるといわれている。

🔑 **Point**

☐ 重債務貧困国（HIPC）は，ある基準を満たさない国をIMFおよび世界銀行が指定したもので，2015年には世界で40か国あり，そのうちアフリカに33か国ある。

A：ブラジル，**B**：ギニア，**C**：リビア，**D**：ハイベルト，**E**：ジブラルタル

オーストラリア(1)

オーストラリアの自然環境と産業に関する記述として最も妥当なのはどれか。

平成23年度
国家Ⅰ種

1 オーストラリア西部から中央部にかけて，中緯度高圧帯とオーストラリア西側

沖合を流れる~~暖流~~の西オーストラリア海流の影響により，~~アタカマ砂漠~~や~~グレ~~
　　　　　　　寒　　　　　　　　　　　　　　　　　　　　　　　　　❷チリ
~~ートソルトレーク砂漠~~などの乾燥地帯が広がっている。乾燥地帯の面積は国土
❷アメリカ合衆国
の約 ~~45~~ ％を占めている。
　　年降水量 250mm 以下の地域は約53％を占める

2 オーストラリアの森林面積は約 ~~1.6~~ 億 ha で，北部地域に広がるサバナ，東部
　　　　　　　　　　　　　　1.2（2017年）
地域から南部地域に広がる落葉広葉樹林が主な森林地帯である。オーストラリ

アの人口は約~~2億人~~であるため，国民1人当たりの森林面積はわが国のそれと
　　　　　　2,445万（2017年）
~~同程度となる~~。
❷はるかに広い

3 オーストラリア北東の沿岸に位置するグレート・バリア・リーフは，世界最大

のサンゴ礁であり，世界遺産にも登録されている同国の観光資源の一つである。

気候変動などによる水温の上昇によるサンゴの白化現象や，オニヒトデの大量

発生による被害が問題となっている。

4 オーストラリア中央部からやや東側の大鑽井盆地では掘り抜き井戸が見られ，
　　　　　　　　　　　　　　　　だいさんせい
　　　　　　　　　　　　　　❷グレートアーテジアン盆地ともいう
この井戸の水を利用した~~小麦の生産~~や羊の放牧が行われている。この盆地の周
　　　　　　　❷小麦は南東部と南西部で生産されている
辺地域では牛の放牧も行われており，広い土地を必要とする酪農は~~内陸部~~で，
　　　　　　　　　　　　　牧草栽培に適した　　　　　　大消費地に近い沿岸部
~~大消費地に近い沿岸部~~では肉牛の放牧が行われている。
　　内陸部

5 オーストラリアには多くの鉱山や炭田があり，鉄鉱石や石炭の生産量はともに

~~世界第1位~~である。主に~~東部地域~~では鉄鉱石，~~西部地域~~では石炭，北部地域で
❷中国　　　　　　　　西　　　　　　　東
はボーキサイトが生産されている。鉄鉱石，石炭の輸出先の上位3か国は~~米・英~~
　　　　　　　　　　　　　　　　　　　　　　　　上位2か国は中国，
~~独~~となっている。
日本

1 西オーストラリア海流は暖流ではなく，寒流である。アタカマ砂漠は[Ⓐ　　　　]，グレートソルトレーク砂漠はアメリカ合衆国にある砂漠の名前である。オーストラリアにある砂漠は，グレートサンディ砂漠やグレートビクトリア砂漠など。

2 オーストラリアの森林面積は1.24億ha（2017年）であり，人口は約2,445万人（2017年）なので，国民1人当たりの森林面積は約5.1haになる。一方，日本の森林面積は0.25億ha（2017年）で，人口は約1.27億人（2018年）なので，1人当たりの森林面積は約0.23haになる。

3 正しい。サンゴの白化現象は，海水温の[Ⓑ　　　　]で起こる現象。オニヒトデもサンゴを食害する生物である。

4 小麦は，[Ⓒ　　　　]と南西部で作られている。酪農は牧草栽培に適した大消費地に近い沿岸部で行われている。内陸の乾燥地帯では肉牛や羊の放牧が行われている。

5 オーストラリアは，東部で石炭を，西部で鉄鉱石を産出しており，大陸棚では，天然ガスも産出している。鉄鉱石，石炭の多くを中国・[Ⓓ　　　　]・韓国に輸出している。

Point

- [ ] オーストラリアは，大陸の北部から東北部はサバナ気候，温暖冬季少雨気候になっており，内陸部は乾燥気候，東岸や西岸は適度な降水のある温帯地域である。それぞれの気候に合った農業が行われている。

- [ ] 鉄鉱石の産出量は，オーストラリア（36.7%），ブラジル（19.3），中国（13.8），インド（8.3）の順に多い（2018年）。

- [ ] 石炭の産出量は，中国（54.4%），インド（10.7），インドネシア（8.1），オーストラリア（6.0），ロシア（5.3）の順に多い（2018年）。

Ⓐ：チリ，Ⓑ：上昇，Ⓒ：南東部，Ⓓ：日本

オーストラリア(2)

オーストラリアに関する記述として，最も妥当なのはどれか。

平成21年度
裁判所

1 オーストラリア大陸は先カンブリア時代と古生代の安定陸塊で構成され，新規
造山運動の影響をほとんど受けなかったため，地形の多くは古い基盤岩石が侵
食されてつくられた構造平野である。オーストラリア大陸のほぼ中央に位置し，
観光地としても有名なカタジュタ（オルガ山）やウルル（エアーズロック）は，
古い基盤岩石が隆起した褶曲山地である。
➡褶曲しているが造山運動がないので褶曲山地にはならない

（西部）

2 アジア系住民の人口比率が高くなるにつれて，アジア系資本による投資が増加
し，アジア諸国との貿易が盛んになった。現在，アジア太平洋経済協力会議
（APEC）の一員としてアジア諸国との政治・経済的な連携を強めている。さ
らに，隣国のニュージーランドとともにASEAN自由貿易地域（AFTA）を
形成し，農産物貿易の自由化を積極的に進めている。
➡オーストラリア，ニュージーランドともに，AFTAの加盟国でない

3 19世紀に入ると，宗主国であるイギリスからの移民が多く入植し，先住民で
あるアボリジニの人口は激減した。19世紀半ばにゴールドラッシュが起こる
と，中国人の鉱山労働者が移住するようになり，有色人種の移民を規制する白
豪主義が確立する契機となった。人種隔離政策の一種である白豪主義は1990
年代まで継続した。
1973年の移民法の改正まで

4 南東部から南西部にかけての年降水量500mm前後の地域では，企業的穀物農
業により小麦が大規模に栽培されている。北部から北東部にかけてのサバナ気
候と温帯気候の地域では，企業的放牧業により肉牛が広い面積で飼育されてい
る。大鑽井盆地とマリーダーリング盆地では，マリー川の河川灌漑を利用した
牧羊業が盛んである。
➡グレートアーテジアン盆地　　　　掘り抜き井戸
（マリーダーリング川周辺）

5 第二次世界大戦後，掘削技術の革新や交通網の整備が進み，外国資本の導入も
あって，鉄鉱石やボーキサイトなどの地下資源開発が活発になった。地下資源
開発によって，ニューカッスルやポートケンブラの製鉄業など東部海岸部では
重工業が発展した。一方で，マウントニューマンやマウントアイザなど大平原
に孤立した鉱山集落が造られた。
➡ウロンゴン市にある

解説 難易度 ★★★ 重要度 ★★★

1 オーストラリア大陸の西部は，古生代以降は激しい造山運動を受けていない安定陸塊である。東部に南北に走る【**A**　　　　】山脈は古期造山帯であり，安定陸塊と造山帯は相対する概念であるから，オーストラリア大陸全体が安定陸塊ということはない。なお，カタジュタ，ウルルは褶曲山地ではない。

2 APEC の一員であることは正しい。しかし，オーストラリアとニュージーランドは ASEAN の加盟国ではない。したがって，ASEAN 自由貿易地域（AFTA）にも加盟していない。
AFTA は，EU や北米貿易自由協定（【**B**　　　　】）にならい，ASEAN 加盟国間での関税をなくし，域内の貿易を活発にしようとするものである。

3 前半の記述は正しい。イギリスからの移民は 18 世紀後半から始まっていた。白豪主義は 1973 年の移民法の改正まで継続した。
白豪主義を廃止して，現在は【**C**　　　　】主義のもと，多くの移民（特にアジア系）を受け入れている。

4 企業的穀物農業が行われているのは，南東部の年降水量 500mm 前後のマリーダーリング川（マーレーダーリング川）周辺の地域と，北西部の一部である。肉牛は北部から北東部にかけて放牧という形で大規模に行われている。
なお，グレートアーテジアン盆地では牧羊業が行われているが，河川灌漑施設でなく，【**D**　　　　】で水を得ている。

5 正しい。オーストラリアは資源の豊富な国である。特にボーキサイトは，世界の生産量の28.5％を生産しており，2位の中国（22.7％）の約1.3倍になっている（2017年）。

Point

□ 安定陸塊としては，ゴンドワナランド（アフリカ大陸の大部分，アラビア半島，デカン高原，ブラジル高原，オーストラリア大陸西部），ローレンシア（北アメリカ北東部，グリーンランド），フェノサルマチア（東ヨーロッパ）などがある。

□ オーストラリアは，西部に農地にならない土地が多くあるにもかかわらず，農業従事者1人当たりの農地面積は約1169haと広く，大規模農業のアメリカ合衆国の約180haの約6.5倍ある。世界一はアルゼンチンで約13700ha（2017年）。

A：グレートディバイディング，**B**：NAFTA，**C**：多文化，**D**：掘り抜き井戸

オーストラリア（3）

オーストラリアに関する次の記述として，妥当なものはどれか。

平成24年度
地方上級・改

1 オーストラリア大陸は，平均高度が340mと全大陸中で最も低い。また，海抜
~~0〜200m~~ に相当する面積が最も広く，全体の約42%を占めている。山地は少
200〜500
ないが，大陸の東側には古期造山帯のグレートディバイディング山脈が伸びて
いる。

2 オーストラリアの気候は，乾燥気候（砂漠気候やステップ気候）が最も広範囲
　　　　　　　　　　↱グレートビクトリア砂漠など
を占めているが，北部にはサバナ気候，東部沿岸には温暖湿潤気候や西岸海洋
　　　　　　　　　　　　　↱マリー川流域では灌漑により稲作
性気候，南部や南西部には地中海性気候が分布している。

3 オーストラリアの先住民は，~~北部一帯にマオリが，南部と中心にアボリジニが~~
　　　　　　　　　　　　↱マオリはニュージーランドの先住民
居住している。ヨーロッパ人の入植により，土地収奪やヨーロッパ人との争い
　　↱主にイギリス
で，人口は~~2013年現在5万人~~ほどに激減した。
　　　　　↱20世紀まで低下を続けた人口は，近年の権利の回復などにより現在50万人
　　　　　ほどに回復している

4 オーストラリアの貿易は，主に~~羊毛，鉄鋼，ボーキサイト，小麦~~などを輸出し
　　　　　　　　　　↱鉄鉱石,石炭,金,肉類,機械類(2019年)
ており，機械類，自動車，石油製品，原油などを輸入している。最大の相手国
は，輸出入とも~~日本~~である。
　　　　　　　中国。日本は輸出が2位,輸入は3位(2019年)

5 オーストラリアの牧羊業は，18世紀後半に移民とともに運ばれた羊によって
始まった。その後，メリノ種が導入され，品種改良が重ねられた。~~都市近郊で~~
　　　　↱毛の品質が良い　　　　　　　　　　　　　↱南東部，東部山地西麓など
は集約的牧羊が，比較的降水量の少ない内陸部では羊の放牧が盛んである。
2018年現在，羊毛の~~輸出額~~は中国に次いで第2位である。
　　　　　　　生産量

難易度 ★★☆　重要度 ★★☆

1 オーストラリア大陸は【Ⓐ　　　　　】であるオーストラリア楯状地からなっており、全体に低平な地形である。

2 正しい。オーストラリア大陸の気候は大部分を乾燥帯が占めており、人口は【Ⓑ　　　　　】部に集中している。この地域は恒常風や海流の影響を受けて、温帯の気候区を形成している。

3 オーストラリアは移民が多く住む国で、入植当初はヨーロッパ系が主体で白豪主義もとられていたが、現在はアジア系住民などが増加し、多文化主義を政策の基本としている。オーストラリアの先住民は【Ⓒ　　　　　】、ニュージーランドの先住民は【Ⓓ　　　　　】と呼ばれている。

4 オーストラリアの貿易は、旧宗主国イギリスを中心としたヨーロッパから、アメリカやアジア諸国を中心とした【Ⓔ　　　　　】地域との貿易へと変化した。豊富な【Ⓕ　　　　　】を輸出し、主に工業製品などを輸入している。2000年代初頭まで日本が輸出相手国の第1位であったが、現在は中国が輸出入ともに第1位となっている。

5 オーストラリアでは、大まかに見ると、乾燥地域を含む南部を中心に羊、高温多湿な北部を中心に牛の放牧が行われている。特に東部のグレートアーテジアン（大鑽井）盆地では【Ⓖ　　　　　】井戸を利用した放牧が行われてきた。羊毛の輸出額はオーストラリアが世界第1位で、第2位はニュージーランド（2017年）。

Point

☐ グレートバリアリーフ（大堡礁）：オーストラリア大陸北東部沿岸は暖かい海で、世界最大のさんご礁が広がる。観光保養地で有名な東部沿岸都市のゴールドコーストとともに、世界的な観光地となっている。

- -

☐ ウルル：エアーズロックとも呼ばれる。マウント・オーガスタスに次ぐ、世界で2番目に大きな一枚岩。地殻変動により隆起した後、周囲より硬い砂岩であったため侵食の進行が遅く、周囲より取り残された残丘である。ウルルは先住民の「聖地」としても知られている。世界自然遺産に登録されている。

Ⓐ：安定陸塊、Ⓑ：沿岸、Ⓒ：アボリジニ、Ⓓ：マオリ、Ⓔ：太平洋、Ⓕ：(鉱産) 資源、Ⓖ：掘り抜き

●**本書の内容に関するお問合せについて**

本書の内容に誤りと思われるところがありましたら，まずは小社ブックスサイト（jitsumu.hondana.jp）中の本書ページ内にある正誤表・訂正表をご確認ください。正誤表・訂正表がない場合や，正誤表・訂正表に該当箇所が掲載されていない場合は，書名，発行年月日，お客様のお名前・連絡先，該当箇所のページ番号と具体的な誤りの内容・理由等をご記入のうえ，郵便，FAX，メールにてお問合せください。

〒163-8671 東京都新宿区新宿 1-1-12　実務教育出版　第二編集部問合せ窓口
FAX：03-5369-2237　　E-mail：jitsumu_2hen@jitsumu.co.jp

【ご注意】
※電話でのお問合せは，一切受け付けておりません。
※内容の正誤以外のお問合せ（詳しい解説・受験指導のご要望等）には対応できません。

編集協力　　　　群企画／エディポック
カバーデザイン　サイクルデザイン
本文デザイン　　サイクルデザイン
イラスト　　　　アキワシンヤ

上・中級公務員試験
過去問ダイレクトナビ 地 理

2021年12月10日　初版第1刷発行

編者●資格試験研究会
発行者●小山隆之
発行所●株式会社 実務教育出版
〒163-8671　東京都新宿区新宿1-1-12
TEL●03-3355-1812（編集）03-3355-1951（販売）
振替●00160-0-78270

組版●群企画／エディポック　印刷●日本制作センター　製本●ブックアート

[公務員受験BOOKS]

実務教育出版では、公務員試験の基礎固めから実戦演習にまで役に立つさまざまな入門書や問題集をご用意しています。過去問を徹底分析して出題ポイントをピックアップし、すばやく正確に解くテクニックを伝授します。あなたの学習計画に適した書籍を、ぜひご活用ください。

なお、各書籍の詳細については、弊社のブックスサイトをご覧ください。

https://www.jitsumu.co.jp

人気試験の入門書

何から始めたらよいのかわからない人でも、どんな試験が行われるのか、どんな問題が出るのか、どんな学習が有効なのかが1冊でわかる入門ガイドです。「過去問模試」は実際に出題された過去問でつくられているので、時間を計って解けば公務員試験をリアルに体験できます。

★「公務員試験早わかりブック」シリーズ ［年度版］＊ ●資格試験研究会編

地方上級試験早わかりブック

市役所試験早わかりブック

警察官試験早わかりブック

消防官試験早わかりブック

社会人が受けられる**公務員試験**早わかりブック

高校卒で受けられる**公務員試験**早わかりブック
［国家一般職（高卒）・地方初級・市役所初級等］

社会人基礎試験早わかり問題集

市役所新教養試験Light & Logical 早わかり問題集

公務員試験で出る**SPI・SCOA**早わかり問題集
※本書のみ非年度版 ●定価1430円

過去問正文化問題集

問題にダイレクトに書き込みを加え、誤りの部分を赤字で直して正しい文にする「正文化」という勉強法をサポートする問題集です。完全な見開き展開で書き込みスペースも豊富なので、学習の能率アップが図れます。さらに赤字が消えるセルシートを使えば、問題演習もバッチリ！

★上・中級公務員試験「過去問ダイレクトナビ」シリーズ ［年度版］ ●資格試験研究会編

過去問ダイレクトナビ **政治・経済**

過去問ダイレクトナビ **日本史**

過去問ダイレクトナビ **世界史**

過去問ダイレクトナビ **地理**

過去問ダイレクトナビ **物理・化学**

過去問ダイレクトナビ **生物・地学**

一般知能分野を学ぶ

一般知能分野の問題は一見複雑に見えますが、実際にはいくつかの出題パターンがあり、それに対する解法パターンが存在しています。基礎から学べるテキスト、解説が詳しい初学者向けの問題集、実戦的なテクニック集などで、さまざまな問題に取り組んでみましょう。

標準 判断推理［改訂版］
田辺 勉著 ●定価2310円

標準 数的推理［改訂版］
田辺 勉著 ●定価2200円

判断推理がみるみるわかる**解法の玉手箱**［改訂第2版］
資格試験研究会編 ●定価1540円

数的推理がみるみるわかる**解法の玉手箱**［改訂第2版］
資格試験研究会編 ●定価1540円

判断推理 必殺の解法パターン［改訂第2版］
鈴木清士著 ●定価1320円

数的推理 光速の解法テクニック［改訂版］
鈴木清士著 ●定価1175円

空間把握 伝説の解法プログラム
鈴木清士著 ●定価1210円

資料解釈 天空の解法パラダイム
鈴木清士著 ●定価1760円

文章理解 すぐ解ける〈直感ルール〉ブック
［改訂版］
瀧口雅仁著 ●定価1980円

公務員試験 **無敵の文章理解メソッド**
鈴木鋭智著 ●定価1540円

年度版の書籍については、当社ホームページで価格をご確認ください。https://www.jitsumu.co.jp/

公務員試験に出る専門科目について、初学者でもわかりやすく解説した基本書の各シリーズ。
「はじめて学ぶシリーズ」は、豊富な図解で、難解な専門科目もすっきりマスターできます。

どちらも公務員試験の最重要科目である経済学と行政法を、基礎から応用まで詳しく学べる本格的な基本書です。大学での教科書採用も多くなっています。

苦手意識を持っている受験生が多い科目をピックアップして、初学者が挫折しがちなところを徹底的にフォロー！やさしい解説で実力を養成する入門書です。

ライト感覚で学べ、すぐに実戦的な力が身につく過去問トレーニングシリーズ。地方上級・市役所・国家一般職［大卒］レベルに合わせて、試験によく出る基本問題を厳選。素早く正答を見抜くポイントを伝授し、サラッとこなせて何度も復習できるので、短期間での攻略も可能です。

選択肢ごとに問題を分解し、テーマ別にまとめた過去問演習書です。見開き2ページ完結で読みやすく、選択肢問題の「引っかけ方」が一目でわかります。「暗記用赤シート」付き。

重要科目の基本書

基本問題中心の過去問演習書

地方上級／国家総合職・一般職・専門職試験に対応した過去問演習書の決定版が、さらにパワーアップ！ 最新の出題傾向に沿った問題を多数収録し、選択肢の一つひとつまで検証して正誤のポイントを解説。強化したい科目に合わせて徹底的に演習できる問題集シリーズです。

★公務員試験「新スーパー過去問ゼミ6」シリーズ

◎教養分野
資格試験研究会編●定価1980円

新スーパー過去問ゼミ6 社会科学 [政治／経済／社会]	新スーパー過去問ゼミ6 人文科学 [日本史／世界史／地理／思想／文学・芸術]
新スーパー過去問ゼミ6 自然科学 [物理／化学／生物／地学／数学]	新スーパー過去問ゼミ6 判断推理
新スーパー過去問ゼミ6 数的推理	新スーパー過去問ゼミ6 文章理解・資料解釈

◎専門分野
資格試験研究会編●定価1980円

新スーパー過去問ゼミ6 憲法	新スーパー過去問ゼミ6 行政法
新スーパー過去問ゼミ6 民法Ⅰ [総則／物権担保物権]	新スーパー過去問ゼミ6 民法Ⅱ [債権総論・各論家族法]
新スーパー過去問ゼミ6 刑法	新スーパー過去問ゼミ6 労働法
新スーパー過去問ゼミ6 政治学	新スーパー過去問ゼミ6 行政学
新スーパー過去問ゼミ6 社会学	新スーパー過去問ゼミ6 国際関係
新スーパー過去問ゼミ6 ミクロ経済学	新スーパー過去問ゼミ6 マクロ経済学
新スーパー過去問ゼミ6 財政学 [改訂版]	新スーパー過去問ゼミ6 経営学
新スーパー過去問ゼミ6 会計学 [択一式／記述式]	新スーパー過去問ゼミ6 教育学・心理学

受験生の定番「新スーパー過去問ゼミ」シリーズの警察官・消防官（消防士）試験版です。大学卒業程度の警察官・消防官試験と問題のレベルが近い市役所（上級）・地方中級試験対策としても役に立ちます。

★大卒程度「警察官・消防官 新スーパー過去問ゼミ」シリーズ

資格試験研究会編●定価1430円

警察官・消防官 新スーパー過去問ゼミ 社会科学 [改訂第2版] [政治／経済／社会・時事]	警察官・消防官 新スーパー過去問ゼミ 人文科学 [改訂第2版] [日本史／世界史／地理／思想／文学・芸術／国語]
警察官・消防官 新スーパー過去問ゼミ 自然科学 [改訂第2版] [数学／物理／化学／生物／地学]	警察官・消防官 新スーパー過去問ゼミ 判断推理 [改訂第2版]
警察官・消防官 新スーパー過去問ゼミ 数的推理 [改訂第2版]	警察官・消防官 新スーパー過去問ゼミ 文章理解・資料解釈 [改訂第2版]

一般知識分野の要点整理集のシリーズです。覚えるべき項目は、付録の「暗記用赤シート」で隠すことができるので、効率よく学習できます。「新スーパー過去問ゼミ」シリーズに準拠したテーマ構成になっているので、「スー過去」との相性もバッチリです。

★上・中級公務員試験「新・光速マスター」シリーズ

資格試験研究会編●定価1320円

新・光速マスター 社会科学 [改訂版] [政治／経済／社会]	新・光速マスター 人文科学 [改訂版] [日本史／世界史／地理／思想／文学・芸術]
新・光速マスター 自然科学 [改訂版] [物理／化学／生物／地学／数学]	

過去問演習を通して実戦力を養成

要点整理＋理解度チェック